전환기 동북아 질서와
한중관계의 재구성
: 한·중 학계의 시각

KOREA KF
FOUNDATION

이 책은 한국국제교류재단의 정책연구지원을 받아
수행된 연구 결과물입니다.

성균중국연구총서 29

전환기 동북아 질서와
한중관계의 재구성

: 한·중 학계의 시각

성균중국연구소 기획
이희옥·강수정 책임편집

『전환기 동북아 질서와 한중관계의 재구성』을 펴내며

한반도 정세가 롤러코스트를 타고 있다. 2018년 평창 동계 올림픽에 북한선수단이 극적으로 참여하고 이후 남북한, 북미, 한미 간 정상회담이 빈번히 개최되면서 한반도 평화의 지평이 크게 확장되었으나, 2019년 하노이 북미정상회담이 결렬된 이후에는 한반도 비핵화의 방법과 목표에 대한 뚜렷한 인식과 기대의 차이를 보이면서 교착국면이 나타났다. 불행 중 다행인 것은 북한당국의 도를 넘어선 '말 폭탄'에도 불구하고 추가 핵실험과 같이 국제사회가 주시하고 있는 레드라인을 넘지 않으면서 대화의 모멘텀을 가까스로 유지하고 있다는 점이다. 여기에는 여러 복합적 요소가 작용하고 있다. 북한은 북한대로 경제건설의 성과를 통해 정당성의 위기를 극복해야 하는 절박한 과제가 있고, 한국 정부도 대화의 끈을 유지하고 한반도 평화를 지속하기 위해 최대한의 인내를 발휘하면서 새로운 접근을 시도하고 있다. 트럼프 행정부도 미국 국내정치의 역학관계에도 불구하고 북한문제를 관리하는 한편 전략적 소통을 유지하고 있다. 특히 북중관계와 북러관계 및 중러관계는 새로운 변화를 보이고 있다. 북한은 한반도 비핵화를 재개할 의사를 표명하면서 북중관계를 회복했고 김정은 위원장이 러시아를 방문하면서 러시아와도 전략대화를 재개했다. 무엇보다 중국은 2019년 시진핑 주석이 국가주석 자격으로 14년 만에 북한을 공식 방문하는 등 북중관계를 안정화하고 한반도 문제의 '정치적 해결'을 위한 새로운 중재역할을 하기 시작했다. 나아가 러시아와 함께 유엔안보리에 부분적 제재 해제를 요구하는 결의안 초안을 제출하는 등 새로운 변화를 꾀하고 있다.

그러나 각국의 뚜렷한 '셈법'의 차이로 인해 어느 일방의 새롭고 과감한 접근이 없이는 상황을 근본적으로 전환하기 어려운 상황에 내몰리고 있다. 2020년 북한은 노동당 중앙위원회 전원회의에서 이 국면에 대한 '정면 돌파'를 선언하면서 '상대가 변하지 않는 한, 먼저 움직이지는 않을 것'이라는 점을 분명히 했다. 미국도 이란사태와 대통령선거를 앞두고 북한의 추가조치가 없는 한 선제적으로 양보안을 만들고 협상하기는 녹록치 않을 것이다. 이러한 상황의 악순환에는 자칫 한반도 긴장도를 높이고 어렵게 만든 평화의 기회를 일거에 잃을 지도 모르는 불안감도 있다. 특히 한국이 추구해 온 중재자, 촉진자의 역할도 북한의 반대로 효과적으로 기능하지 못하는 상황에서 한반도 문제에 대한 한국적 해법이 주변화될 위험도 있다.

이런 점에서 한국은 전통적 한미관계를 안정적으로 유지하고 관리하는 한편 2008년 한중 양국이 맺은 '전략적 협력동반자관계'의 내실화를 서두를 필요가 있다. 대화는 오해가 오판을 부르는 것을 방지하는 가장 효과적인 수단이다. 한 손을 잡고 있으면 다른 손의 행동을 예측할 수 있기 때문이다. 2019년 말 문재인 대통령이 베이징과 청두에서 시진핑 주석, 리커창 총리와 각각 만나 한반도 비핵화에 대한 공동인식에 도달한 것은 새로운 변화이다. 이를 계기로 다양한 한중 간 고위급 소통이 이루어질 전망이며, 사드 배치문제로 인한 한중관계의 현안도 점차 개선될 가능성이 높다. 특히 한중 간 공동중재자와 공동역할론을 통해 한반도 비핵화와 한반도 평화체제에 접근하는 기제를 만들 필요가 있다. 이것은 남·북·중 등 소다자 협력의 틀을 찾는 새로운 한국적 접근의 하나이기도 하다. 사실 창의적 해법은 '길이 보이지 않은 상태에서 방법을 찾는 것'이다.

이 책은 한국국제교류재단과 성균중국연구소가 공동으로 기획한 한중 정책대화 프로그램의 결과물이다. 지난해 출판한 '한반도 평화와 중국'의 후속작업이라고 볼 수 있다. 지난 한 해 동안 베이징과 상하이를 오가며 양국의 학자들이 모여 한반도 문제에 대한 솔직하고 진지한 대화를 나누었다. 회의를 진행할 때마다 느끼는 것은 학자들의 발언 내용과 수위는 한중관계의 현상을 그대로 반영하고 있을 뿐 아니라, 억측과 선입견에 기초한 상호정책에 대한 오해를 상당부분 불식할 수 있었다는 점이다. 이미 수십 명의 한중 학자들이 이 프로그램에 참여하면서 중국 내 한국연구의 저변을 확대했고, 젊은 전문가 그룹들에게 참여기회를 제공해 관련 분야의 후속세대를 양성하는 데에도 나름대로 기여했다. 이 프로그램은 주최 측이 기획한 주제에 대한 양국 학자들의 공동 주제발표 → 참여자 전원의 상호토론 → 자신의 주장에 대한 수정과 보완 → 원고제출이라는 과정을 거쳐 책으로 선보이게 되었다.

이러한 한중정책대화를 기획하고 추진할 수 있었던 것은 이를 전폭적으로 지원한 이시형, 이근 전·현직 한국국제교류재단 이사장, 베이징 이인혁 소장의 지원이 큰 몫을 했다. 또한 중국 측 파트너였던 푸단대학 국제문제연구원, 중국국제우호연락회의 열정적 지원이 없었다면 현실적으로 많은 어려움이 있었을 것이다. 푸단대학 우신보 원장과 싱리지 교수, 국제우호연락회의 류한우 이사, 가오인 처장에게도 각별한 인사를 전한다. 오랜 학문적 우정이 얼마나 중요한 것인가를 새삼 실감할 수 있었다.

또한 성균중국연구소에 새로 합류한 강수정 박사는 전체 프로그램을 기획하고 추진하는 데 발군의 역량을 보여주었고, 장영태 연구원, 최소령, 신지선 조교들도 늘 그랬던 것처럼 묵묵히 맡은바 자기 역할을 다해 주었다. 마지막으로 한반도 관련 좋은 책을 지속적으로 펴내고 있는 선인출판사의 관계자들에게도 감사의 인사를 전한다. 이 프로그램이 한국의 새로운 한중정책공공외교, 지식공공외교의 한 모형이 될 수 있도록 노력하고자 한다. 독자 여러분의 아낌없는 성원과 질정을 바란다.

경자년 새해
성균중국연구소 소장
이희옥

‖ 차례 ‖

 Ⅰ 국제질서의 전환과 동북아 판의 변화

Ⅱ 전환기 동북아 정세와 한중관계

Ⅲ 한반도 평화와 새로운 한중협력

Ⅰ 국제질서의 전환과 동북아 판의 변화

미중 패권경쟁의 심화

차태서(車兌西)*

I. 구조적 배경: 패권이행기로의 진입

향후 미중관계에 대한 분석은 무엇보다 전체적 구조기반이 바뀌었다는 사실을 확인하는 것에서부터 시작할 필요가 있다. 국제정치의 맥락과 환경에 대한 기존의 전제와 가정을 새롭게 재고해야 할 시점이 도래했기 때문이다. 우선 기성 패권국 미국의 경우, 대략 2008년을 기점으로 이른바 이중위기twin crises[1]에 직면해 왔다. 미국발 지구금융위기와 뒤이은 대침체Great Recession로 인해 경제적 차원의 패권토대에 커다란 침식이 시작되었고, 9.11사태 이후 지속된 전 지구적 테러와의 전쟁GWOT은 오늘날 이라크와 아프가니스탄의 전황이 웅변하듯 정치·군사적 차원의 패권기초를 잠식하는 원인이 되어 버렸다. 이처럼 소련붕괴 직후 선언되었던 소위 "일

---

* 성균관대학교 정치외교학과 교수

1) Callinicos, Alex, *Bonfire of Illusions : The Twin Crises of the Liberal World* (Malden, MA: Polity, 2010).

극적 순간unipolar moment"2)이 종식되면서, 트럼프 시대의 미국은 전후의 자비로운 제국, 초대받은 제국empire by invitation3)에서 약탈적 쇠퇴 패권국으로 이행 중이다. 그리고 이에 따라 미국이 주도해서 건설하고 유지해온 자유세계질서와 지구화의 토대 역시 흔들거리고 있는 것이 오늘날 국제관계의 기본구도이다.4) 이에 반해 중국은 21세기 들어서도 지속적으로 상대적 국력이 상승 중이며, 이에 발맞추어 덩샤오핑 이래 도광양회의 대전략은 보다 공세적이고 적극적인 형태로 변화하고 있다. 즉, 기성 국제질서의 세력분배에 변동을 가져오는 차원을 넘어, 팍스 아메리카나의 기본적인 규범과 원칙, 그리고 제도적 배치에 변환을 획책하는 수정주의 국가로서 중국의 정체성이 새롭게 부각되는 와중이다. 트럼프 대통령의 "미국 우선 America First" 전략과 시진핑 주석의 "중국몽" 선언이 경합하고 있는 오늘날, 우리는 국제경제와 지정학 영역 모두에서 본격적인 패권경쟁이 점화되고 있는 세계사적 국면을 목도하고 있다.

Ⅱ. 국내적 동학의 변동: 사회세력 간 경합의 새로운 구도

그렇다면 지구적 차원의 구조적 변동이 미중 양국 내부의 사회세력관계와 헤게모니에는 어떤 변동을 가져왔을까? 이 질문은 향후 두 국가의 대전략에 대한 국내적 차원의 합의에 영향을 미친다는 점에서 미국과

---

2) Krauthammer, Charles. "The Unipolar Moment", *Foreign Affairs* 70-1 (1990/1991).

3) Lundestad, Geir. "Empire by Invitation? the United States and Western Europe, 1945-1952", *Journal of Peace Research* 23-3 (1986).

4) Cha, Taesuh. "Is Anybody Still a Globalist? Rereading the Trajectory of US Grand Strategy and the End of the Transnational Moment", *Globalizations* 17-1 (2020).

중국의 대외정책노선을 예측하는 데 중요한 의미를 지닌다. 먼저 미국의
경우, 2016년 대선을 경유하면서 잭슨주의Jacksonian 세력이 부상하여 기존
의 자유주의적 기득권층establishment의 아성에 도전하고 있다. 2차 세계대
전 후 미국의 자유주의적 합의를 구성한 동서부 해안지대의 엘리트층에
반대해온, 이제까지 주류 공론장에서 배제되어 왔던 포퓰리즘적 - 반자유
주의적 민족주의 전통이 화려하게 귀환한 것이다.[5] 이로 인해 대전략 차
원에서도 공화·민주 양당의 분열선을 넘어 구축되어 온 자유국제주의에
대한 컨센서스가 급속히 쇠퇴하고 대신에 현실주의적 강력정치 노선이 트
럼프 시대 전면에 부상하게 된다. 즉, 고전적인 강대국 간 경쟁이 미국 대
전략의 핵심대상으로 강조되면서 양자주의적·거래주의적 접근이 주로 채
택된 반면, 패권국가로서의 지구 공공재 제공책무는 방기되고, 전반적인
해외개입축소retrenchment가 관찰되고 있다.[6]

"두 개"의 미국Two Americas : 로크적 미국 對 잭슨주의적 미국	
지역	동서부 해안지대 vs. 남부, 내륙
계급	엘리트 - 기득권 vs. 하층/노동계급
이데올로기	자유주의 - 세계시민주의 vs. 기독근본주의 - 토착주의

여기서 더욱 문제가 되는 것은 패권 도전국인 중국에서도 21세기 들어
팽창적 민족주의 집단의 세력이 강화되고 있다는 사실이다. 유소작위, 나
아가 분발유위 같은 공세적 패러다임이 강조되고, 조화세계나 인류운명공

---

5) Cha, Taesuh. "The Return of Jacksonianism: The International Implications of the Trump Phenomenon", *The Washington Quarterly* 39-4 (2016).

6) 차태서. "아메리카 합중국과 주권의 문제설정: 탈근대 네트워크 주권에서 근대 완전 주권으로의 퇴행?," 『한국정치학회보』 53집 4호 (2019).

동체 같은 중국적 세계질서 건설시도의 징후를 표현하는 슬로건들이 등장하고 있다는 점이 이를 대변한다. 실제, 중국내 지식계에서도 천하질서 등 중국의 정치전통에서 미래세계질서의 비전을 도출하려는 보수적 이니셔티브가 발전하고 있고[7], 대외정책에 있어서도 아시아인프라투자은행AIIB, 일대일로BRI 등 미국주도 국제제도에 대항하는 노력이 표출되고 있다는 점이 주목된다. 결과적으로 탈냉전시대 자유세계질서나 글로벌 거버넌스 등으로 상징되던 코스모폴리탄적 비전이 소멸해가고 있으며, 대신에 일국주의적 세력 간의 충돌이 가시화되고 있는 형국이다. "Make America Great Again"과 "중화민족의 위대한 부흥"이라는 거울상mirror image과도 같은 두 개의 회고주의적·반동적 민족주의가 경합하는 파편화된 세계가 도래하고 있는 것이다.

III. 미국의 對中전략의 변환: 냉전 2.0의 개시?

1. 大衆의 對中인식 악화

트럼프 등장 이전부터 이미 일반 미국민들의 대중국 인식은 악화일로를 보였는데, 기본적으로 이는 2008년 금융위기 이후 미국 패권의 하락징조에 대한 불안감을 반영한 것으로 보인다. 흥미로운 것은 미국 국민의 중국위협인식이 실제 국력균형변경보다 앞장서 고조되었다는 점인데, 강대국 간 관계에서 객관적/물질적인 세력균형보다 주관적/관념적인 위협균형[8]이 중요한 변수가 될 수 있음을 고려할 때 이는 주목할 만한 상황이

---

7) Cha, Taesuh. "Competing Visions of a Postmodern World Order: The Philadelphian System Versus the Tianxia System", *Cambridge Review of International Affairs* 31-5 (2018).

다. 즉, 중국은 여러 면에서 실제 국력이 상승중이기는 하지만, 과거 영국과 미국 간의 사례에서도 미국이 영국의 GDP를 추월한 후 완전한 패권이행까지 70여 년이 더 소요된 것을 반추해 볼 때, 아직 명목 GDP의 추월도 이루어지지 않은 상태에서 미중사이에 세력전이론이나 패권전쟁론이 운위되는 상황은 분명 이른 감이 있다. 추측하건대 이러한 이례적 현상은 중국의 오랜 동아시아 지배역사를 의식하면서, 최근 미국패권이 빠르게 하강하고 있다는 존재적 불안의식이 투영된 결과라고 여겨진다. 또한 국제정치이론의 차원에서도 기성 패권국과 도전국 사이의 상호주관적 관념이 패권전쟁 여부에 중요한 추가조건 - 촉진과 억제 양면 모두 - 을 구성한다는 점에서 워싱턴과 베이징 사이에 존재하는 상호인식의 궤적을 추적하는 것은 미중관계의 전략적 동학을 이해하는 데 핵심적인 과제이다.

이러한 맥락에서 볼 때, 경제수위국의 위치, 최대의 적 인식 등에 대한 갤럽의 서베이에서 2008년부터 의미 있는 변동이 나타나고 있다는 점은 특기할 점이다. 그리고 이러한 결과는 중국에 대한 전략적 우려와 함께 강제력을 동원해서라도 중국을 통제해야 한다는 미국 국민들의 대결적 의지를 강화해 왔다. 즉, 2016년 대선과정에서 트럼프의 거친 수사들을 통해 표현된, "중국이 미국의 관대함을 교묘하게 이용하고 있다"는 대중들의 인식 동향은 여론조사결과를 통해 확연히 나타나고 있으며, 트럼프의 미국몽과 시진핑의 중국몽이 충돌할 가능성이 크다는 여론 또한 나타나고 있다.[9] 특히 2019년 퓨 리서치 서베이 결과에서 미국 대중의 대중국 적대의식이 최고조에 달한 것으로 나타난 점은 주목할 필요가 있다. 중국에 대

---

8) Stephen M. Walt. *The Origins of Alliances* (Ithaca: Cornell University Press, 1987).

9) Chung, Jae Ho. "How America and China See Each Other: Charting National Views and Official Perceptions", *The Pacific Review* 32-2 (2019).

한 비호감을 조사하기 시작한 2005년 이래 처음으로 응답자의 60%가 중국에 대한 부정적 인식을 표출한 것이다.[10) 이는 2018년부터 개시된 미중무역분쟁의 지속과 트럼프에 의한 반중 안보화 정책securitizing move이 일정 부분 성공을 거둔 결과로 여겨진다. 세력전이과정에서 발생한 전쟁이 종종 인식적 습관 혹은 자기충족적 예언을 통해 실현될 수 있다는 점을 감안할 때, 이러한 여론의 동향은 불길하게도 "투키디데스 함정"[11) 작동의 대중적 조건이 마련되어 가고 있음을 보여준다.

Which one of the following do you think is the leading economic power in the world today
[ROTATED: the United States, the European Union, Russia, China, Japan, India]?

단위: %

	2018	2016	2014	2013	2012	2011	2009	2008
China	44	50	52	53	53	52	39	40
United States	42	37	31	32	33	32	37	33
European Union	5	4	5	2	3	3	7	7
Japan	4	5	7	8	7	7	10	13
Russia	2	2	2	2	0.5	2	2	2
India	1	1	2	2	2	1	1	2
Other/No opinion	2	1	2	2	1	3	4	3

출처: GALLUP

10) Pew Research Center. "U.S. Views of China Turn Sharply Negative Amid Trade Tensions", (August 13. 2019.) https://www.pewresearch.org/global/wp-content/uploads/sites/2/2019/08/Pew-Research -Center_U.S.-Views-of-China-Report_2019-08-13.pdf

11) Allison, Graham T. *Destined for War: Can America and China Escape Thucydides's Trap?* (Boston: Houghton Mifflin Harcourt. 2017.)

Looking ahead 20 years, which one of the following countries do you expect to be the world's leading economic power at the time [ROTATED: the United States, the European Union, Russia, Chian, Japan, India]?

단위: %

	2018	2016	2012	2011	2009	2008	2000
United States	44	44	38	35	45	31	55
China	41	34	46	47	34	44	15
European Union	5	5	4	4	4	4	1
Japan	4	7	5	5	6	10	13
India	3	4	3	4	7	8	10
Russia	1	2	1	1	1	1	1
Other/No opinion	2	3	2	4	4	2	5

출처: GALLUP

2. 트럼프 행정부의 對中전략 대전환

대선 캠페인 기간부터 트럼프 대통령은 반복적으로 중국의 경제정책을 거친 언어로 비판해왔고, 이후 트럼프 행정부에서 나온 여러 주요 정책문 건들은 중국과의 기술패권경쟁이 중대한 국가적 관심사임을 지적해왔다. 2017년 발표된 〈국가안보전략보고서National Security Strategy〉12)와 2018년에 나온 〈국방전략요강National Defense Strategy〉13) 등에 표현된 트럼프 행정부 의 對中전략 핵심은 기성 대전략으로부터의 단절 선언이다. 즉, 과거 탈냉 전기의 국가적 합의사항이었던 자유국제주의 전략engagement & enlargement 이 실패한 것으로 결론짓고, 패권 하강기에 접어든 미국의 신전략으로서

---

12) https://www.whitehouse.gov/wp-content/uploads/2017/12/NSS-Final-12-18-2017-0905.pdf

13) https://dod.defense.gov/Portals/1/Documents/pubs/2018-National-Defense-Strategy-Summary.pdf

현실주의적 전환을 수행하여 다극체제부상에 대비하고자 한다. 이런 맥락에서 중국은 향후 미국의 전략적 경쟁자이자 미국의 가치와 국익에 반하는 세계질서를 추구하는 수정주의 국가로 정의되었다. 즉, 미국은 중국에 대해 현재 약화되고 있는 자유세계질서의 이득만 편취하면서 정작 그 세계의 창설자이자 수호자인 미국을 약화시키고 있다고 본 것이다. "냉전 2.0"의 선언문이라고 해석되는 2018년 마이크 펜스 부통령의 허드슨 연구소 연설문14)은, "수정주의" 강대국인 중국이 각종 사기와 불법행위를 통해 미국패권의 근간인 첨단기술영역의 토대를 잠식하고 있다고 비판하였다.15) 한 가지 놀라운 것은 대부분의 타 이슈들과 달리 대중국 강경책만큼은 미국 민주당도 크게 반대의 목소리를 높이지 않고 있다는 사실이다. 수정주의 부상국 중국을 강압적 방법을 동원해서라도 견제해 오늘날 미국 패권의 하강속도를 늦춰야 한다는 것이 새로운 국가적 컨센서스로 등장한 셈이다. 정치적 양극화가 갈수록 심화되어 하원에서 대통령 탄핵이라는 사태까지 초래된 시대에 보기 드문 초당적 합의라고 볼 수 있는 만큼, 미국의 대중 경계심과 정책 전환의 심도가 얼마나 근본적인지를 잘 나타내 준다. 이로써 첨단기술경쟁과 무역전쟁에서 시작된 미중 간 패권경쟁이 앞으로 점차 타 분야로 확산spill-over되어 전면적인 복합경쟁시대가 도래할 것을 예측해볼 수 있다.

---

14) Mike Pence, "Remarks by Vice President Pence on the Administration's Policy Toward China", The White House (October 4, 2018), https://www.whitehouse.gov/briefings-statements /remarks-vice-president-pence-administrations-policy-toward-china/

15) 2019년 6월 미국 국방성에서 발간한 "인도-태평양 전략보고서"에서도 중국은 "수정주의 강대국 (revisionist power)"이라고 정의 내려졌다. Department of Defense, "Indo-Pacific Strategic Report: Preparedness, Partnerships, and Promoting a Networked Region" (2019). https://media. defense. gov/2019/May/31/2002139210/-1/-1/1/DOD_INDO_PACIFIC_STRATEGY_REPORT_JUNE_2019.PDF

Ⅳ. 미중경쟁의 미래 전망

2000년대 초반까지만 해도 거시 주류 국제정치이론들은 미중관계의 향방에 대해 대체적으로 긍정적 (혹은 적어도 중립적인) 입장을 취하는 경향이 있었다. 현실주의자들의 경우에는 핵무기라는 변수의 존재를, 자유주의자들의 경우에는 경제와 제도라는 변수들에 주목해 미중관계가 어느 정도 안정적인 경쟁과 공존의 상태를 유지할 것으로 예측한 것이다. 그러나 최근 들어 미중 패권갈등이 심화되면서 특히 자유주의 진영이 강조해온 "칸트의 삼각형the Kantian triangle"16)과 관련해 회의적 관측이 우세해지고 있다. 먼저 냉전기부터 강대국 간 대전쟁의 발발을 억제한 물질변수로 늘 거론되어온 핵무기에 의한 상호확증파괴MAD는 현재에도 여전히 유효하다. 따라서 미중 간에 군사적 전면전이 상상하기 어려운unthinkable 영역에 존재한다는 점은 그대로이다.17) 그러나 경제적 상호의존, 민주평화, 국제기구와 같은 자유주의적 평화구축의 3요소는 트럼프-시진핑 시대에 들어 모두 불확실성의 영역으로 진입하고 있는 듯하다. 첫째로 경제적 상호확증파괴 혹은 "차이메리카Chimerica"에 대한 논의는 재고될 필요가 있다. 현재진행형인 미중 무역전쟁이 예시하듯, 오늘날 미중 양국은 경제 대전략의 차원에서 모두 소위 탈동조화decoupling 혹은 분리된 가치사슬과 개별적 무역블록의 구축에 박차를 가하고 있는 양상이다. 차이메리카라는 용어를 만들어낸 니얼 퍼거슨Niall Ferguson이 최근 미중 간 공생적 경제관

---

16) Russett, Bruce M. and John R. Oneal. *Triangulating Peace: Democracy, Interdependence, and International Organizations* (New York: Norton, 2001).

17) 물론 합리적 억지이론가들도 인정해온 우발적-비의도적 충돌의 가능성은 상존하며, 무엇보다 현재 중국이 과거 소련처럼 충분한 대미 2차 공격력을 보유하고 있는지의 여부는 논쟁의 여지가 있다.

계의 종언을 선언하고 신냉전이 이미 시작되었음을 자인한 점을 곱씹어 볼 필요가 있다.[18] 둘째로, 역사의 종언론과 함께 맹위를 떨치며, 미국적 세계질서의 승리를 상징했던 민주평화론의 꿈 또한 심각한 위기에 처해 있다. 신자유주의 지구화의 파괴적 결과로 오늘날 서방선진세계 내부에서 부터 포퓰리즘이 성장하면서 민주주의의 질이 하락하고 있거니와[19], 특히 인공지능AI과 빅데이터Big Data 등의 기술이 중국의 권위주의 체제 공고화와 친연성을 보이면서, 4차 산업혁명 시대의 도래가 과연 민주주의의 운명과 어떤 관계를 맺어나갈 것인지에 대해 의문이 제기되고 있다.[20] 중국을 세계 자본주의 체제의 틀 안에 끌어들이면, 자연스럽게 민주화와 자유화가 진행되어 미중관계에도 민주평화론이 적용될 것이란 소망적 사고의 파산이 선고된 셈이다. 마지막으로, 전 지구적 국제제도의 확장에 의한 강대국 간 상호결박도 점점 더 난망한 꿈이 되어 가고 있다. 브레턴우즈 체제에 대항한 AIIB, RCEP 등의 탄생에서 보듯 오늘날의 미중관계는 상호간 제도설계 경쟁의 국면에 돌입하였으며, 서로 자신의 제도에 하위국가들을 줄 세우려 하는 세력권 다툼의 양상으로 흘러가고 있다.[21] 트럼프 시대의 미국이 다자제도를 경시하며 상대적 이득에 집착하는 가운데 시진핑의 중국이 세계경제질서 자체의 재편을 추구하는 모습을 계속 내비친다면, 국제 기구는 세계협력의 장이 아닌, 패권경쟁의 전장으로 변화할 공산이 크다.

---

18) Ferguson, Niall. "The New Cold War? It's with China, and It Has Already Begun". *New York Times* (December 2, 2019). https://www.nytimes.com/2019/12/02/opinion/china-cold-war.html

19) Brown, Wendy. In the Ruins of Neoliberalism: *The Rise of Antidemocratic Politics in the West* (New York: Columbia University Press, 2019).

20) Harari, Yuval N. *21 Lessons for the 21st Century* (New York: Spiegel & Grau, 2018).

21) 이동률. "중국의 '글로벌 거버넌스 체제 개혁' 전개와 미중 경쟁." 하영선·김상배 편. 『신흥 무대의 미중 경쟁: 정보세계정치학의 시각』 (파주: 한울, 2018).

미중 신형대국관계의 구축

쉐샤오펑(薛曉芃)*

I. 세력전이와 "투키디데스의 함정"

1. 상호의존과 대국 간 세력전이

오르간스키A.F. Kenneth Organski의 세력전이론에 따르면, 부상하는 도전국과 패권국 간의 격렬한 충돌 내지 전쟁 가능성은 도전국의 전체적 국력이 패권국 실력의 80%와 120% 사이에 도달할 때 가장 높다. 특히 미중 양국과 여타 주요 강대국의 세력 격차가 확대되고, 미중 사이의 세력 격차는 꾸준히 감소되고 있는 상황은 미국으로 하여금 주요 전략 초점을 중국에 두게 만들었다. 세력전이는 경제적 권력(강대국 간 경제 상호작용 및 국제 경제 시스템에 중요한 영향 발휘), 군사적 권력(강대국 간 군사적 공격·방어 균형 및 군사 시스템에 중요한 영향 발휘), 잠재적 권력(인구, 영토, 원자재, 기술 등 경제력으로 전환될 가능성을 갖추어 전쟁·군사 자원이 될 수 있는 모든 요소), 제

---

* 다롄외국어대학 국제관계학원 교수

도적 권력(동맹, 연합국 등 국제조직·시스템) 네 가지 측면으로 구분할 수 있다. 앞의 세 가지는 국가의 내부적 힘과 관련되어 있고, 네 번째는 국제 시스템 내 국가 간 상호작용과 관련되어 있다.

미국은 자국의 군사력이 여전히 강대함에도 불구하고 중국이 부상하는 경제력과 잠재력을 결국 미국의 군사력에 도전하는 데 전용하고 2차 세계 대전 후 확립된 미국의 제도적 패권을 흔들 것을 우려한다. 힘으로 이익을 규정하고, 이익으로 위협을 규정하는 것이 국제정치의 보편적인 철칙이다. 그런데 미국은 중국의 부상을 미국에 대한 지정학적 위협이라고 먼저 확정지은 다음, 미국의 동아시아에서의 이익을 동맹 안보 및 남중국해 항행 자유 수호 등으로 정하고, 인도-태평양 지역에서의 전략적 배치 확대를 통해 중국의 세력에 대한 견제를 강화하여 미중의 전략적 대치 국면을 끊임없이 악화시키고 있다. 그러나 미중은 핵공포의 균형, 글로벌·지역 질서의 안정, 경제·무역 등 영역의 깊은 상호의존, 기후변화·대테러·해적퇴치 문제 등 관련 공동 이익의 존재를 인식하고 있기도 하다. 따라서 미중 간의 이익 불일치와 세력 구조상의 모순은 양국이 "투키디데스의 함정"에 빠질 가능성을 제공하지만, 미중 간의 수많은 영역에서 이익의 일치는 양국이 부단히 신형대국관계를 향해 나아갈 수 있는 동력을 제공한다.

2. 미중관계에 대한 투키디데스적 오해

미중관계에 있어, 우리는 도전국보다는 패권국의 공격적 전략 추세에 관심을 가져야 한다. 중국이 미국의 패권에 도전하고 있다고 말하기보다는, 미국이 자발적으로 중국과의 충돌 요인을 증가시키고 있다고 말할 수 있다. 미국의 과도한 확장은 시스템 안의 도전국이 패권국에게 도전할 수

있는 기회를 제공하고 있고, 이 때문에 미국은 중국이 부상한 후에 국제
시스템의 통치 법칙과 영향 범위 및 국제 영토 분배分配 등을 재조정 할
것으로 여긴다. 투키디데스 함정은 강대국 간 충돌이라는 문제를 단순화
한 것으로, 어떠한 실제적 의미를 갖기 어렵다. 시스템 안의 가장 강대한
두 국가, 즉 기존 패권국과 부상국에만 적용이 가능할 뿐, 강대국이 왜 상
승기上昇期에 공격을 감행하는지에 대한 논리적 이유를 일관성 있게 제시
하지 못한다.[1]

세력 격차가 변화하는 양상은 확실히 중요하나, 이 변수만으로는 국가
간의 전쟁과 평화를 확정지을 수 없다. 게다가 투키디데스 함정이 밝히려
했던 것이 "아테네의 세력 증가가 스파르타의 공포를 유발했다는 점"이었
다는 사실은 패권국이 두려움으로 인해 취한 균형 유지 및 억제 정책이야
말로 전쟁 발발의 뿌리였다는 잠재적 의미를 가진다. 투키디데스 함정의
논리를 미중관계에 빗대는 많은 학자들은 중국이 도전자로서 일방적, 적
극적인 도발을 감행하고 있다고 여기는데, 이는 투키디데스 함정의 기본
적 논리를 위배하는 것이다. 세력 점유율 감소 추세가 장기적으로 이어질
수도 있다는 예측은 전쟁으로 이어지기 쉬운데, 이는 타국에게 정복당하
거나, 글로벌 및 지역 시스템 및 질서 주도력 상실을 우려하게 만들기 때
문이다.[2] 이러한 이유로 신형대국관계의 구축에 있어서 보다 제어해야
하는 대상은 미국의 중국에 대한 공격적 경향이다.

---

1) Dale C. Copeland, *The Origins of Major War* (Ithaca, NY: Cornell University Press, 2000), pp. 12–13.
2) William Reed, "Review: The Origins of Major War", *The America Political Science Review*, 95-2, (June 2001), p. 513.

3. 군사 전쟁과 무역 전쟁의 미중 세력전이에 대한 영향

역사를 보면 전쟁이 강대국 간 세력전이 문제를 해결하기 위한 효과적인 수단은 아니었다. 나폴레옹 전쟁, 프로이센-프랑스 전쟁, 러일전쟁 및 두 차례의 세계대전 모두 세력전이가 야기한 문제를 해결하지 못했다. 프랑스는 1815년에 제7차 대프랑스 동맹에 패배했고 승전국들은 프랑스의 정복 성과를 박탈하였으나, 프랑스는 1870년 프로이센-프랑스 전쟁 전까지 종합 국력에서 영국에 비해 꾸준히 우위를 유지했다. 프로이센-프랑스 전쟁 후 독일은 프랑스에 비해 우위에 있었고 알자스로렌 지역의 할양이 독일의 부상을 촉진하였음에도, 전후 25년간 프랑스의 세력은 여전히 빠른 속도로 부상하였다. 러시아는 1904-1905년간의 러일전쟁에서 참패를 당했지만, 전후 러시아는 일본에 대한 우위를 꾸준히 확대하였다. 독일의 세력은 1차 및 2차 세계대전 종료 직후 대규모 영토 손실로 일시적으로 쇠퇴하긴 하였으나, 1930년대 및 1960년대에 다시 영국과 프랑스를 두 차례 초월했으며, 미국과 소련을 뒤이은 세 번째로 강한 대국이 되었다. 전쟁은 세력전이 문제를 해결할 수 없고, 핵전쟁을 크게 치를 수도 없는 상황에서 대부분의 전쟁은 패전국의 GDP와 인구 등 기본적인 국력 자원을 크게 약화시킬 수 없다. 대규모의 GDP 및 인구 손실을 야기할 수 있더라도 빠른 시일 내 회복될 수 있을 것이다. 소련은 2차 세계대전에서 약 2500만 명의 인구를 잃었으나, 빠른 속도로 반등하여 1956년에 전쟁 전의 수준을 넘어섰다.

미국이 무역 전쟁으로 중국의 부상을 제어하고 세력전이의 역전을 이룰 수 없는 이유는 세 가지가 있다. 첫째는, 미중 양국은 비대칭 상호의존 상황에 처해있지만, 중국에게 경제적 손해를 끼치려 하는 정책은 미국의 경제에도 상처를 입힐 것이기 때문이다. 미국과 중국은 경제적으로 상호 확증 파괴를 야기할 수 있는 관계에 처해있어, 상대방이 시작한 경제전을 통해 상대방에 보복을 가할 수 있고, 그 결과는 경제전을 통한 협박 가능성을 불투명하게 만든다. 둘째는, 만약 미국이 무역 제재를 억지로 가한 것이라면 효과를 발휘할 수 없을 것이라는 점이다. 무역 제재의 효과는 제재를 받는 국가의 모든 무역 파트너가 일제히 제재에 동참하거나 국제기구를 통해 다자 제재를 가할 경우에만 빛을 발하고 오래 유지될 수 있다. 냉전기간 동안의 중국은 여타 강대국과 낮은 수준의 의존관계로 인해 경제전의 목표물이 될 수 없었다고 한다면, 오늘날의 중국은 그 거대한 경제규모 및 여타국과의 높은 상호의존성으로 인해 여전히 경제전의 목표물이 될 수 없다. 세 번째는, "중국을 적으로 만드는 가장 좋은 방법은 적을 대하듯 중국을 대하는 것이다."[3]라는 조지프 나이(Joseph S. Nye)의 말처럼, 중국을 상대로 경제전을 벌이는 것은 '자기실현적 예언'과도 같다는 점이다.

현실적 측면에서도 미중 양국은 경제·무역 영역, 군사·안보 영역, 비전통 안보 영역에서 서로 간의 광범위한 '전략적 의존'을 유지하고 있다. 경제 영역에서, 양국은 무역, 투자 및 인적 교류에 있어 모두 역사적 신기록을 세우고 있다. 양측 간 무역액은 2016년에 이미 5천여 억 달러를 달성했고, 2024년에는 1조 달러를 초과할 것으로 예상되고 있다. 중국의 대미국 투자는 이미 미국의 대중국 투자를 넘어섰다. 2016년 중국은 이미 미국의 아태지역 제1위 여행 목적지가 되었으며, 국적별 중국 입국 여행객 중 미국 여행객은 3위를 차지하고 있다. 군사·안보 영역에서는 양국 모두 한반도 비핵화 실현 목표를 유지할 필요가 있다고 생각하고, 일본의 핵보유를

---

3) Joseph Nye, "The Case for Deep Engagement," *Foreign Affairs* 74-4, (July/August 1995), pp. 90-102.

반대하며, 중국과 주변국 간 해상 분쟁의 평화적 해결을 지지한다. 양국 모두 역내 개별적 경제질서의 수혜국들이며, 평화적인 발전 환경 유지를 희망한다.[4] 미중 양국은 또한 이라크 핵문제, 시리아문제 등 주요 국제 지역 현안 관련 협력의 필요성을 함께 인식하고 있다. 비전통 안보 영역에서도, 미중 양국은 기후변화를 중심으로 한 전 세계적 도전에 맞서 훌륭하고 효과적인 협력을 전개했다.

Ⅱ. 미중 평화공존의 전략적 경로路徑

1. 시스템 측면: 양극 선도, 다극 공동 관리

전통적으로 국제 시스템을 제어하는 모델은 단극unipolar 주도 모델, 양극bipolar 분할관리 모델, 다극multipolar 협조 모델로 구분된다. 다극 시스템 하에서 강대국은 주로 외부와 동맹을 맺는 방식으로 서로를 제어했고, 양극 시스템 하에서는 강대국 간 군비경쟁을 통한 상호 억지가 이루어졌으며, 단극 시스템 하에서 강대국은 주로 자연적인 세력 확대를 통해 비패권국을 제어했다.[5] 그러나 미중 신형대국관계는 "양극 선도引領, 다극 공동 관리" 모델이라는 새로운 시스템을 구축하려는 시도이다.

중국이 제시한 신형대국관계 규범은 기존의 세력균형 이론을 완전히 부정하지 않는다. 국가 간의 세력균형은 어떤 형식을 따르든지 간에 모두 국제질서의 중요한 구성 요소이다.[6] 그러나 기존의 대국관계 이론은 비

---

4) Robert J. Art, "The United States and the Rise of China: Implications for the Long Haul", *Political Science Quarterly* 125-3 (2010), pp. 366-389.

5) 劉豊, "均勢生成機制的類型與變遷", 『歐洲研究』 第4期 (2009).

교적 평화로운 시기에 대한 고찰이 결여되어 있다.[7] 현상유지는 많은 국가들의 일련의 행동들이 의도하지 않은 결과이며, 각 국은 모두 현재의 세력균형 상태에서 자국 이익의 최대화를 추구한다.[8] 미중 신형대국관계는 "양국 진영"이나 "미중 공동 관리" 시스템을 구축하려는 것이 아니다. 신흥국, 개발도상국 및 아시아의 책임 있는 대국이라는 세 가지 정체성을 지닌 중국은 아시아, 아프리카, 남아메리카에서 광범위한 영향력을 미치고 있다. 미국은 서구 선진국 및 기독교 세계와 미국 예외주의의 대변인으로, 아프리카 외의 주요 지역에서 큰 영향력을 지니고 있다. 따라서 미중관계의 좋고 나쁨은 전체 세계질서의 안정 여부와 연관되어 있다. 미중 간에는 비록 단기간 내에 해결할 수 없는 구조적 모순이 존재함에도 불구하고 함께 신형대국관계를 구축하자는 미국에 대한 중국의 제안은 비록 우선적으로 자국의 성공적인 부상을 실현하고 국가이익을 수호하려는 목적도 있지만, 동시에 최대한 현존 시스템 안에서의 전면적 부상을 추구하며 현존 시스템의 세력, 제도, 관념 구조에 대한 전복 가능성을 줄이고, 심지어는 이를 회피하려는 목적도 있다. 또한 중국이 국제 시스템과 국제질서의 안정적인 발전과 점진적인 개혁을 촉진하려는 것은 미국의 주도로 세워진 국제 시스템과 질서에 도전하려는 것이 아니고, 무임승차를 하거나 대국으로서의 국제적 책임을 회피하려는 것도 아니며, 확장을 하거나 제패하려는 것은 더더욱 아니다.

미중 신형대국관계를 통해 새로이 정립하려는 것은 일종의 "양극 선도,

6) 亨利·基辛格, 『世界秩序』(胡利平·林華·曹愛菊 譯), (中信出版社, 2015), p. 435.

7) Jack. S. Levy and William R. Thompson, "Balancing on Land and at Sea", *International Security* 35-1 (2010), pp. 7-43.

8) T. V. Paul, James J. Wirtz, and Michel Fortmann, *Balance of Power Theory and Practice in the 21st Century*(Stanford: Stanford university Press, 2004), p. 32.

다극 공동 관리"모델이다. "양극"이라고 부르는 것은 미중 양국의 정치적·경제적 능력을 감안할 때 당연히 다른 강대국들보다 더 많은 국제적 책임을 지고 공공재를 제공해야 하기 때문이다. "양극 선도"는 미중 양국이 열전熱戰이나 냉전을 피해야 하고, 미소 냉전시기와 같은 양극 분할관리 구조의 형성을 피함으로써, 국제 정치·경제 등 각 영역에서 상생 발전을 실현하고 대국으로서의 영향력을 통해 모범을 보이는 것이다. 미중관계의 발전은 'G2국면'을 형성하지 않을 것이고, 대신에 여타 주요 강대국들이 필요한 국제적 책임과 의무를 지고 글로벌 및 지역적 사안에 대한 공동 관리를 실현하는 것이다. 이를 위해 주요 강대국들의 공동 협력이 필요하고, 이로써 패권 추구 방지에 유리한 다극 균형 시스템의 장점이 발휘될 수 있을 것이다.

2. 미중 간 전략적 측면상의 긍정적 상호작용

중국은 미국과의 세력 교체를 통해 미국을 대체하려는 것이 아니다. 중국은 미국과 함께 긍정적인 전략적 상호작용의 실현을 통해 양측 세력 격차가 감소하는 상황에서 양자, 지역 및 글로벌 차원의 전략, 경제·무역, 에너지, 과학·교육, 문화 등 영역에서의 협력·상생을 촉진하여, 중국의 부상이 자국에게만 혜택이 되는 것이 아니라 미국에도 혜택을 줄 수 있게 하여 미중 상생을 실현하고 미국의 패권 쇠퇴로 인한 국제질서의 동요를 줄이려는 것이다.

미중 신형대국관계의 구축은 미중 양측의 전략적 차원에서 긍정적인 상호작용의 실현을 필요로 하며, 이는 주로 아래 세 가지 측면에서 구현된다.

첫째, 양측은 중국을 '수정주의 국가'로 규정하지 말아야 한다. 미국은 군사 및 경제·무역 영역의 "예방 전쟁"논리를 통해 중국의 부상을 제어할 수 있다고 믿어서는 안 된다. 중국은 미국의 극한 압박에도 타협하지 않을 것이고, 세력 부상 후 시스템 내 패권을 추구하려 하지도 않을 것이다.

둘째, 미중 양국은 국제 시스템과 질서를 협력적으로 관리해야 한다. 만약 미중이 서로의 전략적 입장을 고려하지 않고 일방적으로 기존의 국제 시스템과 질서를 변화시키려 한다면, 지역 및 글로벌 거버넌스에 혼란을 야기하기 쉽고, 이는 양국관계의 안정을 저해할 수 있다. 만약 양국이 서로의 안보·전략적 이익을 존중하면서 우호협상을 통해 비합리적인 국제 현황을 개선하고 현재의 긍정적인 요소를 유지한다면, 상호 윈-윈 할 수 있는 긍정적인 지역·글로벌 질서가 형성될 것이다.

셋째, 동맹 전략과 관련하여, 미중 양국은 서로를 겨냥한 연합전선 구축을 피해야 할 것이다. 미국의 동맹 전략은 상수常量로서 단기간 내 근본적으로 변하기는 어렵다. 1980년에 중국은 소련과 "중소 우호 동맹 상호원조 조약"을 갱신하지 않았고, 이후 다른 국가와 새로운 동맹조약을 체결하지도 않았다. 국제 시스템 상 동맹국 획득 가능성이 비교적 낮고, 중국 주변에는 동맹 결성의 객관적 조건들이 결여되어 있으며, 미국이 동맹 체계를 독점하고 있기도 하고, 동맹 자체의 단점인 '버려지거나 연루될 가능성'에 대한 우려 때문에, 균형 논리를 기반으로 한 동맹 전략은 점차 중국의 외교 선택지에서 사라졌다. 국가 자주성 수호 논리에 기반을 둔 비동맹 전략만이 중국이 반드시 나아가야 할 길이다.

3. 미중 신형대국관계 구축을 위한 전략적 균형

미중 전략적 상호신뢰를 통해 "투키디데스 함정"에 빠지지 않고 신형대국관계로 나아가자는 말은 현실적이지 않다. 미중은 신형대국관계의 구축을 위해서 진정한 의미에서의 전략적 균형을 달성해야 한다. 미국에는 "싸워서 이길 수 없는 상대하고는 친구를 맺는" 전략적 전통이 있다. 미중 양국은 세력, 지정학, 이익 및 목표 등에서 일정한 전략적 균형을 유지할 필요가 있다.

'세력 균형'은 주로 특정 군사 기술 또는 무기에 대한 양국의 점유 능력에 있어서의 균형과 관련이 있다.[9] 미국이 국가 및 지역 미사일 방어시스템을 배치하고, 한국, 일본 등에 사드 미사일 방어시스템을 판매한 것은 방어적 무기로 중국의 미국에 대한 핵 타격능력을 와해하려는 것으로서, 이는 미중 전략적 안정에 이롭지 않다. 미중 양국은 평화시기에 타국의 방어적 무기(또는 정책)와 공격적 무기(또는 정책)를 구분할 줄 알고, 위기 사태 발생 시 방어적 태세가 공격적 태세보다 우선한다고 보아야지만, 양측의 안보적 딜레마를 비로소 효과적으로 완화할 수 있을 것이다.[10]

'지정학적 균형'은 주로 '대륙세력'과 '해양세력'의 발전 과정 중에 양국이 지리적 공간에서 형성하는 균형을 의미한다.[11] 국가의 행위에 대한 지리적 위치의 영향은 주로 '힘을 투사하는 효능'을 통해 발생한다. 강대국이 위치한 상대적인 지리적 위치에 따라, 국가들을 대략적으로 대륙 강대국, 해양 강대국, 대륙·해양 복합형 강대국으로 구분할 수 있다. 미국은 전형적인 해양 강대국이고, 중국은 상당정도 대륙·해양 복합형 강대국에 속한다. 중국이 제시한 신형대국관계는 미중 양측이 '해양세력'과 '대륙세력' 간 관계에 있어서 긍정적인 상호작용을 안정적으로 유지하여, 중국의

---

9) 孟維瞻, 『勸力·合作·平衡──防禦性現實主義理論硏究』, (北京: 世界智識出版社, 2010) p. 223.

10) Robert Jervis, "Cooperation Under the Security Dilemma", *World Politics* 30-2 (January 1978), pp. 170-191.

11) 韋宗友, "霸權陰影下的戰略選擇", 『國際政治科學』 (2005), p. 60.

지정학 전략 전환이나 미국의 아태지역으로의 전향이 초래할 부정적 영향을 감소하려는 것이다.

'이익 균형'은 주로 양국의 핵심 국가이익에 대한 관심 정도와 관련이 있다. 신고전적 현실주의Neoclassical Realism의 관점에서 국가가 '균형' 또는 '편승' 중 하나를 선택하는 주요 동인은 '이익선호'인데, 이는 관련 국가의 정책 결정자가 어느 선택지가 자국의 전략적 이익에 부합하는지 선택하는 것을 의미한다.[12] 비록 냉전시기 미국과 소련 양국은 경제·무역 영역의 상호의존도는 낮았으나 대규모 핵전쟁 방지 및 핵 비확산 실현 문제에 관해서는 높은 수준의 전략적 공감대를 이루고, 이 덕분에 냉전의 정점이었던 쿠바 미사일 위기 가운데서도 대규모 핵전쟁을 막을 수 있었다. 비록 중국은 미국과의 호혜적 관계를 이유로 '미국 편승' 정책을 채택하지는 않겠지만, 미중 양국이 안보, 경제·무역, 정치 등 다양한 영역에서 서로 융합할 수 있는 공동의 이익을 고려하면 1차 세계대전 전의 영국과 독일이나 냉전 시기의 미소 관계 보다는 "상호존중, 협력공영"의 신형대국관계를 구축할 가능성이 높다.

'목표 균형'은 주로 양국의 장기적 전략 목표에 대한 규정과 연관되어 있다. 모겐소Hans Morgenthau는 국가의 기본적인 전략적 목표를 현상유지 정책, 제국주의 정책과 기득권 과시 정책으로 구분한다. 미국은 일부 영역에서 공격적 정책을 취함으로 현상유지, 대외 확장 또는 국제적 명성 제고라는 목표를 실현하려 할 수 있고, 중국은 기본적으로 방어적 정책을 통해 합리적인 현상유지 및 비합리적인 현상 개선의 목표를 실현하려 할 것이다. 그러나 국가의 목표와 의도는 불확실성을 지닌다.[13] 중국이 미중 신

---

12) Randall L. Schweller, "Unanswered Threats: A Neoclassical Realist Theory of Underbalancing", *International Security* 29-2 (2004), pp. 159-201.

형대국관계를 구축하려는 취지는 바로 이러한 불확실성을 감소시키려는 것이고, 특히 국내적 요인이 양국의 전략적 목표와 전략적 의도를 방해하거나 왜곡하는 것을 피하려는 것이다. 미중과 같은 강대국들이 전략적 목표를 세우는 데 있어서 국내적 압력이 국제적 압력보다 더 크게 작용하는 경우도 종종 있다.[14] 예를 들어, 미국 국내 양당 경쟁이 극단화되고 있는 가운데 트럼프의 집권은 미국 사회의 정치적 분열을 야기했는데, 이는 미국의 국가적 전략 목표와 미중관계의 방향에 예측하기 어려운 영향을 미칠 수 있다. 미중 전략적 목표 간의 상호 양립성, 호혜성의 실현은 성숙한 미중 신형대국관계 구축의 중요한 지렛대가 될 것이다.

Ⅲ. 결론

중국과 미국은 신형대국관계 구축을 위해 국제 시스템의 전체적 세력 균형 유지에 함께 힘써야 하고, 위기를 회피하거나 통제해야 하며, 상호 간의 전쟁을 제한·억제해야 하고, 서로 상대방의 세력범위와 핵심 이익을 존중해야 하며, "대국일치大國一致"의 연합 공동관리를 실현하고, 공존을 넘어 정치·전략 협력, 사회·경제 협력까지 목표로 삼아야 한다.[15] 결국, "충돌하지 않고, 대항하지 않으며, 서로 존중하고, 윈-윈win-win하는 협력을 하자"는 말은 미중 신형대국관계 구축의 최종 지향점이자, '행위 규범'

13) Arash Heydarian Pashakhanlou, "Back to the Drawing Board: A Critique of Offensive Realism", *International Relations* 27-2 (2013), pp. 202-225.

14) 杰克·斯奈德, 『帝國的迷思 : 國內政治與對外擴張』(于鐵軍 譯), (北京大學出版社, 2007), p. 22.

15) 赫得利·布爾, 『無政府社會:世界政治中的秩序研究』(張小明 譯), (上海人民出版社, 2015), pp. 62-63.

이다. 미중이 이러한 규범 하에서 상호작용을 한다면 적어도 "투키디데스 함정"을 피할 수 있을 것이고, 더 나아가 미중 신형대국관계 구축이라는 목표를 실현할 수 있을 것이다.

미중관계와 한반도 평화

정구연(鄭求娟)*

I. 지역 안보 정세 개괄

본 글은 인도-태평양 지역 내 세력분포 다극화와 지역질서 재편과정이 한반도 평화구축과정에 어떠한 영향을 줄 수 있는지 분석한다. 중국과 러시아를 비롯한 현상변경 국가의 부상, 인도와 같은 신흥강국의 부상으로 인해 인도-태평양 역내 미국 중심의 단극적 세력균형체제는 약화되고 있으며, 동시에 권위주의 확대, 법치 약화, 영향권 분할 시도 등에서 알 수 있듯 미국이 주도해온 자유주의 국제질서 역시 전 방위로 도전받고 있다.

물론 미국이 2차 대전 이후로 구축해온 자유주의 국제질서는 인도-태평양 역내에 균질하게 투사되어 있지 않았으며, 더욱이 트럼프 행정부의 미국우선주의America First 대외전략 및 원칙기반 현실주의principled realism 접근법으로 인해 질서 자체의 내구력이 약화되고 있는 상황이다.

---

* 강원대학교 정치외교학과 교수

인도-태평양 역내 국가들은 이러한 변화에 대응하기 위해 새로운 자국 위상 정립과 이에 부합하는 대외전략을 각자 마련하고 있다. 미국의 경우, 군사, 외교, 경제적 차원의 범정부적 지역전략을 마련하며 이에 대응하고 있다. 그러나 모든 영역을 아우르는 포괄적인 비전으로서의 '자유롭고 열린 인도-태평양free and open Indo-Pacific'의 구체적인 로드맵은 여전히 형성과정에 있으며, 2020년 대선을 앞둔 시점에서 미국 민주당 대선 경선 주자들이 제시하는 지역질서 비전과도 다소 차이가 있는 상황이다. 이에 중국이 형성하고 있는 대체지역질서의 확산에 일관적으로 대응할 수 있는가에 대한 의문이 제기되고 있다.

중국의 경우, 우선 경제발전 성과를 기반으로 강대국으로서의 위상을 공고히 하고 있을 뿐 아니라 동아시아 역내 대미 반개입counter-US intervention 역량 강화를 추구하고 있다. 이를 통해 미국의 아시아 동맹체제, 즉 허브 앤 스포크hub and spoke 구조와 동맹국들의 미국에 대한 신뢰도를 약화시켜 지역질서의 재구조화regional restructuring를 시도하고 있다.[1] 비대칭전력 강화뿐만 아니라 지리적·군사교리적 우위를 바탕으로 중국의 지정학적 영향력은 점진적으로 확대될 것으로 예측되고 있다.

한편 러시아는 중국과의 전략적 협력을 도모하고 있으며, 동아시아 및 아프리카 지역에서의 영향력 확대를 시도하며 국제사회 대러제재 연대를 약화시키려 하고 있다. 또한 미국이 인도-태평양 전구에 집중하는 동안 유럽에 있어서의 영향력 회복을 시도 중에 있다.

일본은 중일 전략경쟁의 심화, 북한 비핵화 협상 공전, 러시아의 역내 영향력 확대, 트럼프 대통령의 불가측 리더십 등 전 방위적으로 발생하는

---

1) Timothy Heath and Andrew S. Erikson, "Is China Pursuing Counter-Intervention?" *The Washington Quarterly* 38-3 (2015), pp. 143-156.

안보불안 요소에 대응하기 위해 미일동맹 강화 및 법제개정을 시도하며 보통국가로의 전환을 시도하고 있다.

한국이 당면한 북한 비핵화 문제는 위와 같이 강대국 경쟁이 심화되는 국제구조에 내재되어 있다. 그러나 북한은 이미 핵보유를 통해 일정 수준 대외적 강압을 거부할 수 있는 역량을 확보하였다. 즉 북한은 강대국의 강압에 대해 제한적이나마 억지력 및 외교적 자율성을 확보하게 된 것이다. 이러한 상황은 북한의 비핵화를 견인하고 동시에 한반도 평화체제를 구축하는 데 있어 한국의 중재 역할이 구조적으로 제한적일 수밖에 없음을 보여준다. 더욱이 애초 북한 핵문제에 있어 한국은 당사자라는 입장을 밝히지 않았기에, 한국 정부는 더더욱 협상 레버리지가 낮을 수밖에 없다. 북한 문제뿐 아니라 중견국으로서 한국이 추구할 수 있는 대외정책 외연 역시 역내 강대국 경쟁, 특히 미중 간의 갈등으로 인해 축소되고 있다. 또한 한국이 역내 어떤 국가와 대외정책이익을 공유해야 할 것인가와 관련하여 그 선택의 압박은 향후 더욱 거세질 것이 자명하다.

본 글은 이러한 문제의식을 바탕으로 새로운 지정학적 공간으로 부상한 인도-태평양에 대해 논의하며, 그 안에서의 강대국 정치, 특히 미중관계의 다양한 측면을 고찰해 본다. 이를 바탕으로 이러한 역내 구조적 변화가 한반도에 가져올 영향력에 대해 분석한다.

Ⅱ. 새로운 지정학적 공간 인도-태평양과 미중관계의 진화

인도-태평양 지역은 일대일로전략을 기반으로 서진하는 중국과 동진 정책을 추진하는 인도의 경쟁과 갈등이 현저해지는 공간이다. 또한 무역과 에너지 수송이 증가하는 해양영역으로서, 강대국의 부상과 세력균형 재편과정을 지탱하는 국력자원 이동의 공간이기도 하다. 이러한 공간에서의 강대국 경쟁은 미국으로 하여금 기존의 아시아태평양 공간 개념을 확장시켜 미국의 전략적 이익이 담보될 수 있는 새로운 지정학적 공간 개념인 '인도-태평양'을 제시할 필요성에 직면케 했다.

인도-태평양이 새로이 고안된 지정학적 공간이라면, 트럼프 대통령이 2016년 APEC정상회담을 통해 공개한 '자유롭고 열린 인도-태평양a free an open Indo-pacific'은 이러한 지정학적 공간에서 미국 우위dominance의 세력균형을 유지하기 위한 지역전략이다. 이때의 '자유로운'이란 인도-태평양 역내 모든 국가들이 타국의 강압으로부터 자유롭고 스스로의 정책을 자율적으로 추구할 수 있는 상황을 의미하며, 동시에 국내적으로는 투명성과 반부패, 인권과 굿거버넌스 차원에서 개인의 자유가 확장되는 상황을 의미한다.[2] 한편 '열린'이란, 인도-태평양 역내 열린 해상 통신로sea lines of communication와 항로airways를 의미한다. 특히 전 세계 무역량의 50%가 통과하는 남중국해뿐만 아니라 전 세계 에너지 자원의 절반 이상이 이동하는 호르무즈, 말라카, 순다해협 등 다수의 초크포인트 등을 고려해볼 때 인도-태평양 전략의 필요성은 더욱 절실하다. 이뿐만 아니라 역내 인프라 격차를 해소하여 지역통합을 진전시키고자 한다. 그러한 의미에서의 '열린'이란 역내 국가들 간의 지역통합, 자유무역 및 투자환경 개선을 의미한다. 즉 미국의 인도-태평양 지역에 대한 해외직접투자가 좀 더 용이해질 수 있는 규제개선, 자유무역 환경뿐만 아니라 인도-태평양 역내 민간 투자가 및 기업들 역시 활발하게 경제활동을 할 수 있는 전반적인 경제

---

2) Alex Wong, Deputy Assistant of Secretary, Bureau of East Asian and Pacific Affairs. "Briefing on the Indo-Pacific Strategy", U.S. Department of State (April 2, 2018).

환경 개선을 의미한다.

요컨대 이러한 지역전략은 경제안보economic security를 중시하고 군사적 수단보다 경제적 국정운영수단economic statecraft을 선호하는 트럼프 행정부의 우선순위가 반영된 것이라고도 볼 수 있다. 실제로 2019년 11월 발간된 미국 국무부의 인도-태평양 정책 경과보고서 〈자유롭고 열린 인도-태평양: 공유된 비전 추진A free and open Indo-Pacific: Advancing a Shared Vision〉은 미국의 개발금융역량 현대화를 통해 민간자본의 인도-태평양 역내 신흥시장 진출을 독려하고 있으며 투명성을 담보하는 금융질서를 역내 구축하고자 한다. 또한 역내 디지털 경제, 에너지, 인프라 구축을 통한 지역경제 활성화를 위해 추가적인 경제지원을 공표하며 인도-태평양 전략이 단순히 안보전략이 아닌 경제, 거버넌스를 포함한 범정부적 전략임을 보여주고 있다. 이는 중국의 일대일로 정책과 아시아인프라투자은행AIIB에 대응하기 위한 것으로서, 트럼프 행정부 등장 이후 미중경쟁은 경제영역에서도 현저히 관찰되고 있다. 특히 중국의 대외금융정책을 부채외교debt diplomacy라 규정지으며 이러한 중국적 지역 경제 질서의 대안으로서 미국의 인도-태평양 전략을 제시하고 있는 것이다.[3]

한편, 인도-태평양 전략에 있어 군사안보 영역이 축소된 것은 아니다. 기존 오바마 행정부가 관여engagement와 균형balancing이 조합된 아시아로의 회귀, 즉 재균형 정책을 추진했던 것과는 달리, 트럼프 행정부는 강대국 경쟁을 위해 균형의 요소가 강화된 전략으로서 인도-태평양 전략을 상정한다. 2019년 6월 국무부의 보고서보다 먼저 공개된 미 국방부의 〈인도-

3) 중국의 부채외교의 현황에 대해서는 다음의 보고서를 참고하길 바람. Sebastian Horn et al, "China's Overseas Lending," KIEL Working Paper No. 2132. Kiel Institute for the World Economy (June 2019).

태평양 전략보고서: 대비태세, 파트너십, 네트워크화된 지역 추구Indo-Pacific Strategy Report: Preparedness, Partnership, and Promoting a Networked Region〉는 역내 자유로운 국제질서 비전과 억압적 국제질서 비전과의 경쟁을 강조하며 세력균형 변화에 대응하기 위해 강화된 대비태세와 네트워크 다변화를 추구하고자하는 미국의 의도를 보여준다.

실제로 경제적 세력균형 다극화와 맞물린 역내 군비경쟁 추이는 현상변경 국가들의 군현대화를 통한 역내 군사력 투사 시도로 이어지고 있다. 더욱이 중국의 불투명한 군비공개로 인해 역내 국가들은 '자제restraint'의 접근법보다는 보다 공격적인 자세로 대응하고 있어 역내 군비경쟁은 불가피한 상황이다.

그러나 중국은 서태평양 및 동아시아 지역에 대한 영향력 확대를 시도하는 데 있어 미국과 비교해 상당한 비대칭적 우위를 점하고 있다.4) 첫째, 중국이 제시한 제 1, 2 도련선은 미국의 항공력과 해양력으로도 상쇄하기 어려울 정도로 지리적으로 중국에 근접해있다. 이는 중국의 서태평양 지역에 대한 기정사실화fait accompli 전략, 그리고 이를 이용한 회색지대분쟁 gray zone conflict에 대해 미국이 구조적으로 취약할 수밖에 없음을 보여준다. 이러한 지리적 비대칭성을 이용하여 중국은 공군력 강화보다 비용이 낮은 발사체 중심 전략projectile-centric strategy을 채택하여, 탄도미사일 부대 창설 등을 통해 중거리 탄도 및 크루즈 미사일 능력을 강화해왔다. 미국이 오랜 시간 중거리핵전력조약 당사국이었다는 점을 고려해볼 때, 미국은 중국의 발사체 중심 전략에 대해 방어적인 미사일 방어체계 구축만이

---

4) Thomas G. Mahken, Travis Sharp, Billy Fabian, Peter Kouretsos. *Tightening the Chain: Implementing a Strategy of Maritime Pressure in the Western Pacific* (Washington D.C. Center for Strategic and Budgetary Assessments, 2019), p. 13.

가능했다. 결과적으로 이러한 비대칭전력 개발은 중국의 또 다른 비대칭적 우위로 자리 잡게 되었다.

요컨대 미국은 인도-태평양 역내 군사력 투사를 용이하게 할 수 있는 대비태세 확장 및 강화, 그리고 현상변경을 상쇄할 수 있는 네트워크 확대가 시급하다.

우선 2020년 미국 국방예산안은 지난해 보다 4.9% 증가하였는데, 이는 미국의 2018년 국가국방전략보고서National Defense Strategy Report에서 밝혔듯 기존의 전통적 전장뿐만 아니라 우주, 사이버 전장에서 사용될 첨단 기술 무기체계 개발 및 현대화, 그리고 이를 효율적으로 적용할 수 있는 교리 및 운영체계를 발전시키고자 하는 의중이 담겨 있다. 그러나 여전히 2020년 국방예산은 기존의 안보다 부족하게 운영될 공산이 크다.

이와 같은 미국의 국방예산 부족과 트럼프 대통령의 거래주의적 동맹 분담금 협상 태도, 그리고 동맹국들과의 기술격차는 향후 중국의 비대칭 전력에 대응하기 위한 제3세대 상쇄전략을 추구하는 데 걸림돌이 될 것으로 보인다. 더욱이 트럼프 행정부는 미래전력보다는 핵 및 재래전 자산에 더욱 많은 국방예산을 배분하고 있어, 향후 중국의 반개입 작전에 효과적으로 대응할 수 있을 지는 불투명하다.

또한 인도-태평양 지역 내 산재해 왔던 전통적인 갈등이 최근 세력균형 변화와 자유주의 질서 약화와 맞물려 재점화되고 있으나, 기존의 지역 안보아키텍쳐로는 미국이 적절하게 대응하지 못하고 있다. 특히 허브 앤 스포크 방식의 양자동맹뿐만 아니라 다양한 안보협력 파트너십과 네트워크를 구축해야 한다는 필요성에 직면해 있다. 이에 관해서는, 최근 트럼프 행정부가 보여주는 파트너십의 재조정realignment과 관련지어 생각해 볼 필요가 있다. 트럼프 대통령의 대외정책과 전략은 축소retrenchment와 재조정으로 특징지어져 왔는데, 두 개의 요소는 서로 독립적으로 존재하지 않고 연결되어 있다. 대부분의 경우 축소로 인해 파트너 국가들에 대한 재조정이 이뤄지고 있는 상황이다. 축소란 현상변경을 시도하는 강대국과의 경쟁에 재원을 집중하기 위한 수단으로서 이해할 수 있을 것이며, 전략적 우선순위에 따라 자원을 집중하며 불필요한 공약을 제한하고, 동맹국의 안보부담을 늘려나가는 등의 조치로 나타나고 있다. 이에 따라 재조정이란, 미국의 우위를 달성하는 강대국 경쟁과정에서 미국의 전통적 동맹국들과 안보아키텍쳐에 기반을 두기보다는 미국의 단기적 이익과 승리에 기여할 수 있는 그 어떤 국가와도 협력할 수 있다는 의미로 이해해야 할 것이다. 즉 이것은 협력 파트너뿐만 아니라 이익의 재조정으로도 이해할 수 있을 것이다. 이와 같은 접근법이 과연 미국의 우위를 달성하는 데 있어 유용할 것인가의 여부는 사실상 회의적이다. 미국의 전략적 이익은 인도-태평양 역내 전통적 동맹체제와 이를 기반으로 한 다자적 지역안보아키텍쳐 내에 내재되어 있었기 때문이다. 미국우선주의에 기반한 일방주의적 재조정과 축소는 결국 미국의 우위를 유지하는 데 있어 제약조건이 될 것이다.[5]

더욱이 이러한 인도-태평양 전략에 대한 미국 동맹국들과 파트너 국가들의 지지 수준은 높지 않다. 특히 안보분담금 확대는 동맹 협력영역 증가로 이어져야 하지만, 지금의 축소국면에 놓인 미국의 협소한 국가이익과 협력영역 축소는 오히려 그 반대의 논리이기 때문이다. 미중 간 헤징전략을 취해왔던 다수의 중견국들 역시 어떠한 선택을 해야 하는지에 대해 상당히 유보적인 태도를 보이고 있다.

보다 더 근본적인 질문은, 미국이 향후 자유주의 국제질서를 유지할 의

---

5) Fareed Zakaria, "The Self-destruction of American Power," *Foreign Affairs* (July/August 2019).

향이 있는가의 여부일 것이다. 미국의 자유주의 질서란 자유, 민주주의, 인권을 보편적 가치로서 이를 보호 및 확산시키고, 권위주의적이고 비자유적illiberal 형태의 정부에 대항할 뿐 아니라, 유라시아 지역패권국의 등장을 예방하는 데 그 목적을 두어왔다. 중요한 것은 그러한 자유국제주의 질서를 지난 70여 년 간 미국이 유지해왔지만 미래에도 반드시 그래야한다는 당위성은 없다는 것이고, 현재의 미국 스스로도 이를 인지하고 있다는 점이다.6) 특히 트럼프 행정부는 이미 '원칙기반 현실주의' 독트린을 기반으로 다양한 국제적 공약으로부터 후퇴하는 모습을 보여 왔다. 세계무역기구WTO의 다자적 혹은 지역차원 자유무역체제에 참여하기보다 양자적 무역협상을 통해 보호무역조치를 추진하거나, 국제사회 민주주의 혹은 인권 문제에 대한 지극히 선별적 개입, 연성권력보단 경성권력에의 의존, 국무부 약화 및 대외원조 규모 삭감, 국제이주협정Global Compact on Migration 탈퇴, 국제형사재판소에 대한 협조 거부, 유엔인권위원회UN Human Rights Council로부터의 탈퇴, 동맹국에 대한 거래주의적 분담금 협상 등 적지 않은 사례를 통해 미국이 국제사회에서 발휘해왔던 리더십을 스스로 내려놓는 모습이 관찰되고 있다.

결과적으로 미중갈등의 양상은 강대국 경쟁 차원에서 그 수위가 점차 높아지고 있지만, 미중 간 디커플링이 예상될 정도의 강대국 경쟁은 안정적인 국제질서 구축에 장애물이 되고 있다. 이는 미중관계가 과거 냉전기 미소관계와는 달리 협력과 갈등, 경쟁 등 다양한 영역이 공존해왔었기 때문이며, 지금의 강대국 경쟁은 이러한 영역 간 공존의 균형을 무너뜨리고 있기 때문이다.

---

6) Ronald O'Rourke, Michael Moodie, "US Role in the World: Background and Issues for Congress", Congressional Research Service Report (February 14, 2019), p. 1.

Ⅲ. 한반도 정세에 대한 함의

한국이 당면한 북한 비핵화 협상 및 한반도 평화구축은 앞서 논의한 인도-태평양 역내 강대국 경쟁구조 속에 내재화되어 있다. 단순히 북한 비핵화 협상 문제뿐만이 아니라, 한국은 미중 전략경쟁 시대를 맞아 대외 전략구상 전환 및 국가이익 우선순위 재정립이 필요한 시점이다. 또한 한국의 안보와 통일, 한반도 평화라는 국가이익 간의 관계는 선형적이지도, 선순환적이지도 않다는 점을 인지해야 할 것이며, 북한 비핵화를 견인하기 위한 국제사회와의 공조 및 협력의 영역 확대는 필수적일 것이다. 남북관계에 있어서도, 단순히 이익기반 남북관계 개선을 도모하기보다는 가치와 원칙에 기반한 남북관계 개선의 노력이 병행되어야 할 것이다.

이를 위해 한국의 국방력 및 안보협력 네트워크의 강화 및 다변화가 필요할 것이다. 지역안보환경의 불확실성이 가중되는 조건 하에서 협력의 영역을 넓히고 갈등의 영역은 줄여나가도록 관리해야 할 것이다. 이에 따라 한미동맹 협력 증진, 중국과의 우호관계 역시 지속되어야 할 것이며, 미중 전략경쟁의 부정적 영향력을 최소화할 수 있는 호주, 일본, 싱가포르, 베트남 등 중견국가와의 네트워크 역시 외교다변화 차원에서 더욱 심화시킬 필요가 있으며, 이는 한국의 신남방정책 및 신북방정책의 지속적인 추진을 위한 외교공간 확보에도 기여할 수 있을 것이다.

미국의 인도-태평양 전략과 한미동맹*

리신(李辛)**

2차 세계대전 종전 후 배태되어 1953년에 체결된 "한미 상호방위조약"은 한미동맹의 강령이 되는 문건이자 한반도를 냉전의 요충지로 만든 뿌리이다. 냉전 종식 후 한국은 분단의 비극과 '영원한 동맹'이 주는 압력으로 인해 끊임없이 민족과 동맹, 동반자와 동맹 사이의 어려운 선택을 맞이해왔다. 한미동맹은 정권교체, 북핵문제 및 미중 경쟁 등 국내외 요인의 영향으로 끊임없이 조정을 거쳐, 포괄 지역 확대 및 내실화를 통해 위협과 이익의 '양방향雙向 균형'을 달성했다[1]. 그리고 한중 수교 후 꽤 오랜 시간 동안 한국은 중국과 미국 사이에서 여유 있게 안보이익과 경제이익을 최대화해왔다. 그러나 트럼프 집권 이래, 미국은 인도-태평양 전략 추진을 가속화하며 양자동맹 시스템을 네트워크를 형성하는 다자동맹 시스템으로 전환하기 위한 노력을 해오고 있다. 대한국 정책으로는 두 가지 압력

---

* 이 글은 상하이시 사회과학 규획 과제 "정권 전환 배경 하 한미동맹의 변화 및 한국의 전략적 선택"
(과제번호 : 2017BGJ005)의 지원을 받았음.
** 상하이사범대학 철학과 법정학원 교수

1) 汪偉民, 『美韓同盟再定義與東北亞安全』(上海譯文出版社, 2013).

을 가하는 책략을 택했는데, 한국이 방위비를 보다 많이 분담해야 한다며 한국에 대한 무기 수출을 확대하는 한편, 한미일 3자 동맹을 구축하여 중국을 제어하는 것이다. 미중 경쟁 국면 아래, 한국은 오바마 및 트럼프 정부의 인도-태평양 전략에 대응해야 한다는 측면에서 다시금 '동맹'과 '자주' 사이에서 곤경에 처하게 되었다. 이 글은 한미동맹을 연구 대상으로 삼아, '미국의 인도-태평양 전략'이라는 배경 아래 한국의 대응과 한미동맹의 형태변환轉型을 분석하고자 한다.

Ⅰ. 미국 인도-태평양 전략의 발전

미국이 가장 처음 '인도-태평양 전략'을 제시한 것은 오바마 시기이다. 2011년에 당시 국무장관이었던 힐러리 클린턴은 『포린폴리시Foreign Policy』 기고문에서 "아태지역의 지리적 범위는 인도아대륙에서 동남아를 거쳐 미국의 서해안까지 이어지는 반달모양의 아치형 해양-대륙 지대이며, 이 지역은 21세기에 세계의 전략·경제 중심이 될 것"이라고 주장했다. 또한, 전략적 측면에서 미국은 호주와의 전략적 동맹을 기존 태평양 지역에서 인도-태평양 지역까지 확장하여 진정한 글로벌 동반자 관계를 형성해야 한다고 제시했다[2]. 2012년 1월, 당시 미국 국무부 동아시아·태평양 담당 차관보였던 커트 캠벨Kurt M. Campbell은 미국의 전략적 사고가 직면한 다음 도전은 바로 인도양과 태평양을 연계하는 것이라고 언급했다. 2013년 4월 미국 태평양군사령부 사령관, 해군 제독 새뮤얼 라클리어Samuel Locklear는 미국의 글로벌 전략 가운데 "인도-아시아-태평양 지역의 중요

---

2) Hillary Rodham Clinton, "America's Pacific Century", *Foreign Policy* (November 2011), p. 59.

성이 날로 증가하고 있다"고 설명하며, '아태 재균형' 전략의 틀 아래에서 미국이 취하고 있는 전략적 방향성에 대해 언급했다. 그리고 같은 해 7월 조 바이든Joe Biden 당시 부통령이 인도와 싱가폴을 방문하여 미국이 '인도 - 태평양'을 아시아의 미래와 분리할 수 없는 일부로 간주할 것이라는 발표도 했다.

트럼프 정부는 집권 후 1년이 되지 않은 기간에 '인도 - 태평양' 개념을 정식 외교언어로 받아 들였고, 이에 '인도 - 태평양'은 지리적 개념에서 전략적 개념으로 전환되었다. 2017년 10월 18일, 미국 국무장관 틸러슨Rex Wayne Tillerson은 미국 싱크탱크 국제전략문제연구소CSIS에서 "다음 세기 미국·인도 관계"라는 제목의 연설을 발표했다. 연설에서 틸러슨은 전통적 지정학 개념인 '아시아 - 태평양'대신 '인도 - 태평양' 개념을 사용하여 미국의 전략적 프레임 내 서태평양에서 인도양까지 이어지는 지정학적 지역을 규정했다[3]. 2018년 4월 국무부 아태담당 부차관보 알렉스 웡Alex Wong은 국무부 현황 브리핑 회의에서 초보적으로 인도 - 태평양 전략을 설명하였으며, 더 나아가 6월 국방장관 매티스James Norman Mattis는 샹그릴라 대화에서 인도 - 태평양 전략의 기본적 의미를 확인하였고, 7월 국무장관 폼페이오Mike Pompeo는 인도 - 태평양 전략의 의미를 한 층 더 강조하며 '자유롭고 개방적인 인도 - 태평양'을 구축하겠다는 전략을 제시하였다. 2019년 6월 미국 국방부가 "인도 - 태평양 전략 보고서IPSR"를 발간한 것은, 인도 - 태평양 전략이 이론적 구상에서 정책적 실행 단계로 진입했음을 상징적으로 보여준다.

"인도 - 태평양 전략 보고서"는 미국이 "준비태세Preparedness를 갖추고,

---

3) Rex W. Tillerson, Remarks on 'Defining Our Relationship With India for the Next Century' https://www.state.gov/secretary/remarks/2017/10/274913.htm.

파트너십과 네트워크화된Networked 지역 구축을 촉진하는" 노력을 통해 지역의 지속가능한 안정과 번영이라는 약속을 실현할 것이라고 표명하였다. "준비태세를 갖추는 것"은 군사력으로 평화와 효과적인 억지를 실현하며, 동맹 및 파트너 국가들과 함께 백전백승하고 신뢰할 수 있는 작전부대의 건설을 의미한다. "파트너십 구축"은 동맹 및 파트너 국가와의 약속을 강화하는 것과 동시에, 주권을 존중하며, 공평하고 호혜적이며, 법치를 보장하는 새로운 파트너십 관계를 확대하고 심화하겠다는 것이다. '지역의 네트워크화 촉진'은 동맹 및 파트너 관계를 강화 및 발전시켜 집단안보체제Networked Security Architecture를 구축하겠다는 것이다4).

Ⅱ. 인도-태평양 전략의 동맹 구상

오바마 정부 시절부터 미국은 인도양 전략과 태평양 전략의 연계를 추진하려 했으나 인도-태평양 전략이 구축되지는 않았고, 한미관계와 관련된 내용도 언급하지 않았었다. 이는 오바마 집권 시기 이미 일련의 협상을 통해 한미동맹에 대한 적절한 조정을 마친 상황이었음을 반영한다.

집권 초기의 오바마 정부가 직면했던 문제는 지난 10년간의 한미동맹의 결속력 약화로 인한 압력이었다. 김대중 정부 시절의 '햇볕정책'과 노무현 정부 시절의 '포용정책'은 '주적' 설정 관련 한미 간의 불일치를 야기했다. 북한은 한국의 접촉, 포용 내지 민족화해의 대상이 되었는데, 이는 북한을 '악의 축'으로 여겼던 부시George W. Bush 정부의 입장과 완전히 반대되었

---

4) The U. S. Department of Defense, Indo-Pacific Strategy Report (June 1, 2019)

다. 또한, 김대중 정부의 '4강 외교'와 노무현 정부의 '균형외교'는 미중 양
측에 모두 운을 걸어보겠다는 뜻을 내포했다. 한미동맹의 기초 위에, 중국
및 러시아와의 파트너십을 적극 개진하여, 다자안보체제를 건설하려는 것
이었다. 특히 노무현 정부가 한국의 역할을 '동북아 균형자'로 정의한 것
은 한국이 '한반도뿐 아니라 동북아 지역의 평화와 번영을 수호하는 데 있
어서 균형자적 역할을 수행해야 한다'는 것을 의미했다.

   한국의 '진보 정부[5]' 집권 10년간, 한미동맹은 비록 외교의 주축돌이긴
했으나, 동맹에 대한 인식은 큰 폭의 변화를 겪었다. 동맹 구조 상 한국의
자주권 확대는 미국의 동맹에 대한 조정을 불가피하게 만들었다. 2003 -
2005년간 수차례 협상을 통해 2006년 초 한국은 주한미군의 전략적 융통
성을 존중한다고 표명했고, 미국은 한국 국민의 의지에 반하는 동북아 지
역 충돌에 개입하지 않을 것이라고 강조하였다[6]. 이렇게 미국은 주한미
군의 한반도 바깥 지역의 충돌 개입 여지를 확보하여 안보 영역에서 한국
을 보다 결박할 수 있게 되었고, 한국은 한미동맹을 지역동맹으로 업그레
이드시킴으로써 한미 갈등을 완화하고 미국 동맹 시스템 내 한국의 가치
도 제고할 수 있었다. 2008년 이명박 대통령 미국 방문을 계기로 한미 양
자관계는 '전통적 우호관계'에서 '21세계 전략동맹관계'로 격상되었다. 이
러한 조정 이후 한미동맹은 '미일동맹화'의 길로 들어서, 미국 아태전략의
한 기둥이 되었다. 이후 사드 배치 내지 한미 군사훈련 강화는 동맹 강화
를 위한 효과적인 기제機制가 되었다.

   트럼프 정부의 "인도 - 태평양 전략 보고서"는 동맹 관련 세 가지 내용을

---

5) 필자는 '보수 정부'와 '진보 정부'가 존재한다는 이분법적 구분을 인정하지는 않지만, 편의를 위해 이러
   한 구분을 차용함.
6) "한·미 '주한미군 분쟁지역 파견' 합의", 『중앙일보』, 2006.1.21.

언급했다. 첫째, 동맹이 미국 외교의 핵심이라는 점을 재확인했다. "동맹과 협력 파트너로 구성된 독특한 네트워크는 평화, 억지deterrence 및 합동 작전능력 실현의 전력승수force multiplier다." 둘째, 동맹 네트워크 건설을 촉진할 것임을 천명했다. "미국의 동맹적 파트너십 관계를 집단안보체제로 발전시켜 규칙에 기반을 둔 국제질서를 수호할 것이며, 침략을 억제하고 안정을 수호하며 공동 구역에의 자유로운 접근을 보장하는 아시아 내 안보관계를 양성할 것이다." 셋째, 동맹체제의 '등급層級'을 재확인했다. "미일동맹은 인도-태평양 지역의 평화 및 번영의 주춧돌로, 북한의 도발 행위와 중, 러의 장기적 전략 경쟁에 대응하여 조정을 할 것이다. 한미동맹은 동북아 및 한반도의 평화와 번영의 관건으로, 미국은 한국과의 협력을 계속하여, 협동작전이 가능한 탄도미사일 방어Ballistic Missile Defense 시스템을 구축하고, 북한의 탄도미사일 위협을 해결할 것이다."

위에 언급한 내용은 오바마 정부 시절의 '아시아로의 회귀Pivot to Asia' 및 '아태 재균형'정책의 연속인 동시에 트럼프 대통령의 정치적 약속인 "미국 우선주의America first"를 반영한 것이기도 하다. 이는 동맹관계를 유지 및 강화하는 동시에, 책임 분담을 통해 글로벌 동맹 시스템이 주는 부담을 경감하려는 것이다. 이는 또한 동맹과 파트너의 경제력과 전략적 억지력을 통합하여, 인도-태평양 지역에서 '수정주의 국가'인 중국과 러시아의 영향력을 억제하려는 것이다. 즉, 인도-태평양 전략 하의 동맹 시스템은 정치·안보적 속성을 지니면서 동시에 경제적 의미도 갖고 있는 것이다.

Ⅲ. 한미동맹의 조정

미국의 인도-태평양 전략 하에서 한미동맹이 해결해야 할 세 가지 문제가 있다. 첫째는 주한미군 기지 이전 및 반환 문제이고, 두 번째는 방위비 분담 문제이며, 세 번째는 한미동맹의 지위와 한미일 3자 동맹 구축 문제이다. 이 세 가지 문제는 점차 확대되고 있는데, 협의 달성 여부는 한미동맹의 형태변환 및 국제 정세와도 연관되어 있다.

먼저, 주한미군 기지 문제는 30년 동안의 협상을 통해 이미 점차적으로 해결이 되어가고 있다. 90년대에 협상을 개시한 이래, 2004년 미래한미동맹FOTA 회의에서 주한미군 기지 이전 관련 최종 합의에 이르렀다. 미국은 단계적으로 주한미군 재배치를 추진할 것이고, 2006년까지 한강이북의 30여 곳의 소형 미군 기지를 캠프 케이시Casey와 캠프 레드 클라우드Red cloud로 집결시키고, 2008년까지 한강 이북의 미군기지를 한강 이남의 오산-평택 기지로 이전, 2008년부터 단계적으로 주한미군 12,500명 감축, 2008년 이전 용산기지에 위치한 유엔군사령부, 한미연합사령부 및 주한미군사령부를 평택으로 이전한다는 내용이다. 현재까지 주한미군은 한국에게 반환하기로 한 기지 80곳 중 22곳을 반환하지 않은 상태이다. 한편, 주한미군은 한국 각지의 대부분 병력 및 시설을 평택기지로 이전하였다[7].

다음으로 방위비 분담문제와 관련하여, 1991년 이래 한국은 이미 "방위비분담 특별협정SMA"에 근거하여 일부 비용을 부담하고 있었고, 이는 미군이 한국에서 고용하는 근로자의 인건비, 군사시설 건설 및 연합방위 유지비 및 기타 형식의 명목으로 지원되었다. 미국은 자국의 인도-태평양

---

7) 『연합뉴스』, 2019.12.11.

구상 중 '미국우선주의'를 견지하며 한국에게 방위비 분담 문제를 재차 제기하였다. 2019년 2월에 체결되어 12월 31일까지 유효한 "방위비분담 특별협정"에서 한국은 1조 400억 원(약 8.7억 달러)을 지불하는 것에 동의하였고 이는 전년 대비 8.2% 증가한 것이었다. 미국은 한국이 약 6조 원(약 50억 달러)의 비용을 지불할 것을 요구했고, 특히 괌 및 하와이 등 한반도 이외 지역의 미국 전략자산 운용비용까지 내역으로 포함시켰다. 뿐만 아니라 미국이 남중국해 및 호르무즈 해협에서 작전임무를 수행할 때 한국의 파병이나 자금 지원을 요청할 가능성도 대두되었다[8]. 미국은 새로운 조항 신설을 통한 방위비 증가를 제안하였으나, 한국은 그 증가폭이 지난 28년 간 협상의 결과인 "방위비분담 특별협정"의 틀 안에서 양측 모두 받아들일 수 있는 범위 내어야 한다고 주장하였다. 미국은 동맹국의 국가이익을 고려하지 않아 한국 대중의 반미정서 악화를 초래했다. 예컨대, 10월 18일 19명의 대학생이 해리 해리스Harry Harris 주한미국대사 관저에 난입하여 주한미군 철수를 요구했으며, 청와대 온라인 청원 게시판에는 이미 1700여 명이 서명한 방위비 증가 반대 및 자주국방 요구 청원이 게시되기도 했다. 미국의 방위비 관련 주장은 이미 일정 정도 한국 정부와 민간의 반감을 야기하였으므로, 방위비 문제는 미래에도 여전히 한미 협상의 초점이 되는 문제 중 하나가 될 것이다.

마지막으로 한미동맹의 지위와 한미일 3자 동맹 관련 문제가 있다. 미국의 인도 - 태평양 전략 구상 중 한미일 3자 동맹은 네트워크화 그리고 다자화 지역 안보 구조의 중요한 고리이다. 2017년 11월 트럼프는 한국 방문 당시 인도 - 태평양 전략 중 한미동맹의 관건적인 역할을 매우 중시한다고

---

8) 『연합뉴스』, 2019.11.19.

표명했다. 한미일 3국이 북한의 '최종적이고 완전하게 검증된 비핵화FFVD' 실현 및 민주적 가치관 공유 등 측면에서 공동의 이익을 누리고 있다고 언급했다. 3국은 지속적으로 UN 안전보장이사회 집행 등 관련 실무 협력, 정보 공유, 대잠전對潛戰 및 탄도미사일 방어 시스템BMD 관련 협력을 전개할 것이다. 미국은 3자 및 다자 협력을 통해 양자관계를 확대하여 아시아 내부의 안보 네트워크를 발전시키고, 목적이 있는 파트너 관계를 구축하려고 한다. 나아가 동맹 및 파트너 관계를 강화·발전시켜 이를 억제력을 갖추고 과감한 행동이 가능한 확장된 네트워크로 변모시키려 한다. 인도-태평양 지역에서 미국은 이를 통해 다자안보체제를 구축하며, 침략을 저지하고, 안정을 유지하며, 공동 구역에 자유롭게 접근할 수 있는 국가들의 권리를 확실히 보장하고자 한다. 미국의 3자 동맹 구축 압력에 대응하여, 한국은 2017년 12월 문재인 대통령의 방중 직전 더 이상의 사드 추가 배치는 없을 것이고, 미국이 주도하는 지역 탄도미사일 방어 시스템에 가입하지 않을 것이며, 한미일 3자 군사동맹에 가입하지 않을 것이라는 '3불不' 약속을 하였다.

한미일 3자 동맹 중 가장 해결하기 어려운 것은 한일관계의 문제이다. 역사문제, 영토문제 및 2019년 일본이 한국을 무역 화이트리스트white list 에서 제외하고 이에 한국이 보복조치를 취한 것 등은 모두 한미일 3자 동맹의 '원심력'이다. 그러나 한국은 군사정보보호협정GSOMIA 연장 문제에서는 미국의 압력으로 마지막 순간에 결국 협정 연장을 선택했고, 일부 언론은 협정 연장과 한국에 대한 수출 규제 완화를 맞바꾸었다고 보도했는데, 확실한 점은 결정권이 한국이나 일본에 있지 않고 미국의 손에 있다는 것이다. 미국이 주도하는 3자 동맹체제에서 한일 경쟁은 이미 한미동맹과 미일동맹 간의 경쟁이 되었다[9]. 미래의 한미일 3자 동맹의 구축은 비록 각국의 정치적 고려에 달려있겠지만, 미국이 인도 - 태평양 전략을 강력히 추진하고 있는 상황에서 '패권적 힘'은 흔들리기 쉽지 않다는 점이 더 중요할 것이다.

Ⅳ. 결론

중국과 미국의 관계가 좋지 않은 상황에서 한국의 전략적 선택이 견뎌야 하는 압력은 한중 수교 이래 그 어떤 시기보다도 크다. 인도 - 태평양 전략에 가입할 것인지 여부와 관련하여, 청와대와 외교부의 이해에는 심각한 간극이 있다. 청와대는 하루 사이 두 번이나 말을 바꾸었는데, 처음에는 인도 - 태평양의 구상은 일본이 제시한 전략이라며 한국이 가입할 필요가 없다고 했다가, 후에는 미국과 협상 및 소통이 더 필요하다고 했다.

신남방정책과 미국의 인도 - 태평양 전략은 경제와 인문 영역에서 겹치는 부분이 많다. 미국 정부는 부단히 인도 - 태평양 전략과 한국의 신남방정책의 공통점을 찾고 있는 반면, 중국은 한국을 '일대일로 전략'의 밖으로 배제하고 있는 상황은 객관적으로 한국이 미국의 인도 - 태평양 전략으로 걸어 들어갈 수밖에 없는 상황을 마련하고 있다. 이전까지만 해도 한국 정부는 중국의 반응을 고려하여 관련 요구에 대해 모호한 태도를 취했다. 그러나 2018 - 2019년의 남북관계 개선 및 북미 정상회담이 한국의 '단계적 비핵화' 구상대로 이루어 지지 않으며 북핵문제가 교착상태에 빠지고, 한국의 신북방정책과 한반도 경제지도 구상을 모두 추진할 수 없게 되자, 문

---

9) 한국 전문가 인터뷰, 2019.8.13.

재인 정부는 어쩔 수 없이 신남방정책을 중시하게 되었다[10]. 2019년 11월 2일 태국에서 개최된 ASEAN 정상회의에 참석한 윤순구 외교부 차관은 2일 미국 국무부 아태지역 담당 차관보 스틸웰David R. Stilwel과 회담을 개최하고 "한미 양국은 신남방정책과 인도 - 태평양 전략의 상호협력을 위해 함께 노력할 것"이라는 성명을 발표하였다. 그 내용으로는 에너지 협력 확대를 통해 지역의 번영을 촉진하고, 공동투자로 지역 인프라 건설을 촉진하며, 디지털경제 및 평화·안전 보장 등 각 영역의 협력을 강화한다는 방안을 포함했다[11]. 이는 한미 간의 첫 번째 인도 - 태평양 전략 관련 문건으로 여겨지고 있다.

인도 - 태평양 전략은 미중 간 경쟁이라는 배경 아래 미국의 국가 안보 전략 조정의 산물이고, 양자 동맹 심화 및 지역 내 네트워크 시스템 건설 등이 그 주요 내용이다. 한미 양자 간 동맹에서 한미일 3자 동맹으로의 전환 추진은 이 지역 안보체제와 관련한 중요한 조정일 것이다. 한미동맹은 탈냉전시대에 잔류해있는 냉전시대의 정치적 산물로서 그 존재의 합법성을 찾으려 하는데, 한미동맹이 지속적으로 존재하기 위해서는 국가전략에 따른 적절한 조정이 필요하다. 자주와 동맹 간의 큰 격차를 어떻게 메울 것인지가 한국 외교가 평등하고 성숙한 외교의 길로 나아갈 수 있는지를 결정할 시금석이 될 것으로 보인다. 한미동맹을 연구하고 평가할 때, 한중 경제협력의 일출溢出효과를 과도하게 기대해서도 안 되며, 미국의 동맹 관리 능력과 한미일의 공통적인 바탕을 간과해서도 안 될 것이다.

---

10) 한국 전문가 인터뷰, 2019.10.25.

11) 『중앙일보』, 2019.11.4.

미국의 대중국 인식의 변화와 미중관계

강수정(姜受廷)*

　최근 국제사회에서는 미국의 대對중국 정책의 변화와 향후 미중관계의 전망을 놓고 싱크탱크들 사이에 갑론을박이 계속되고 있다. 흥미로운 것은 2010년대 중반까지만 해도 양국 간 제한적인 경쟁 속 초국가적 이슈들에 대한 협력에 무게를 둔 전망들이 주류를 이루었다면, 최근에는 미·중 간 '경쟁competition'과 '대립confrontation'에 초점을 맞춘 전망들이 점증하고 있다는 점이다. 이러한 미국 발發 미중관계 전망들은 미국의 대중국 인식과 정책의 변화를 반영한다는 점에서 주목할 필요가 있다.

　"관여engagement"는 지난 40여 년간 미국의 대중국 정책의 핵심 축을 이루어왔다. 1972년 2월 리처드 닉슨Richard Nixon 미국 대통령의 중국 방문을 통해 미·중 데탕트의 새로운 역사를 시작한 이후, 관여 정책 지지자들은 미국의 대중국 정책에 중요한 영향력을 행사해왔다. 관여 정책은 일반적으로 정치, 경제, 사회, 문화, 군사 등 다양한 이슈에 걸쳐 관계를 구축하고 교류를 확대함으로써 대상국가의 정치 행태에 영향을 미치려는 정책

* 성균관대학교 성균중국연구소 연구교수

을 의미한다. 트럼프 행정부가 들어서기 이전까지, 미국 정부는 관여 정책을 통해 다양한 영역에서 중국과의 교류와 협력을 확대함으로써 중국이 보다 개방적이고 자유롭고 민주적인 사회가 되도록 독려하고 평화와 번영을 위한 호혜적 동반자 관계를 구축하기를 희망했다. 이러한 관여 정책은 중국을 기존의 국제체제에 편입시킴으로써 국제규범의 사회화를 통해 중국의 변화를 견인할 수 있다는 믿음에 기반을 두었다. 이에 따라, 부상하는 중국의 국제 다자기구 참여를 독려하고 규칙에 기반을 둔 국제질서의 책임 있는 일원으로서 중국의 국력 신장에 걸맞은 역할과 책임을 분담할 것을 요구해왔다. 이런 점에서 볼 때, 미국의 대중국 관여 정책은 두 가지 목표를 추구했다고 볼 수 있다. 첫째는 중국의 소위 경제적 국제주의자들 economic internationalists에게 힘을 실어줌으로써 중국경제의 개방을 확대하고 중국 정부로부터 더 많은 협력을 이끌어내는 것이며, 둘째는 중국을 자유주의적 국제질서에 편입시키고 그 안에서 중국이 더 큰 몫을 누릴 수 있도록 함으로써 국제규범에 따른 중국의 정치·경제·사회 개혁에 대한 중국 내 지지를 확대하는 것이다. 미국의 관여 정책 지지자들은 중국이 기존 자유주의 국제질서의 최대 수혜자들 중 하나이기 때문에, 그 질서를 전복시키려 할 이유가 없다고 생각했다. 이들의 주장은 중국의 의도는 방어적defensive이고 미국과 중국의 상대적인 국력의 차이에서 미국의 우세가 상당기간 지속될 것이라는 전제로부터 출발했다. 따라서 이들은 중국이 동아시아 및 기타 지역에서 미국의 군사력을 상쇄하려고 시도할 가능성을 배제하지는 않았지만, 중국 정부가 아직까지는 그럴만한 능력과 의도를 가지고 있지 않다고 보았다.

　이러한 시각에서, 2010년대 중반까지 미국 주요 싱크탱크들의 미중관계 전망은 비교적 낙관적이었다. 미국의 대표적인 싱크탱크 연구기관인 카네기 국제평화재단은 2015년 발표한 보고서, "아태지역에서의 갈등과 협력: 전략적 순 평가Conflict and Cooperation in the Asia-Pacific Region: A Strategic Net Assessment"에서 향후 25년 간 아시아-태평양 지역에서 나타날 수 있는 미래 안보 환경을 5가지 유형(현상유지, 신新냉전, 지역 평화, 무력충돌, 초국가적 도전)으로 분류하고, 역내 제한적인 정치·경제적 경쟁 속에서 미·중이 초국가적 문제 해결에 있어서 협력하고 높은 수준의 호혜적인 관계를 유지하면서 발전 지향적이고, 비대결적인 국가적 목표를 추구하는 '현상유지' 상태가 지속될 가능성이 가장 높다고 전망하였다. 2015년 하버드 케네디 스쿨 벨퍼 센터에서 발표한 보고서, "시진핑 시기 미중관계의 미래The Future of U.S.-China Relations Under Xi Jinping"는 향후 미중관계 5가지 시나리오 유형들(협력, 협업, 경쟁, 대립, 내파) 중에서 협력과 협업 시나리오를 가장 바람직한 시나리오로 보고 그에 초점을 맞춰 현실화 방안을 검토했다. 협력 시나리오cooperative scenario는 다양한 영역에서의 미·중 간 상호의존과 경제적 세계화가 심화되는 추세 속에서 양국 지도자들은 무력충돌의 위험을 피하고, 역내 지정학적 현상유지를 추구하면서, 기후변화, 테러리즘 등과 같은 전 지구적 문제에 대한 공동 대응을 확대해 나갈 것으로 보았다. 협업 시나리오collaborative scenario는 협력 시나리오에서 더 나아가 미·중이 양국관계의 근본적인 구조적 문제들을 해결하기 위해 서로 간 입장 차가 큰 정책적 난제들에서 협업을 이루어갈 것이라고 전망했다. 이처럼, 2010년대 중반까지만 해도 미국의 싱크탱크 연구기관들에서 발표한 미중관계 전망 보고서들은 갈등과 대립보다는 제한적 경쟁 속 초국가적 이슈들에 대한 협력의 지속 혹은 확대에 무게를 두고 있었다.

하지만, 트럼프 행정부 출범 이후, 미국의 대중국 정책과 미중관계 전망에 있어서 변화가 두드러졌다. 이러한 변화는 미국의 대중국 인식의 변화를 반영한다. 트럼프 행정부의 대중국 인식과 정책은 "관여"에 중점을 두었던 과거 미국의 대중국 인식 및 정책과는 확연한 차이가 있다. 2017년 12월 트럼프 행정부가 발표한 국가안보전략National Security Strategy, NSS 보고서는 이러한 미국의 대중국 인식과 정책의 변화를 가장 여실히 보여준다. 이 보고서는 미국과 중국 사이에 전략적 경쟁의 신新시대가 도래하였음을 지적하면서, 중국을 미국의 가치와 이익에 반하는 국제질서를 형성하기를 원하는 '현상변경 세력revisionist power'이자 '전략적 경쟁자strategic competitor'로 규정하였다. 미국의 고위급 관료들도 '경쟁'이 트럼프 행정부의 새로운 대중국 정책의 초점임을 분명히 했다. 2018년 10월 미국 주재 중국대사관에서 열린 중국 국경절 기념행사에 참가한 매튜 포틴저Matthew Pottinger 백악관 국가안보회의NSC 아시아 담당 선임보좌관은 "미 행정부는 경쟁의 개념을 전면에 내세우기 위해 대중국 정책을 수정했다"고 밝혔다. 트럼프 행정부는 이러한 외교적 수사들뿐만 아니라, 일련의 실질적 조치들을 통해 중국에 대한 견제를 강화해왔고, 미국의 대중국 정책 전반에 걸쳐 경쟁의 범위는 확대되었다.

중국과 전례에 없는 무역전쟁을 시작하면서, 트럼프 행정부는 양국 간 고질적인 무역 불균형 문제와 관련해서 중국 제품에 대해 징벌적 고율 관세를 부과하고 중국의 미국 내 투자 제한을 강화함으로써, 중국의 기술 이전 강요, 지적재산권 탈취, 정부 보조금과 규제 장벽을 포함한 불공정 무역 관행을 바로 잡겠다고 선언했다. 이에 반발하며 중국이 즉각적이고 강력한 보복 조치들로 맞서면서 양측 간 일련의 치고 받기식 맞대응들tit-fortat이 이어졌고, 미·중 무역 갈등은 타협점을 찾지 못하고 협상은 교착 상태에 빠진 채 장기화되었다.

최근 미국과 중국은 무역전쟁 발발 18개월 만에 1단계 무역합의에 최종 서명하면서 일단 휴전 상태로 접어들었다. 하지만 다수의 전문가들은 1단계 합의가 미·중 갈등 봉합에 큰 영향을 미치지 못할 것이며, 미·중 간 갈등의 쟁점들은 2, 3단계에서 더욱 치열하게 다뤄질 것으로 진단한다. 마이런 브릴리언트Myron Brilliant 미국 상공회의소 수석 부회장이 언급했듯이, "미·중 양국의 1단계 무역 합의로 출혈은 막았지만, 양국 간의 무역 전쟁은 아직 끝나지 않았다." 이제 미·중 무역전쟁은 양국 간 무역 불균형을 완화·해소하는 차원을 넘어서, 5G, 인공지능 등 첨단기술 부문에서의 기술 패권 경쟁으로 전선이 확대되고 있다. 이에 따라, 지적 재산권, 기술표준 등을 둘러싸고 기술 신냉전의 시대가 도래하는 것이 아니냐는 우려도 커지고 있다.

이처럼 미·중 간 전략적 경쟁이 본격화되면서, 양국 간 제한적 경쟁 속 협력의 확대에 중점을 둔 장밋빛 전망들은 점차 그 동력을 상실하고 있고, 전략적 경쟁과 갈등 국면의 장기화를 예상하는 잿빛 전망들이 주류를 이루고 있다. 향후 미중관계 전망에 있어서의 경쟁 시나리오competitive scenario들은 미·중 양국이 지역적 그리고 전 지구적 차원의 영향력을 둘러싼 전략적 경쟁을 당분간 지속하고, 양측은 장기적 분쟁 가능성에 대비하여 군비 확충을 가속화할 것이라고 전망한다. 혹자는 양국 간 무역전쟁이 점차 세계경제질서 재편을 위한 플랫폼 경쟁, 표준 경쟁으로 확대되면서 지구화, 장기화될 가능성이 높다고 지적한다.

더 나아가서, 일부 전문가들은 미·중 간 대립 시나리오confrontational

scenario들을 내놓고 있다. 이들은 미국과 중국이 지난 40여 년간의 평화와 안정 속 성장과 번영의 시대를 뒤로하고 글로벌 패권을 놓고 공개적으로 경쟁하면서, 전 세계가 글로벌 가치사슬체계의 양분화, 이데올로기와 가치의 진영화, 군비 경쟁을 특징으로 하는 "신냉전New Cold War" 혹은 "냉전 2.0" 시대로 접어들 수 있다고 우려한다. 이러한 관점에서, 일부는 미·중 간 갈등이 통상 문제를 넘어 글로벌 가치사슬, 군사안보, 체제·이데올로기 영역으로까지 비화될 위험성을 안고 있다고 지적한다. 이에 따라, 정치·경제·안보 영역에서 미·중 간 경쟁과 편 가르기가 치열해지면서 지역 국가들은 미·중 사이에서 정책적 모호성을 유지하는 것이 어려워지고, 점차 양쪽으로 나뉘어 진영화되는 신냉전 시대에 돌입하게 될 것이라고 전망한다. 이러한 시나리오들이 현실화된다면, 미·중 경제의 '디커플링decoupling·탈동조화'이 가속화되면서, 세계경제가 양립 불가능한 두 개의 경제 블록으로 분할될 수 있다고 경고한다. 그렇게 된다면, 상품과 서비스, 자본, 노동, 기술, 데이터의 무역이 상당히 제한되고 디지털 활동 영역도 파편화될 것이고, 글로벌 가치사슬Global Value Chain, GVC 안에서 긴밀히 연결되었던 공급체인과 기술 표준이 미국 측과 중국 측으로 양분되어 모든 국가는 선택을 강요당하고 세계는 탈세계화의 긴 여정에 들어갈 것이다. 그 결과, 전 지구적 차원에서 혹은 지역적 차원에서 미국과 중국이 각자 중심이 되는 '양극화된 가치사슬Polarized Value Chain, PVC'이 형성될 수도 있다. 뿐만 아니라, 미·중 간 갈등이 군사안보적 영역으로까지 확대된다면, 타이완 문제와 동·남중국해 문제 등으로 미·중 간 군사적 긴장이 고조될 위험성이 커지고, 역내 미·중 간 군비 경쟁이 가속화되면서 양측을 중심으로 한 지역 안보 블록화가 진행될 수도 있다. 이러한 미·중 간 경쟁과 대립은 전 지구적인 차원에서의 체제·이데올로기 경쟁과 대립으로까지 비화될 수도 있다.

이처럼 미·중 간 '경쟁'과 '대립'에 초점을 맞춘 향후 미중관계 전망들이 점증하고 있다는 사실은 이에 대비한 미국의 대중국 정책의 강경화가 지속될 가능성을 시사한다. 2018년 10월 마이크 펜스Mike Pence 미국 부통령은 미국의 보수성향 싱크탱크인 허드슨연구소Hudson Institute에서 행한 연설에서 경제, 이데올로기, 군사적 측면에서 미중 경쟁을 규정한 것을 볼 때, 미국의 정책 입안자들은 중국에 대한 보다 강경한 견제·대결 전략을 고려하고 있는 것으로 보인다. 미 국방부는 2019년 6월 발표한 '인도 - 태평양 전략보고서'에서, 중국이 지역 패권을 추구하면서 현대화된 군사력, 강압적 조치, 경제적 수단을 동원하여 기존의 규칙에 기반을 둔 지역 질서 rule-based order를 자국에 유리한 방향으로 재편하려 하고 있다고 주장하면서, 중국이 현 질서를 무너뜨리려 한다면 이를 그냥 좌시하지는 않겠다는 의지를 재차 강조했다. 분명한 것은, 현재 미국의 대중국 전략에서 "전 지구적 차원에서의 포괄적이고 장기적인 경쟁"이 핵심 키워드가 되었다는 것이다. 사실상, 미 행정부와 의회에서는 미국의 다양한 정책적 수단들을 동원하여 중국의 부상과 국제적 영향력 확대를 억제하기 위한 범정부적 차원에서의 공세적 대응에 대한 공감대가 형성되었다고 볼 수 있다.

이러한 관점에서 본다면, 향후 '경쟁'과 '대립'에 초점을 맞춘 미국의 대중국 정책이 장기적으로 지속될 가능성이 높고, 향후 미·중 간 다면적이고 복합적인 경쟁이 지속적으로 전개되고 미중관계의 긴장이 고조되는 것은 불가피할 것으로 보인다. 이러한 미국의 대중국 인식과 정책의 변화를 고려할 때, 미국의 대중국 관여 정책과 미·중 간 '협력'과 '협업' 중심의 낙관적 전망이 단기간에 부활할 가능성은 낮아 보인다. 우리도 이러한 변화

된 국제적 현실을 직시하고 '경쟁'과 '갈등'이 두드러지는 미중관계 전망
시나리오들의 현실화 가능성에 대비하여, 우리의 국익을 수호하고 한반도
의 평화와 안정을 공고히 할 수 있는 현실적인 전략적인 대응 방안들을
적극적으로 모색해야 할 때이다.

한중일 삼각관계

샹하오위(項昊宇)*

2019년은 한중일 협력 20주년이 되는 해이다. 지난 20년 동안 한중일의 상호 양자관계에서 우여곡절을 겪었지만 삼국 간 협력에는 장족의 발전이 있었다. 한중일 삼국의 자체적인 규모가 크기 때문에 삼국 간 협력은 지정학, 경제·인문 분야, 지역협력, 글로벌 거버넌스 등에서 삼국관계 자체를 넘어선 중대한 파급력을 가진다. 삼국 간 협력은 경제와 민생에 유익할 뿐만 아니라 양자 간 민감한 문제를 완화하는 데 도움이 되며, 역내 갈등과 충돌의 억지, 동북아의 장기적인 안전 수호 등에서도 중요한 의의를 지닌다. 본문에서는 각기 다른 시각에서 한중일 삼자관계의 현황과 과제를 분석하고 중장기적인 협력을 위한 전망과 건의를 제시하고자 한다.

* 중국국제문제연구원 아태연구소 특임연구원

Ⅰ. 거시적인 시각 : 한중일 삼자관계의 변화와 방향

특수한 역사적인 배경으로 인해 한일, 한중, 중일 관계는 매우 민감하고 복잡하다. 2012년 이후 중일관계는 댜오위댜오釣魚島 문제, 신사참배 문제 등으로 인해 국교 정상화 이후 가장 엄중한 국면을 맞이했다. 올해 한일 관계 역시 강제노동 배상, 위안부 문제 등으로 인해 역사상 최악의 상황에 매몰되었다. 최근 한중관계도 사드 배치 문제로 어려운 상황에 직면했다. 냉전이 종식된 후 70년이 지난 시기에 한중일 삼국의 각 양자관계가 잇따라 심각한 난관에 봉착한 데에는 다음과 같은 원인들이 있다. 첫째, 일본의 침략역사에 대한 반성이 미흡하기 때문이다. 아베 정권은 극우보수 세력의 우경화 노선을 신봉하고 있다. 둘째, 중국이 대국화 노선을 추진하며 해양과 군사안보 분야에서 더욱 진취적으로 행동하기 때문이다. 셋째, 한국의 경우 박근혜 정부의 "친미소일親美疏日, 미국과 친하고 일본에 소홀", 문재인 정부의 "친북반일親北反日, 북한과 친하고 일본을 반대" 노선으로 인해 대중국, 대일본 관계에 문제가 나타났다. 이러한 문제가 지적되는 상황에서 근본적인 의문에 대한 해답을 찾지 못하고 있다. 삼국의 경제 관계가 고도로 긴밀해지고 인적 교류가 전례 없이 활발한 오늘날, 어째서 삼국관계는 여전히 취약한 것인가?

역사적인 맥락에서 한중일 삼국관계를 관찰해 보면, 그것이 우연히 아니라 필연적이라는 사실을 쉽게 알아챌 수 있다. 한중일 간 갈등과 이견의 폭발은 필연성을 가지고 있다. 국제관계에서 근본적인 작용을 하는 요인은 국가 역량의 변화이다. 이러한 특징은 한중일 삼국관계에서도 두드러지게 나타난다. 최근 20년 동안 삼국 경제발전의 궤적을 추적해보면 그러한 특징을 확인할 수 있다.

〈그림 1〉 1999-2018년 한중일 GDP 비교

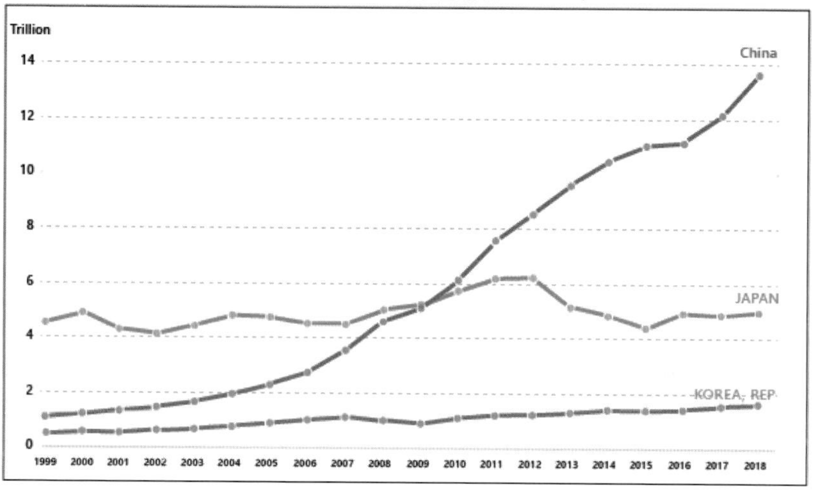

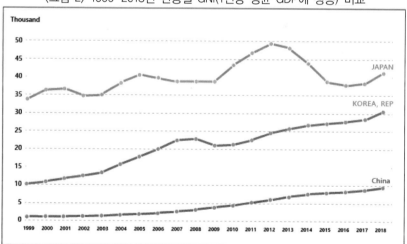

※ 주 : 2018년 한중일의 GDP는 각각 1.62조 달러, 13.61조 달러, 4.97조 달러
출처 : WB

〈그림 2〉 1999-2018년 한중일 GNI(1인당 평균 GDP에 상응) 비교

※ 주 : 2018년 한중일의 1인당 평균 GDP는 각각 3.13만 달러, 0.97만 달러, 3.94만 달러
출처 : WB

〈그림 1〉은 GDP 총량으로 삼국의 전반적인 국력 변화의 추세를 보여주고, 〈그림 2〉는 1인당 평균 GDP로 삼국 경제발전 수준의 변화를 보여준다.

중일관계를 보면, 2010년 중국의 GDP가 일본을 초월하며 양국관계의 커다란 분수령이 되었다. 양국 간 갈등과 마찰은 3년이 지난 이후 집중적으로 폭발했다. 일본은 중국의 부상에 대해 강한 불편함을 표출했다. 중국과의 관계에서 강렬한 위화감과 저항적인 정서를 나타내며 일본의 대중국 정책은 더욱 강경해졌다. 2018년, 중국의 GDP는 일본의 2.7배에 이르렀고, 중국이 일본보다 종합적인 국력에서 우위를 차지함에 따라 일본 내에서는 중국에 대한 인식이 점차 변화하기 시작했다. 점점 더 많은 사람들이 중국이 일본을 추월했다는 현실을 받아들이고 중국의 부상을 막을 수 없기 때문에 중국과 양호한 관계를 유지하며 중국의 발전을 기회로 삼아야 한다고 인식했다. 지난해부터 아베의 대중국 정책이 적극적으로 변화한 이유도 이러한 배경에 기인한다.

한일관계를 보면, 한반도를 식민통치한 역사로 인해 일본은 줄곧 '한국보다 우월하다'는 인식을 가지고 있었다. 2018년 한국의 1인당 평균 GDP가 3만 달러에 이르렀지만 일본은 4만 달러 수준을 배회했다. 그러나 과학기술과 산업 측면에서 한국기업과 치열한 경쟁에 직면하고 경제적 우위가 끊임없이 약화되면서 오랜 기간 이어진 일강한약日强韓弱, 일본은 강하고 한국은 약한의 양자관계에 변화가 발생했다. 이로 인해 일본사회에서는 한국에 대한 심리적 변화가 나타났고, 경쟁심리가 유발되었다. 한국은 1인당 국민소득이 3만 달러를 넘어서고 선진국 반열에 진입함에 따라 일본에 대한 자신감이 높아졌다. 이러한 심리적인 변화는 양국관계에 문제가 발생할 때 양측의 서로에 대한 강경한 대응으로 이어졌고 갈등을 더욱 첨예하게 만들었다.

한중관계를 보면, 양국 경제규모가 벌어지자 한국은 상대적으로 더욱 일찍 변화된 현실을 받아들였다. 일본과 비교해 한국은 보다 객관적이고 긍정적으로 중국을 인식했고, 이로써 양국관계가 비교적 양호한 발전 추세를 이어올 수 있었다. 한편 사드 문제는 미국과 북한 등 지정학적 요인의 영향을 받은 것이지, 한중관계의 자체적인 문제로 인해 발생한 것은 아니다.

종합컨대, 근대 이후 역사적인 발전과정을 보면, 최근 중일관계와 한일관계가 연이어 최악의 상황을 맞이한 이유는 근본적으로 삼국의 국력 변화가 삼국 대중의 심리에 충격을 가했고, 이러한 점이 정책에 투사되고 반영되었기 때문이다. 21세기에 들어서면서 일본은 발전이 정체된 반면, 중국은 빠르게 부상하며 일본의 세계 2대 경제대국 자리를 대체했다. 한국과 일본의 국력 격차가 점차 축소되면서 과학기술 발전 수준은 물론, 2차 대전 이후 형성된 산업분업구조가 일→한→중의 수직구조에서 중 - 일 - 한의 수평적인 경합구조로 전환되었다. 이로 인해 기존의 질서가 와해되고 새로운 국면이 점차 자리잡아가고 있다. 향후 중국의 종합국력이 더욱 증대되면서 삼국의 국력 격차가 정형화될 것이고, 삼국의 상호 인식 역시 반복적으로 절충하는 가운데 새로운 균형을 찾으며 삼국관계가 상대적으로 안정적인 시기에 진입할 것으로 예상된다.

II. 일본의 시각 : 일본의 대내외 전략 방향과 한일·중일관계

지난해 아베 총리가 자민당 총재 3선에 성공하며 집권한지 7년이 되었다. 이로서 아베 총리는 일본 헌정사상 최장수 총리가 되었다. 아베 총리는 일본의 보수우익세력을 대표하는 인물로, 일본정계에서 극우적인 계열에 포함된다. 일본 정계에서 이전투구가 끊이질 않고 수상이 빈번하게 교체되는 악순환을 타개하고 아베 총리가 장기집권을 실현하고 높은 지지율을 지속할 수 있었던 이유는 몇 가지가 있다.

첫째, 정책 측면에서 아베 내각의 대내외 정책은 실무적이고 진취적이었다. 경제와 민생 문제에 집중하며 아베노믹스를 통해 일본 경제가 6년 동안 원만한 회복세를 유지했다. 국내 실업률이 하락했고, 기업의 수익은 증가했으며, 주가는 상승했다. 외교적으로는 미국, 일본, 러시아, 유럽 등 주요 대국과 양호한 관계를 유지하기 위해 적극적으로 노력했다. 이와 동시에, 아베 총리는 우익보수 색채를 희석하며 견해 차이가 비교적 큰 헌법 개정 등의 의제에 대해 무모한 조치를 채택하기보다는 점진적으로 추진하며 집단자위권 법안을 통과시켰다. 아베 내각의 정책들은 대다수 대중의 인정을 받았다.

다음으로, 집권 방식에서, 아베 내각은 총리를 중심으로 정치를 일원화하며 당권과 정권을 공고화했다. 2012년 이후 아베 총리는 자민당을 이끌며 참의원 선거에서 압도적으로 승리했고, 이로써 당내 위상과 구심력을 더욱 공고히 다졌다. 동시에 아베 총리는 민심의 향방을 중시하고 여론을 선도하며 모리토모森友학원 스캔들과 같은 부정적인 사건에서의 충격을 완화했다.

마지막으로, 재야세력의 결집을 무력화시키며 자민당 내 유력한 도전자를 양성하지 않았다. 여론조사에 따르면, 일본의 무당파 가운데 자민당을 선택한 비율이 비교적 높았다. 더 나은 선택이 없기 때문에 아베를 지지한다는 것이 많은 유권자들의 솔직한 심정이다. 일본의 대중들은 2009년부터 2012년까지 민주당 집권 시기 혼란했던 정세에 대한 기억이 생생하기 때문에 집권 경험이 풍부한 자민당을 선택했다. 최근 일본의 재야세력은 흩어진 모래와 같이 분열되어 대중에 부합하는 맞춤형 정책을 제시하지도, 자민당에 위협이 되지도 못하고 있다.

아베 내각은 여전히 45% 이상의 비교적 높은 지지율을 유지하고 있고, 자민당의 지지율도 30% 이상이다. 자민당의 위상도, 아베 내각의 강력한 집권도 동요되기 쉽지 않다. 중대한 사건이 발생하지 않는 이상, 아베 수상은 2021년 9월까지 자민당 총재 임기를 채울 것으로 예상된다.

객관적으로 볼 때, 아베 수상이 집권한 7년 동안, 대내외적이 혼란이 적지 않았지만 일본의 근본적인 변화를 이끌지 못했다. 일본 경제는 여전히 디플레이션에서 벗어나지 못했고, 동시에 저출산과 노령화 문제가 나날이 심각해졌으며 국가의 장기적인 발전에서 심각한 제약에 직면해 있다. 따라서 향후 일본의 대내외 전략의 종합적인 목표는 여전히 국력의 저하를 최대한 억제하고 대국의 위상을 유지하는 것이다. 이를 위해 아베 수상은 집권 기간 동안 경제와 민생에 중점을 두고, 대내적으로는 저출산과 노령화의 속도를 낮추기 위해 노력하고 대외적으로는 지금의 진취적인 추세를 유지하며 일본의 전 세계적인·지역적인 영향력을 유지하기 위해 전력을 다할 것으로 전망된다. 동시에 아베 수상은 자신이 가지고 있는 정치적 신념을 기반으로 적절한 시기에 헌법 개정에서 실질적인 진전을 추진할 가능성이 있다. 헌법 개정을 둘러싼 일본사회와 정계의 견해 차이가 나타나고 있다는 점을 고려하면, 헌법 개정은 우여곡절을 겪겠지만 점진적으로 진행될 수 있다.

아베 수상의 집권 기간 동안 중일관계는 바닥을 치고 다시 올라오는 방향으로 상황이 진전된 반면, 한일관계는 최악의 상황에 직면했다. 이는 아베 수상의 대중국 정책과 대한국 정책에 대한 각기 다른 인식을 반영한다.

중국과의 관계에서, 아베 수상은 두 가지 정책을 시행했다. 하나는 협력 정책으로, 중일관계의 전반적인 안정을 유지하는 동시에, 다양한 분야와 층위에서의 교류와 협력을 추진함으로써 중국의 발전이 가져오는 보너스를 최대한 누리고자 했다. 다른 하나는 견제 정책으로, 미일동맹, 일본·인도·호주·미국이 참여하는 4자 안보대화QUAD 등을 통해 해상안전, 군사안보 등의 문제에서 중국의 해양권익 수호 행동, 일대일로 구상 등을 견제함으로써 역내에서 일본이 기존에 확보한 이익을 보호하고자 했다. 이와 동시에, 중일 간에는 역사 문제와 영토 문제가 여전히 장기적으로 이어져 오고 있다. 댜오위다오 문제나 신사참배 문제와 같은 민감한 문제를 신중하게 처리하지 못한다면 양국관계에 새로운 충격이 될 수 있다. 중일관계의 미래는 양국이 이러한 갈등을 얼마나 적절히 통제하고 관리하는지 여부에 달려 있을 것이다.

한국과의 관계에서, 우익화 경향이 농후한 아베 정권은 진보좌파 성향의 문재인 정부에 대해 처음부터 편견을 가지고 있었다. 보수정당이 주도하는 일본 정계는 이미 여러 차례에 걸쳐 한국에 대한 강경한 태도를 지지하는 입장을 표명해왔고, 사회 여론 역시 한국에 부정적인 인식이 확대되었다. 이외에도, 문재인 정부가 추진하는 "대북 친화적인對北融合" 노선도 한일관계에 영향을 미쳤다. 일본은 북한과의 관계 전환이 지연되면서 아베 내각이 매우 중시하는 납치 문제에서 조금의 진전도 이루지 못하고 있었기 때문에, 일본의 한국에 대한 부정적인 정서가 더욱 강화되었다. 한일 양국은 강제노동자 배상, 위안부 문제 등에서 합의하기가 쉽지 않다. 게다가 일본은 한국에 수출제한 조치를 취하고 한국은 한일군사정보보호협정을 파기함으로써 심각한 타격이 발생했기 때문에 단기적으로 양국관계가 호전되기는 어렵다. 향후 한일 양국은 갈등을 관리하고 대립이 더욱 격화되는 상황을 방지해야 한다.

Ⅲ. 미국의 시각 :
미중 그레이트 게임의 시대, 한일의 대미국·대중국 정책

미국은 동북아 지역에 대한 영향력이 가장 큰 역외국가인 동시에, 지정학적 측면에서 이 지역의 일원이기도 하다. 한국과 일본은 아시아-태평양 지역에서 미국의 주요 동맹국으로, 안보적으로 미국에 의존하고 있다. 동시에 중국과는 인접한 국가로, 경제적으로 중국과 긴밀한 관계를 맺고 있다. 미중 간 갈등과 대립이 고조되는 상황에서, 한국과 일본은 미중 사이에서 어떻게 균형을 이룰 것인지에 대한 어려운 선택에 놓여 있다. 미국은 중국을 견제하고 북핵 문제를 해결하는 것에서부터 출발해 한미동맹과 미일동맹의 유지 및 강화를 위해 동북아에 군대를 주둔하고 있다. 향후 한중일 협력이 심층적으로 발전하게 되면, 미국의 경계심과 간섭을 유발할 가능성이 있다. 따라서 향후 미국의 태도와 행동은 한중일 삼자관계에 커다란 불확실성을 가진 요인이 될 수 있다.

일본의 외교는 본래 미일동맹을 축으로 한다. 트럼프 대통령 취임 이후 나타난 대내외적인 불확실성에 직면해 아베 총리는 트럼프 개인과의 관계 증진에 주력했고, 트럼프 대통령의 높은 신임을 얻으며 미일관계가 전반적인 안정을 유지할 수 있었다. 주목할 만한 점은, 미중 갈등과 대립이 첨예한 상황에서 아베 내각이 주도적으로 중국과의 관계를 개선했음에도 불

구하고 미국의 불만이나 방해가 없었다는 사실이다. 종합컨대, 아베 내각
은 교묘한 외교적 책략을 통해 미중 간 균형을 도모하며 능수능란하게 이
익의 최대화를 실현했다.

한국은 일본과 마찬가지로 미국과 중국의 압박에 직면해 있을 뿐만 아
니라 북한과 일본 요인을 고려해야 하기 때문에 중국, 미국, 일본에 대한
정책 구상이 더욱 어렵다. 중국은 입장을 바꿔 한국의 어려움을 이해할
필요가 있으며, 양국 모두 사드 문제에서 얻은 교훈을 통해 양국관계가 외
부요인으로 인해 또 다른 상처를 받지 않도록 주의를 기울여야 한다.

Ⅳ. 지역적 시각 :
두 개의 중요한 외부요인 – 북한과 아세안ASEAN

한중일 삼자관계를 동아시아 전체의 범위에서 고려한다면, 미국 이외에
도 두 가지 외부요인을 잘 처리해야 한다.

하나는 북한 요인이다. 이는 한중일 삼자관계에서 피할 수 없는 주요한
외부요인이다. 지난해부터 한반도 정세에 중대한 전환이 나타났다. 북미
간, 남북 간 고위층 접촉이 회복되면서 정세의 완화를 촉진했다. 북한으로
부터 얻을 수 있는 이익에 대한 한중일 삼국의 관심은 각기 다르지만 북
한의 핵 폐기와 한반도의 평화안정이라는 입장은 모두 일치한다. 현 시점
에서 한중일 삼국의 임무는 어렵게 얻은 한반도 정세의 완화 국면을 유지
하고 북한이 과거로 되돌아가지 않도록 하는 것이다. 이를 위해 북미 대
화가 지속적으로 진전을 이룰 수 있게 함께 노력함으로써 결국 북핵 문제
의 정치적 해결을 실현하고 동북아의 항구적인 평화기제를 구축하는 데

적극적인 역할을 해야 한다.

다른 하나는 아세안 요인이다. 아세안 국가들과 한중일의 관계는 매우 긴밀하다. 한중일 삼국과 아세안의 "10+1", "10+3" 협력은 이미 장족의 발전을 이루었다. 한중일 삼국이 동남아시아에서 악성 경쟁을 하거나 서로를 밟고 올라서는 현상이 빈번하게 발생했던 과거를 비춰보면, "한중일+X" 형태의 협력에 대해 공감대를 형성했다는 사실은 중대한 의의를 가진다. 향후 동남아시아 국가들이 한중일 삼국 협력의 외연 확장을 위한 중요한 시험대가 될 수 있다.

V. 한중일 협력의 중장기 전망

아시아-태평양 지역은 한중일 삼국이 함께 의지하며 근심 없이 살아가야 하는 지역이다. 오늘날 아시아-태평양 지역의 정세는 냉전이 종식된 이후 가장 큰 변화를 겪고 있다. 중국의 부상이 미국의 대중국 정책의 조정을 초래하며 미중 간 그레이트 게임의 주요 무대가 되었다. 트럼프 정부의 일방주의와 보호무역주의는 역내 국가의 우려와 불만을 야기했다. 이와 동시에, 역내포괄적경제동반자협정RCEP, 포괄적·점진적 환태평양경제동반자협정CPTTP으로 대변되는 아시아-태평양 지역일체화가 여전히 거시적인 흐름 속에서 진행되고 있다. 대국 간 경쟁이 가속화되는 상황에서 아시아-태평양 지역의 질서 구축은 중대한 변혁과 조정의 시기에 직면했다. 중국의 일대일로 구상, 일부 국가가 제기한 인도-태평양 전략, 그리고 다양한 소다자협력기제에 이르기까지, 각국은 새로운 지역질서 구축에서 보다 유리한 위치를 차지하기 위해 다투고 있다.

한중일 삼국의 GDP 총량은 전 세계 GDP 총량의 23.5%로, 미국, EU의 규모와 비슷하며, 전 세계 3대 경제중심 중 하나이자 동아시아 경제발전을 주도하는 동력이다. 향후 한중일 관계의 진전은 동아시아, 나아가 아시아-태평양 지역의 발전을 결정할 수 있다고 해도 과언이 아니다.

한중일 삼국의 협력은 20여 년의 발전을 거쳐 왔고, 이 기간 동안 다양한 층위와 분야의 협력 구도를 형성했다. 각종 기제의 틀이 갖춰졌지만 향후 삼자협력이 어떻게 보다 심도 있고 현실적으로 나아가야 할지에 대한 문제에 직면해 있다. 이를 위해서는 가시적이고 국민들이 실질적인 혜택을 받는 성과를 끊임없이 창출할 필요가 있다. 이러한 목표를 실현하기 위해서는 대내적으로 정치적 상호신뢰 문제를 해결하고 대외적으로 상술한 외부요인과의 관계를 잘 처리해야 할 뿐만 아니라, 지역 내에서 협력을 선도하는 역할을 해야 한다.

(1) 점진적으로 상호 신뢰를 구축해야 한다. 지난 20년 동안 한중일 삼자협력은 양자 간 정치관계의 영향에서 벗어나지 못했다. 삼국 정상회담이 2008년 처음으로 개최되었지만, 이후 몇 차례 중단되기도 했다. 이는 결국 양자 간 정치관계의 영향을 받았기 때문이다. 한중일 삼국은 역사적 화해를 실현하기도, 영토 분쟁을 해결하기도 쉽지 않다. 이러한 민감한 문제가 관리되지 못한다면 양자관계가 충돌할 수 있고, 이로 인해 삼자협력의 분위기에 영향을 미칠 수 있다. 향후에도 삼자협력은 양자관계에서 완전히 탈피하기 어렵다. 지금까지 삼자협력은 협력을 제약하는 요인을 줄이기 위해 정치안보 의제를 회피하거나 약화시켰고, 경제, 사회, 인문 등 분야에 집중했다. 이는 현 단계에서 현명한 방법이었다. 그러나 향후 보다 심도 있는 협력을 추진하고 새로운 단계로 나아가기 위해서는 정치안

보 분야가 가진 난관을 돌파해야 한다. 필자는 다음과 같은 노력이 필요하다고 생각한다.

첫째, 고위급 접촉을 강화함으로써 끊임없는 정치적 동력을 제공해야 한다. 2018년 5월, 한중일 정상회담이 재개되면서 삼자협력에 새로운 정치적 동력이 주입되었다. 정상회담의 선도 여부에 따라 삼자 교류와 협력의 분위기나 성과가 매우 다르다는 사실은 이미 증명되었다. 오늘날 중일관계와 한중관계가 호전되고 한일관계가 난관에 직면한 상황에서 향후 삼자협력을 위해서는 양자관계가 미치는 영향을 최대한 약화시키고, 상호 정치적인 관계를 제어해야 한다. 특히 정상들의 만남과 대화가 가진 대체불가능한 선도 작용을 통해서만 비로소 삼자가 손을 잡고 안정감 있게 협력을 전개할 수 있다. 2019년 12월 청두成都에서 개최된 한중일 정상회담에서 진행된 한일 정상 간 양자 회담이 양국관계의 긴장감 해소에 기여할 수 있기를 바란다.

둘째, 정치안보 의제를 점진적으로 논의해야 한다. 향후 삼자협력이 더욱 심도 있게 진행되기 위해서는 일부 금기시되는 분야에서의 난관을 극복할 필요가 있다. 예를 들어 역사문제에 대한 소통, 지역안보 구상에 대한 논의, 국방안보 분야의 교류 등에서 의견이 일치되지 않아도 조건이 갖추어진다면 협력을 추진해야 한다. 솔직한 대화를 할 수 있다면 정치적 상호신뢰의 증진에 유익하기 때문이다. 이러한 민감한 분야의 대화와 교류는 목적 달성에 급급할 필요 없이 점차적으로 심화시키면 된다. 먼저 전문가와 학자로 구성된 2 track에서 시작해 반민반관의 1.5 track을 거쳐 최종적으로 정부차원으로 전개한다.

셋째, 외연을 확장해 지역과 전 세계 차원에서 대화와 협조를 강화함으로써 일치된 목소리를 내야 한다. 한중일 삼국은 모두 외향형 경제체로, 다자협력과 글로벌 거버넌스 체계에서 공통 혹은 유사한 이익을 추구할 때도 있고, 때로는 각기 다른 진영에 속할 수도 있다. 삼국은 공동체 의식을 제고하고 국제사회에서 단결과 협력의 태도를 발전시켜 서로를 공격하거나 견제하는 상황을 방지해야 한다. 최근 삼국이 역사와 영토 등의 문제로 인해 국제무대에서 서로를 질책하는 상황이 드물지 않았다. 이는 의심할 여지없이 삼국의 상호신뢰 증진을 저해한다. 중국이 적극 추진하는 일대일로 구상 등을 한국과 일본이 긍정적이고 객관적으로 평가해주길 희망한다.

(2) 외부요인을 잘 처리해 양호한 외부환경을 조성해야 한다. 동북아시아의 지정학적 특수성으로 인해 삼국협력은 역내 다른 국가들과의 관계를 고려해야 한다. 북핵 문제에서 삼국은 소통과 협조를 더욱 강화해 북한이 핵을 폐기하고 북한의 대내외 정책이 긍정적인 방향으로 전환하는 데 촉매제 역할을 해야 한다. 북한이 핵을 폐기하고 대외개방을 하는 미래를 고려해 삼국은 북한과 대화와 협력을 할 수 있는 방법과 노선을 전향적으로 고민해야 한다. 미국 요인과 관련해 한중일 삼국협력은 미국의 이해와 지원 없이는 불가능하다. 이를 위해 삼국협력의 개방성과 투명성을 유지하며 미국을 포함한 역내 관련 국가들과의 소통을 강화하는 것이 매우 중요하다. 한중일 삼국의 협력과 각국의 대미 관계를 동시에 고려할 필요가 있다.

중국은 다양한 다자협력기제의 개방성과 포용성을 일관되게 제창해왔다. 한중일 삼국협력 역시 마찬가지이다. 삼국협력을 추진하는 데 있어서 중국은 한국과 일본을 끌어들여 미국의 동맹관계를 약화시켜려 한다는 인상을 주는 것을 피해야 한다. 한국과 일본은 일대일로 구상 등 중국의 행위가 지닌 의도를 정확하게 이해하고 이데올로기나 냉전적 사고에 기반한 편견을 버려야 한다. 이러한 관점에서, 한중일 삼국 FTA를 조속히 체결하고 더욱 높은 수준으로 나아감으로써 아시아-태평양 지역의 경제일체화 과정에서 선도적이고 시범적인 역할을 해야 한다.

결론적으로 "한중일+X" 형태의 협력은 향후 동북아 지역협력의 기본적인 구조가 되어야 한다. 이중 "X"를 경제 분야의 협력대상으로 국한할 필요도, 단일한 대상으로 제약할 필요도 없다. 정치안보, 경제, 인문 등이 포함된 광범위한 분야와 아시아-태평양 지역의 광범위한 대상을 아우르는 유연한 프레임으로 나아가야 한다. 핵심은 한중일 삼국의 선도적인 역할을 통해 역내 화해와 협력, 일체화 발전의 추진을 가속화하는 것이다.

한중일 삼국 협력이 20년을 맞이한 즈음에도, 여전히 복잡하고 민감한 양자관계와 지정학적 정세에 직면해 있다. 한중일 삼국 모두 전략적 시야를 가지고 목전의 갈등과 이견을 극복하는 동시에, 국가의 근본적인 이익과 장기적인 발전 수요에 입각해 중장기적인 협력 목표를 설정해야 한다. 개인적으로 삼자협력의 장기적인 청사진은, 대내적으로는 양자관계의 제약을 해소하고 삼국의 상호 이해와 신뢰를 촉진하여 삼자협력이 양자관계를 안정적으로 발전시키는 촉진제 역할을 하는 것이다. 대외적으로는 개방적이고 포용적인 태도를 보이며 높은 수준의 전 방위적인 협력을 통해 동아시아, 나아가 아시아-태평양 지역일체화 발전을 위해 선도적이고 시범적인 역할을 하는 것이다.

일본의 대외전략 변화와 중국, 한국

서승원(徐承元)*

I. 아베 지정학Abe Geopolitics의 출현

2010년대 들어서면서 동아시아 정세는 이른바 '지정학의 부활(또는 귀환)'로 불리는 상황이 계속되고 있다.[1] 이에 관한 논의들 대부분은 동아시아에 지정학적 변동을 초래하는 요인으로 중국의 부상을 꼽곤 한다. 그러나 과연 그러한가. 필자가 생각하기로는 중국의 부상에 가려진 그 외의 요인들도 적지 않다. 예를 들면 기존의 안보 질서 및 경제 질서에 대한 미국의 의지 저하와 공약 변화는 지역 행위자들에게 새로운 행동방식을 강

---

* 고려대학교 일어일문학과 교수

1) Robert Kaplan, "The Geography of Chinese Power," *Foreign Affairs* 89-3 (May/June, 2010), pp. 22-41; Walter Russell Mead, "History isn't Dead Yet: Asia and the Return of Geopolitics," *Global Asia* 9-3 (September, 2014), pp. 20-23; Robert Ross, "The Revival of Geopolitics in East Asia: Why and How?" *Global Asia* 9-3 (September, 2014), pp. 8-14; 이희옥, "정책신뢰를 강화한 한중관계," 이희옥·먼훙화 편저, 『동북아 정세와 한중관계』(서울: 성균관대학교출판부, 2016), pp. 12-25; 전재성, "남북한 관계의 복합 지정학," 서울대 국제문제연구소 『워킹페이퍼』 No.12 (2017.7.17.) ; 손열, "동북아시아 지역공간의 복합지정학: 안보-경제-정체성 넥서스," 서울대 국제문제연구소 『워킹페이퍼』 No.11 (2017.7.17.).

제하고 있다. 더욱 주의를 기울여야 할 부분은 미국과 중국 양국 이외 행위자들의 움직임이다. 핵·미사일 개발 및 도발을 주요 수단으로 한 북한의 전략적 행보는 미·중 간 지정학적 경쟁을 한층 더 자극하는 경향이 있으며 장기적으로는 미국 중심의 동맹체제까지 변모시킬 수도 있다. 중국의 부상에 가려져 왔으나 한국의 경제적·군사적 국력 신장도 두드러지며, 이를 토대로 최근에 펼치고 있는 활발한 중견국 전략 또한 강대국 위주의 지정학 게임에 새로운 변화를 초래할 가능성을 내재하고 있다.[2]

일본의 전략적 행보도 눈여겨 볼만하다. 특히, 제2차 아베 신조安部晋三 내각은 패전 이후 약 70년 만에 지정학 게임에 본격적으로 가담하기 시작했다.[3] 돌이켜보면 19세기 말부터 제2차 세계대전이 끝날 무렵까지 제국주의 일본은 지정학 게임의 열렬한 신봉자였다. 때로는 제정 러시아처럼, 때로는 나치 독일처럼 군사와 외교적 수단을 총동원하여 영토와 세력권 확장에 힘썼다. 그러나 패전 후 일본은 요시다 시게루吉田茂 수상의 경무장·통상국가 노선을 기치로 내걸면서 지정학 게임에서 완전히 철수했다. 아베 내각은 이렇게 한동안 봉인되어 온 판도라 상자를 다시금 열려고 하는 것이다. 하지만 아베 내각의 지정학 게임에 대한 본격적인 연구는 그다지 없다. 다만, 이노구치 다카시猪口孝는 평론지에서 이를 '아베 지정학'

---

2) 동아시아 지정학 논의의 대부분은 '미중 경쟁 / 각축' 프레임에 초점을 맞춘다. 그 결과 그 외 행위자들에 대한 논의나 연구가 거의 이뤄지고 있지 않다. 참고로 남북한의 최근 대외전략을 지정학적 문맥에서 보자면 북한은 미중 간 각축을 자극하는 방식을 빈번하게 취하는 경향이 많은 데 비해 한국은 이를 가능하면 회피 또는 완화하려 한다. 결과적으로 북한은 국제질서의 양극화를, 한국은 다극화를 추동하는 셈이다. 앞으로 남북한은 물론 일본, 아세안(ASEAN) 국가들의 전략적 선택이 동아시아 지정학과 어떠한 상관관계를 갖는지 세심한 관찰이 필요하다.

3) 서승원, "아베 정권 시기 일본의 대중국 전략적 사고: 관념화된 외교와 강대국 간 지정학 게임의 불편한 동거," 『亞細亞研究』 제60권 2호 (2017), 서승원 외, 『중국은 우리에게 무엇인가』 (서울: 트리펍, 2017); 서승원, 『근현대 일본의 지정학적 상상력: 야마가타 아리토모-아베 신조』 (서울: 고려대학교출판문화원, 2019).

安倍地政学으로 명명한다.[4] 그는 아베 정권의 지정학 게임이 야심찬 경제 재생 정책인 아베노믹스Abenomics와 밀접하게 연결되어 있다고 지적한다.

한편, 여기서 주목하는 바는 아베 내각의 지정학 게임이므로 주로 외교·안보 분야에서 국한해서 논하고자 한다. 개괄적으로 살펴보면 아베의 지정학 게임은 당초에 중국의 해양에서의 영향력 확대를 군사·안보적으로 저지하는 것을 목표로 했었다. 하지만, 그 양상은 2017~8년 무렵 경제를 중심으로 한 지경학 게임으로 전환되기 시작한다. 이 시기는 미국 도널드 트럼프Donald Trump 정권이 출범한 직후이다. 아베의 지정학 게임에서 미국 요인이 결정적인 변수로 작용하고 있음을 보여주는 대목이다. 이같이 아베의 지정학 게임이 미중일 3자 간 관계의 틀 안에서 작동하는 것이라면 이는 전전의 상황을 연상시킨다. 참고로 과거 일본의 중국정책의 실패는 미일전쟁으로 비화된 바 있다. 이하에서는 먼저 아베 지정학의 이념형을 정리한 다음 2012년 말부터 2019년 12월 현재까지의 추이를 2017 - 2018년을 전후한 두 시기로 나누어서 살펴본다. 마지막으로 결론 부분에서는 아베 지정학에 대한 중간 평가와 전망, 그리고 우리에 대한 함의를 논해보고자 한다.

Ⅱ. 아베 지정학의 이념형

아베 내각은 출범 직후부터 이른바 '지구본 외교地球儀外交'와 국제협조주의에 입각한 '적극적 평화주의'를 외교이념으로 제창하였다. 전자는 지

---

4) Takashi Inoguchi, "The Rise of 'Abegeopolitics' : Japan' s New Engagement with the World," *Global Asia*, 9-3 (September, 2014), pp. 30-36.

구본을 보듯이 세계전체를 대상을 외교를 펼치겠다는 것이며, 후자는 군사력을 바탕으로 국제사회의 평화와 안정에 적극 기여하겠다는 의미다. 패전 이래의 소극적 평화주의 또는 일국 평화주의를 단절하고 강대국으로서 외교전략을 펼치겠다는 의지를 선언한 셈이다. 이를 위한 대외전략 구상도 비교적 체계적으로 발전시켜 왔다. 제1차 아베 내각 당시에는 '자유와 번영의 호' 구상을 제시한 바 있었다. 이 구상은 2007년 11월 당시 외상인 아소 타로麻生太郎가 발표한 것으로 동남아시아, 중앙아시아, 그리고 동유럽에 이르는 지역에 민주주의 체제 이행 및 안정적인 경제발전을 이룬다는 내용이었다. 네오콘 세력이 외교·안보 정책을 장악하는 미국 조지 부시George W. Bush 정권과 공명하면서 테러리즘의 온상이 된 지역을 안정화시키고 대륙 국가의 영향력 확대도 막겠다는 것이 핵심적 전략 목표였다.

아베 내각은 이 구상을 발전시켜 '아시아 민주주의 안전보장 다이아몬드' 구상을 천명했다. 대상 지역은 이전의 '자유와 번영의 호' 구상에 비해 서태평양 및 인도양 지역으로 다소 축소되었다. 그 전략적 대상 또한 테러리즘 대책에서 중국으로 변경되었다(참고로 북한은 당연히 포함된다). 중국의 해양 진출(일본 측에서는 '팽창'이란 용어가 사용된다). 즉 동중국해 및 남중국해가 중국의 내해內海가 되는 것을 저지하기 위해서는 일본을 비롯한 미국, 호주, 인도 등 해양·민주주의 국가들이 안보협력을 강화해야 한다는 취지이다. 해양·민주주의 국가와 대륙·권위주의 국가 사이의 대결이라는 이분법적 국제사회관, 경제적 수단보다는 군사·안보적 수단에 대한 중시, 그리고 미국 중심적 동맹체제의 외연 확대 시도 등이 그 특징이다.

참고로 이노구치는 아베 지정학의 목표로 다음 네 가지를 거론한다. :

(1) 미국의 동아시아에 대한 동맹 공약의 약화, 그리고 고립주의가 심화하는 상황 속에서 국제법이나 번영 등의 원칙을 내걸면서 가능한 한 기존 질서(샌프란시스코 체제와 자유무역질서 등)를 유지한다; (2) 아베노믹스의 성과가 예상과는 다르고 그 전망도 불투명한 가운데 외국 정상들과의 교류가 부각될 수 있도록 아베 지정학을 전면에 내건다; (3) 아베 지정학을 통해 세계시장에서 일본의 수출, 투자, 기술이전 등을 활발히 확대하고 이를 통해 아베노믹스의 대외적 취약성을 제고한다; (4) 전형적인 원교근공 어프로치로서 주요국들과의 적극적인 관계 강화를 통해 일본에 비판적인 중국과 한국에 대응한다. 가히 다목적적인 관료주의적 정책운영 방식이라 하겠다.[5]

덧붙여 아베 지정학은 논리적으로 몇 가지 중대한 한계를 지니고 있었다.[6] 첫째, 안보적, 경제적 이해관계가 아닌 인권, 민주주의, 시장경제와 같은 보편적 가치를 기치로 내걸면서 관련국들의 협력을 이끌어내고자 했다. 하지만 이러한 외교·안보정책의 이념화·관념화는 파워 폴리틱스를 전제로 하며 지극히 실리적이어야 할 지정학 게임과는 논리적으로 양립하기 힘들다. 무엇보다 일본 자신이 군사력 행사에 적지 않은 제약을 안고 있는 점은 지정학 게임을 펼치기에는 치명적인 약점으로 작용한다. 이를 극복하기 위해 아베 내각은 미국의 전략을 전면에 내세우면서 미국의 양해 아래 일본이 NO.2로서 이를 떠받치는 방책을 제시했다. 철저하게 미국에

---

5) 일본 정부는 특정 정책수단에 복수의 정책목표를 투영하는 경향이 강하다. 전형적인 일본식 관료주의적 정책운영 방식이다. 2019년 7월 행해진 아베 내각의 한국에 대한 수출규제 및 화이트리스트 제외 결정 당시에도 수상관저는 외무성, 경제산업성 등 다수의 정부 부처에게 각각 한국에 대한 압력 방안을 제출토록 했다고 전해진다. 과거사 문제에 대한 대책, 전략물자 유출에 대한 안보적 고려, 한국 경제에 대한 영향 검토 등 적지 않은 정책목표가 설정되었던 것으로 보인다.

6) 서승원 (2017); 즈비그뉴 브레진스키, 『거대한 체스판: 21세기 미국의 세계전략과 유라시아 (서울: 삼인, 2010).

의존하는 방식이기 때문에 미국의 노선 전환은 일본에게 치명적이 된다.

둘째, 현실주의 세력균형론과 전통적 해양 지정학을 혼합하여 림랜드 rimland 지역에서 중국의 해양진출에 대해 지정학적인 방어선을 구축하자는 아베 내각의 전략적 사고는 유사 냉전적이고 또한 복고적이다. 냉전 시기 미국은 압도적인 정치·경제·군사적 역량을 바탕으로 대공산권 봉쇄망을 구축할 수 있었다. 그러나 현재 동아시아 국가들의 경우 안보는 대체로 미국에 의존하고 경제는 중국에 의존하는 '이중적 위계'dual hierarchy 질서 상황 속에 있다.[7] 이를 고려하면 중국을 대상으로 한 안보협력 구상에 동아시아 관련국들이 선뜻 동참할 가능성은 거의 없다. 가령 이들의 동의를 확보하여 중국에 대해 군사·안보적 방어망을 일단 구축할 수 있다고 하더라도 중국의 해군력 증강을 고려하면 이를 지켜내는 일은 불가능에 가깝다.

셋째, 앞서 언급한 국제사회를 해양·민주주의 국가 대對 대륙·권위주의 국가의 대결 구도로 파악하는 아베 내각의 사고방식은 미국 신보수주의자들의 세계관과 흡사하다. 사실 미국의 대중강경파 보수세력과 아베 내각을 지탱하는 보수우파 세력이 특히 군사·안보 분야에서 긴밀한 제휴 관계를 맺고 있다는 점은 널리 알려진 사실이다. 이들은 냉전 종언이 민주주의의 승리에 의한 것이라는 신념을 갖고 있으며 탈냉전 세계에 인권, 민주주의, 시장경제 등 보편적 가치가 더욱 확산되어야 한다고 주장한다. 하지만 서태평양과 인도양 지역에 이러한 보편적 가치가 견실하게 제도화된 민주주의 국가는 손에 꼽을 정도에 불과한 실정이다. 게다가 이러한 보편적 가치와 아베 내각의 역사 수정주의적 인식 및 행보가 양립할 수 있는

---

7) G. John Ikenberry, "Between the Eagle and the Dragon: America, China, and Middle State Strategies in East Asia," *Political Science Quarterly* 131-1 (2016), pp. 9-43.

지에 대해서도 의문이 적지 않다.

넷째, 아베 지정학은 한반도 - 동중국해 - 대만 - 남중국해로 이어지는 미일 양국과 중국 사이의 중첩지대(분쟁지대 또는 지정학적 단층)를 자의적으로 만들어냄으로써 결과적으로 충돌에 이르는 자기충족적 예언에 이르기 쉽다.[8] 군사적인 분야에 한정된 것이라 하더라도 대중 포위망/방어망 구축 시도는 필연적으로 중국 측의 포위망을 돌파하고자 하는 의지를 강화하게 할 것이며 그로 인해 미중 양국과 중국이 전형적인 안보 딜레마에 빠지기 쉽다는 말이다. 최근 일본의 보수우파 세력 사이에는 한국의 친중국화가 가속화하고 있으며 장래 통일 한국은 중국의 세력권에 편입되어 그 결과 일본이 대륙 세력에 맞서는 최전선 국가가 될 것이라는 담론이 적지 않게 관찰된다. 19세기 말이나 20세기 초에 한반도를 둘러싼 전통 지정학적 발상이 다시 고개를 들고 있는 셈이다. 이러한 담론이나 인식에 근거한 대외 전략이나 정책은 미중 간 지정학적 경쟁을 한층 더 조장함으로써 지역의 평화와 안정에 역행할 개연성이 매우 크다.

Ⅲ. 지정학 게임의 추진과 장애들

아베 내각은 앞서 언급한 바와 같이 자국이 펼치는 지정학 게임의 핵심 대상(또는 가상적국)을 중국으로 설정했다. 내각 출범 직전 일본 민주당 정권과 중국 사이에는 센카쿠열도/댜오위다오 영유권 문제(2010년 및 2012년)를 둘러싸고 긴장이 고조되고 있었다. 게다가 시진핑 지도부와 아베 내각이 들어선 이후 양국 정상이 주도하는 치킨게임은 한층 가열되기 시작했

---

8) 브레진스키 (2010).

다. 일본이 실효 지배 중인 센카쿠열도/댜오위댜오에 대한 중국 측의 점증하는 물리적 압력은 동 열도는 물론 대만 주변부터 오키나와로 길게 이어지는 서남방면의 영토·영공·영해 방어에 대한 일본 측의 위기의식을 고조시켰다. 영유권 문제가 진행되는 와중에 아베 내각의 역사 수정주의적 행보로 인해 중국 및 한국과의 관계도 악화일로를 치달았다. 이 와중에 한국 박근혜 정부와 시진핑 지도부 사이의 대일 과거사 연대가 형성되었다. 동북아에서 일본의 외교적 고립이 두드러지는 상황이었다. 이러한 중국의 영유권 관련 압력, 동중국해 및 남중국해에서의 영향력 신장, 과거사 문제에 관련한 반일적 행보, 한국과의 관계 악화, 그리고 그에 더하여 미국과 일본을 중심으로 한 동아시아 국제질서의 유지·강화 욕구 등은 아베 내각으로 하여금 중국을 지정학 게임의 가상적으로 설정하게 한 주된 배경으로 작용한 것으로 보인다.

이 과정에 일본 대외전략의 중국화, 중국 정책의 군사화·안보화가 급속하게 진전되었다. 전반적인 대외정책이 중국 정책에 수렴되고 경제·인적 교류 등 제반 분야가 군사·안보 분야에 종속되기 시작했다는 것을 의미한다. 다시 말하면 아베 내각이 모든 대외정책 역량을 중국 문제에 집중하게 된 것이다. 그리고 그 주된 방책은 내적 균형internal balancing 및 외적 균형external balancing 강화였다. 전자에 관해서는 국내 반대파 세력(자민당 보수본류와 야당의 친중파 세력, 비둘기파라고도 함)이 약화된 상황에서 '중국 억지'라는 슬로건을 전면에 내걸면서 전후 안전보장 체제의 대전환을 도모했다. 2013년에서 2015년까지 서남방면 도서 지역 방어를 위한 방위력 증강을 정력적으로 추진함은 물론 패전 후 최초의 국가안전보장회의NSC 설치, 중국을 상당히 의식한 국가안전보장전략의 책정, 일본의 군사적 역할 확대와 미일동맹의 일체화를 지향한 안보법제 성립, 특히 집단적 자위권 행사 허용 등이 그것이었다. 그 외에 군사비 지출 증가, 무기기술 수출 확대 등도 꾀해졌다. 역대 보수우파 내각 가운데 이처럼 짧은 시기에, 그 것도 전면적으로 안전보장 정책을 변경한 것은 아베 내각이 유일무이하다.

한편, 외적 균형에서는 미일동맹 강화를 통해 중국에 대항한다는 고이즈미 준이치로小泉純一郎 내각의 외교기조를 한층 더 심화시켰다. 대미일변도 노선을 통해 '미국·일본 대對 중국' 구도를 형성하려는 시도였다. 센카쿠열도/댜오위다오에 대한 미국의 방어 공약을 확보하면서 아시아재균형 전략 및 환태평양경제동반자협정TPP을 양대 축으로 하는 미국 버락 오바마Barack Obama 정권의 아시아 전략을 적극적으로 수용했다. 그에 더하여 아베 내각이 오바마 정권의 재균형 전략에 호응하여 중국 견제를 목표로 하는 한국-미국-일본, 미국-일본-호주, 미국-일본-인도 3자 간 안보협력은 물론 미국-일본-인도-호주로 이어지는 4자 간 안보협력에 공을 들이기 시작한 점은 특기할만하다. 4자 간 협력의 틀은 2007년 제기한 바 있는 '자유와 번영의 호' 구상을 계승하여 중국을 둘러싼 연안부 지역에서 이른바 '아시아 민주주의 호'Asian Arc of Democracy를 구축하려는 구상에 따른 것이었다. 이는 일본이 대중 포위망 구축에 선봉장으로 나서는 것을 의미했다. 그리고 이 구상은 2017년 '자유롭고 열린 인도·태평양'FOIP 전략으로 공식화되었다. 이러한 행보는 러일전쟁 전후 당시 패권국인 영국과 동맹을 맺어 러시아의 남하를 저지하고, 그 후 중국 분할을 둘러싸고 열강들과 숨이 가쁘게 합종연횡을 펼친 일본의 전략적 행보를 떠올리게 한다.

이 시기의 전개를 대략 정리해 보면 다음과 같다. 첫째, 아베 지정학의 최대 장애물로 등장한 것은 한·중 양국의 대일 과거사 연대였다. 사실 오바마 정권과 아베 내각은 군사정보보호협정GSOMIA 등을 통해 한국·미국·

일본 사이의 약한 고리인 한국·일본 간 안보협력을 제도화하고 이로써 북한은 물론 중국에 대응한다는 복안을 갖고 있었다. 하지만 한일 간 과거사(위안부) 문제는 결과적으로 이러한 복안을 좌절시켰다. 그 결과 아베 내각은 초기에 역점을 두었던 한미일 안보협력 강화를 이후로 미룰 수밖에 없었다. 둘째, 그 후 아베 내각은 한중 과거사 연대에 대항하여 '미·일 대 한·중' 구도를 강조하기 시작했다. 안보에 중점을 둔 미일동맹을 강화하여 중국에 대응하면서, 한·미·일 관계의 틀에서는 한국의 고립방치을 추진하여 압력을 가하는 방식이었다. 이 와중에 아베 내각은 미 오바마 정권의 압력 등을 배경으로 기존의 역사 수정주의적 입장에서 일보 후퇴하여 2015년 8월 아베 담화를 발표하고 12월에는 한·일 일본군위안부 합의를 이루었다. 위안부 문제라는 장애가 일단 해소되자 박근혜 정부와 아베 내각은 2016년 11월 GSOMIA에 서명했다. 한중 양국의 대일 과거사 연대가 그 동력 상실했음은 물론이었다. 셋째, 아베 내각은 '인도·태평양 전략 개념을 미국은 물론 인도 등에게 적극 홍보, 확산시키고자 했다. 사실 오바마 정권이 중국 견제를 목표로 한 아시아재균형 전략을 표방한 데에는 아베 정권이 끈질기게 중국 위협을 부각하면서 공동대응의 필요성을 강조한 공도 적지 않았던 것으로 보인다. 아베 정권은 트럼프 정권에 대해서도 유사하게 대응했다. 미국 도널드 트럼프Donald Trump 정권이 결국 FOIP 개념을 수용하고 미 국방성도 '인도·태평양전략서'을 간행한 것은 크나큰 성과였다.9) 다만 인도, 호주, 아세안 각국의 경우 중국을 대상으로 한 노골적인 안보협력에 거부감을 표명하면서 미온적 자세를 보인 점은 한계였다.

---

9) 미일 양국의 대중 강경파 세력 간의 제휴관계 또는 공동보조에 대해서는 좀 더 본격적인 연구가 필요한 시점이다. 이들은 대북 압박 정책에 있어서도 서로 긴밀하게 소통·공명하고 있는 것으로 보인다.

Ⅳ. 지경학 게임으로의 전환?

아베 내각이 펼치고자 하는 지정학 게임에 결정적인 타격을 안겨준 것은 도널드 정권의 동맹정책 및 경제정책이었다.[10] 특히, 트럼프 정권의 일방적인 TPP 탈퇴와 미일동맹에 대한 경시, 즉 동맹관계를 전혀 고려하지 않는 듯한 대일 통상 압박은 아베 내각이 무엇보다 역점을 두어온 안보적, 경제적 대미일변도 노선에 크나큰 충격을 주었다. 그와 동시에 일본 내부에서는 이른바 '트럼프 리스크'가 널리 인구에 회자되기 시작했다. 트럼프 대통령이 개시한 무역전쟁은 우선 중국을 표적으로 삼고 있으나 그 다음은 일본이 표적이 될 것이라는 전망이 공공연하게 나오기 시작했다. 한국 문재인 정부에게 하는 것처럼 무역문제를 안전보장 문제와 연계하여 주일미군 경비를 전액 부담시키려 할 것은 명약관화했다.[11] 게다가 트럼프 정권의 보호무역주의는 아베 정권이 무엇보다 공을 들여온 아베노믹스는 물론 일본 측이 사활적으로 간주하는 자유무역질서에 중대한 도전이 될 것이라는 우려도 적지 않았다.

따라서 트럼프 정권이 출범한 지 채 1년도 지나지 않은 2017년 후반 중·일 양국이 서로 접근하기 시작한 것은 의미심장한 움직임이었다. 아베 내각은 중국포위망을 염두에 두고 열심히 제창해온 FOIP가 이번에는 중국의 일대일로 구상과 상호보완적일 수 있다고 언급하기 시작했다. 그동안의 입장이 180도 바뀐 것이다. 이어 중일 양국은 2018년 5월 리커창李克强 총리의 방일, 그리고 같은 해 10월 수상으로서는 8년 만에 아베 자신이 중

---

10) Seung-won Suh and Nameun Kim, "Facing China Equally and Differently: A Comparative Study of South Korean and Japanese Policy Behaviors", (forthcoming).

11) 水本達也, "2019年の大きな火種, 'トランプ・リスク'は日本も標的?"『Japan Forbes』, 2019.1.7.

국을 방문했다. 이어진 정상회담에서 시진핑 주석과 아베 수상이 합의한 것은 다음 '3가지 원칙'이었다: ① 경쟁에서 협력으로; ② 위협이 아닌 파트너 관계 구축; ③ 자유롭고 공정한 무역 질서 발전.[12] 이 자리에서 시진핑 주석은 "일대일로를 함께 건설하는 것은 중일 협력의 새로운 플랫폼이 될 것이다. (…) 함께 다국 간 주의를 지키고 자유무역을 견지하며 개방적인 세계경제를 추진해야 한다"고 발언했고, 한편 아베 수상은 "(중국의 구상이) 개방성과 투명성이라는 국제사회 공통의 생각을 받아들이기를 희망한다. (…) 대항 조치의 응수는 누구의 이익도 되지 않는다. 미중 양국이 대화를 통해 마찰을 해소해야 한다"고 언급했다. 트럼프 리스크를 배경으로 5년 이상 계속되어 온 시진핑 지도부와 아베 내각 사이의 대립과 알력 상황이 일단 개선 국면으로 전환된 셈이다.

아베 내각은 이 시점에 오바마 정권과 함께 추진했던 군사·안보(미일동맹)와 경제TPP라는 두 축으로 미일동맹을 강화시킨다는 기조를 사실상 폐기한 것으로 보인다. 다시 말하면 미일관계의 문맥에서 '정경일치'적 접근을 '정경분리'적인 것으로 변화시킨다는 전술적 판단을 내린 것이다. 이미 군사·안보적인 측면에서 트럼프 정권의 일본에 대한 방위 공약(영유권 유지 관련)을 확보한 상황이었고, 트럼프 정권은 지역 안보는 그다지 개의치 않으면서 경제적 이해관계만을 추구하는 듯한 모습을 보이며, 지역 각국의 호응도 신통치 않은 상황에서 중국포위망 구축은 이미 동력을 상실하고 있었다. 그렇다면 경제적으로 중국의 경제구상(일대일로, RCEP 등)에 부분적으로 동조함으로써 아베노믹스를 위한 대외적 환경을 개선해 나가고

---

12) 단, 이 '3원칙'은 아베 수상 측이 밝힌 것으로 중국 측이 이에 대해 명확하게 합의했다는 증거는 없다. 회담 중 사용된 용어는 '원칙'이 아닌 '희망'이었으며 이 희망에 대해 시진핑 주석이 특히 반대하지 않았다는 점을 들어 '확인'했다고 한다면 무리가 있다는 지적도 나온다. 遠藤譽, "安倍首相, 日中 '三原則' 発言のくい違いと中国側が公表した発言記録," 『ニューズウィーク日本版』, 2018.11.14.

그와 더불어 중일 양국이 공동보조를 취하는 모양새를 취함으로써 트럼프 정권에 대해 보호무역주의에 찬성하지 않으며 동맹을 중시해야 한다는 시그널을 보내는 것은 다소 위험부담이 따를지는 모르나 나름대로 합리적인 대처방안일 수 있었다.

그에 더하여 2017년 초 이래 한반도 정세의 급변은 아베 지정학에 또 하나의 중대 도전으로 등장했다. 남북 정상회담(판문점, 평양)을 필두로 수차례의 북중 정상회담, 그리고 북미 정상회담(싱가포르, 하노이)이 진행되는 가운데 일본외교는 이른바 '모기장 밖'의 상태에 처하게 되었다. 북한의 핵·미사일 개발 및 일본인 납치문제 등을 배경으로 아베 내각은 매우 강력한 대북 경제제재를 취하고 있었다. 일본 측의 입장에서 미국 측이 말하는 대북 정책 공조는 수사에 불과하다는 것이 드러났다. 참고로 트럼프 정권이 북미 정상회담과 관련하여 일본 측과 긴밀하게 협의한 흔적은 찾아볼 수 없다. 더욱이 문재인 대통령의 남북 정상회담 추진은 그렇다 하더라도 북미 정상회담은 트럼프 대통령 자신이 일본 측이 그토록 강조해 온 한미일 대북 압박 공조체제를 실질적으로 와해시키는 행동이었다. 이러한 남북화해 프로세스는 장기적으로 일본에 있는 유엔군후방사령부를 비롯해 한반도 급변 사태 등을 상정해 그동안 마련해온 일본 안보체제의 근간까지 뒤흔들 가능성도 있었다.

이러한 와중에 한국과의 외교적 마찰은 갈수록 심각해져 갔다. 그간 이질적인 정치체제를 강조하며 북한 및 중국을 타자화/악마화해 온 아베 내각은 문재인 정부 출범 직후부터 '친북·친중·반일·반미' 프레임을 강조해 왔다. 보수우파의 국가정체성 인식, 그리고 한국 정부를 비난함으로써 국내정치적 지지를 얻으려는 의도도 작용했다. 이 와중에 아베 내각은 한국

대법원 강제징용 판결에 대응하여 수출규제 및 화이트리스트 제외 조치를 단행했고, 문재인 정부는 GSOMIA 종료로 맞대응하면서 한일 양국은 극심한 대립 국면에 진입했다. 과거사 문제와 관련해 미국과 중국이 일본에 대해 압력을 가할 수 없을 것이며 한국 경제의 대일 기술/무역 의존도를 고려하면 경제적 압력으로 과거사 문제에 대한 양보를 얻어낼 수 있을 것이라는 판단(내지 오판)에 따른 것으로 보인다.

V. 아베 지정학의 중간 평가 및 전망

아베 지정학에 대한 필자의 평가 및 전망은 다음과 같다. 첫째, 아베 내각이 '미·일 vs. 중' 구도를 선호한 배경에는 러일전쟁 당시와 같은 열강 지위를 되찾는다는 대국 지향적 의식이 존재했다. 그러나 미중 간 대립을 조장하여 자국의 전략적 입지를 격상시키려는 시도는 뜻하지 않게 미 트럼프 정권의 등장으로 동력을 상실했으며 미일관계가 미중관계의 하위변수임을 다시 한 번 절감했다. 애초에 군사력 행사에 제약이 있으며 독자적인 세계전략을 전개할 수 없는 상황에서 본격적인 지정학 게임을 펼치는 것은 논리적으로도 불가능한 것이었다. 이러한 상황에서 아베 내각은 경제 분야를 중심으로 중일관계를 개선함으로써 미중일 3자 간 관계에서 자국의 상대적 열세를 극복하고자 한다.

둘째, 군사·안보적으로 해양·민주주의 국가들을 아우르는 형태로 중국을 에워싼다는 구상은 그간의 노력에 비하면 이렇다 할만한 성과가 없었다. 미중 간 경쟁이 앞으로도 군사 분야가 아닌 경제 분야를 축으로 진행된다면 아베 지정학은 존재 그 자체가 부정될 수밖에 없다. 트럼프 정권의 미국 우선주의는 아베노믹스에 대해서도 이미 상당한 압력으로 작용하고 있다. 이에 아베 내각은 아베노믹스의 대외적 활로를 개척하기 위해 중국의 지역구상에 공동으로 참여할 의사를 표명했다. 하지만 중국의 리더십을 수용하는 것은 일본 측의 정서상 결코 용이하지 않을 것이다. 게다가 트럼프 대통령의 TPP 탈퇴 후 일본이 떠안은 '포괄적 점진적 환태평양경제동반자협정'CPTPP과 중국 주도의 '역내포괄적 경제동반자협정RCEP 간의 관계를 조정해야 하는 쉽지 않은 과제도 남겨졌다.

셋째, 아베 지정학과 아베노믹스는 국내정치적 지지 조달에 상당히 유효했다. 주변국에 대해, 특히 과거사 문제와 군비 문제에 대해 비타협적이고 단호한 자세를 취함으로써 국내의 내셔널리즘 충동과 대량의 통화 공급, 엔화 평가 절차, 재정 확대 등으로 유권자들을 만족시키는 방식이었다. 하지만 이 두 가지 방식은 점차 한계를 드러내고 있다. 우선 이노구치가 지적한 한국과 중국에 대한 원교근공 어프로치가 성과를 거두기 위해서는 미국의 절대적인 지지가 불가결하다. 트럼프 정권의 대중정책은 FOIP보다는 경제에 초점을 맞추고 있으며, 수출규제와 GSOMIA 종료라는 한일 간 갈등에 대해서도 어느 한쪽만을 일방적으로 편들지 않았다. 아베노믹스의 경우 적어도 1-2년 전부터 실패했다는 평가가 나오기 시작했으며 2020년 여름 도쿄올림픽이 끝나면 일본경제는 심각한 위기에 처하게 될 것이라는 견해가 무성하다.

이상은 일본의 앞으로의 전략적 선택이 지금과는 전혀 다른 것이 될 수 있음을 시사해 준다. 케네스 파일K. Pyle은 역사적 시점에서 볼 때 중대한 국제질서 변동기에 일본은 초기에는 완고하게 기존 질서 유지에 집착하다가 특정 시점에 이르면ㅡ 공기空氣=대세가 바뀌었다고 인식하거나 오판하

면－자신의 지정학적 입지를 극단적으로 바꾸는 경향이 있다고 지적한
다.[13] 즉, 보수 집권세력이 실용주의적이고 비교조주의적인 상황적응 방
식을 취한다는 것이다. 돌이켜보면 전전/전시 일본은 변화무쌍하게 제휴·
동맹 파트너를 바꾸면서 실리를 취하고자 했었다. 1960년대 후반 중국의
유엔 가입 문제에 대해서도 강력하게 반대하다가 미국 닉슨 대통령이 방
중한 이후에는 미국에 앞서 중일 수교를 단행하기도 했다. 참고로 유엔
가입에 반대했던 당시 사토 에이사쿠 수상은 현 아베 수상의 외조부인 기
시 노브스케 전 수상의 동생이다. 이를 고려하면 장래 어느 시점에 한국
이 아닌 일본이 중국에 먼저 편승할지도 모를 일이다.

　여하튼 일본이 우리와 함께 미중 간 지정학적 경쟁을 완화하기 위해 중
견국 외교를 펼치는 것이 무엇보다 바람직하다. 냉전 시기 일본은 요즘
우리가 그러한 것처럼 미국과 중국 사이의 중재자가 되고자 했었고, 대륙
과 해양을 잇는 가교국가가 되고자 했으며, 선진국과 개발도상국 사이의
중개자가 되고자 했었다. 중견국 외교의 축적을 보유하고 있는 셈이다.
과거사 문제 해결이라는 난제는 여전히 존재하나 한일 양국의 공통된 중
견국 외교는 신남방 정책과 더불어 우리의 지정학적 딜레마(분단과 미중 각
축)를 완화하는 하나의 처방전이 될 수 있다.

---

13) Kenneth B. Pyle, "Japan's Return to Great Power Politics: Abe's Restoration," *Asia Policy* 13-2
(April, 2018), pp. 69-90.

Ⅱ 전환기 동북아 정세와 한중관계

협력과 갈등의 기로에 선 한중관계

이민규(李啟窺)*

I. 서론

1992년 수교 이래 한중 양국은 상이한 정치·안보 체제에도 불구하고 단기간에 1일 생활권과 경제적 상호의존 관계를 형성하였다. 한국은 한미동맹을 근간으로 하는 안보정책을 유지하고 있음에도 불구하고 중국의 부상에 대해 '균형'balancing이 아닌 '헤징'hedging 전략을 채택하였다.[1] 중국 역시 북중동맹이 존재하는 상황에서도 적극적인 '동반자관계'伙伴关系 외교를 통해 한국과의 경제사회적 관계를 강화시켜왔다. 이는 구조적 원인(역사적·지정학적 특징), 기능적 동인(경제협력), 환경변수(미국과 북한요인) 등이 복합적으로 작용한 결과이다.[2] 즉, 한중 양국의 중·단기적 경제외교와 중·장기적 주변국 안보외교의 목적이 서로 부합한 결과라고 할 수 있다.[3]

---

* 서울연구원 연구위원

1) Jae Ho Chung, "East Asia Responds to the Rise of China: Patterns and Variations", *Pacific Affairs* 82-4 (Whinter, 2009/2010), p. 672.

2) 이동률, '정치외교', 성균중국연구소 엮음, 『한중수교 25년사』 (서울: 성균관대학교출판부, 2017), p. 34.

하지만, 지난 27년 한중관계를 관통하고 있는 '구동존이'求同存异 사고로 인해 '양적'인 발전에 비해 관계 내실화가 정착되지 않았다는 비판이 지속적으로 제기되고 있다. 문제는 세력전이로 대변되는 미중 간 전략적 경쟁과 북핵 문제 등 외부 구조의 변화와 변수로 인해 더욱 취약한 관계로 변화다고 있다는 것이다.[4] 특히, 미중 사이에서 선택을 강요받는 '전략적 딜레마'strategic dilemma 상황에 빠지는 등 미중관계의 종속변수화가 되고 있다는 우려의 목소리가 커지고 있다.[5]

본문은 이상의 문제의식에 기반 하여 지난 한중관계 27년을 비판적 시각으로 분석하고 단계별 발전 방향을 제시하고자 한다.

II. 한중관계 27년에 대한 비판적 평가

1. 양적 발전 속 실질적인 정치적 신뢰관계 형성 실패

지난 27년 한중관계는 비약적 발전을 이루었다. 수교 당시의 '우호협력 관계'友好合作关系는 김대중 정부 때의 '21세기를 향한 협력동반자 관계'面向21世纪的合作伙伴关系, 노무현 정부 때의 '전면적 협력 동반자 관계'全面合作伙伴关系를 거쳐 이명박 정부 때의 '전략적 협력 동반자 관계'战略合作伙

---

3) 수교 과정에서 나타난 한중 양국관계 발전 동인은 아래 저서 참고 바람. 정재호, 『중국의 부상과 한반도의 미래』(서울: 서울대학교출판문화원, 2011), pp. 148-168.

4) 미중 간 전략적 경쟁이 심화되고 있다는 주장이 지속적으로 제기되고 있다. 하지만, 중국이 세계 2차 대전 이후 미국을 중심으로 구축된 '민주-자본주의' 국제질서의 최대 수혜자라는 점, 미중 양국 모두 핵을 보유하고 있다는 점, 그리고 평화적 세력전이도 가능하다는 역사적 경험 등을 감안하였을 때, 비판적 평가와 부정적 전망만을 할 수는 없다. 이런 차원에서 다양한 형태의 세력전이와 이를 기반으로 한 미중관계 속성을 분석하는 것이 우선되어야 한다. 본문에서는 미중관계의 '부정적' 시나리오를 감안하였음을 특별히 밝힌다.

5) Jae Ho Chung, "South Korea Between Eagle and Dragon", *Asian Survey* 41-5 (September/October 2001), pp. 777-796.

伴矢系로 단계적이자 급속하게 발전하였다.

이 기간 양국 간 교역 규모는 1992년 약64억 달러에서 2019년 8월 약 2,686억 달러로 약 42배 증가하였다.[6] 인적 교류 역시 급속히 증가하였는데, 양국을 방문하는 관광객 수는 1994년 약37만 명에서 2016년 약1,284만 명으로 약35배 늘었다.[7] 이뿐만 아니라 양국 정부 간 인적교류도 활발히 이루어졌다. 주중한국대사관 자료에 의하면, 12회 국빈(실무 포함) 방문을 포함한 총45회 양자 혹은 다자 정상회담이 이루어졌다. 총리 이상 급 같은 경우도 총39회나 이루어지는 등 양국 고위층 간 회담도 지속적으로 개최되었다. 의원외교라고 할 수 있는 양국 의회 및 정당 간 교류 역시 총 137회나 이루어졌다.[8] 한중 양국 정치인 간 교류 증가는 지방정부 층위에서도 확인할 수 있다. 2019년 8월 기준 한중 양국 지방도시 간 체결된 자매 혹은 우호도시 결연이 총641개에 달했다.[9] 신외교new diplomacy의 흐름 속에서 도시외교가 다자네트워크 중심으로 바뀌고 있는 와중에서도 양자 교류를 강화해 왔다고 할 수 있다. 한 가지 눈여겨 볼 부분은 군사 분야에서도 교류를 지속적으로 해왔다는 것이다. 1998년을 기점으로 지난 20년 동안 총51회의 공식적인 인적 교류가 있었던 것으로 나타난다.[10]

이상의 양적 발전 이면에는 경제적 상호의존 관계 형성을 통해 정치적 신뢰관계를 구축하겠다는 전략적 의도가 내포되어 있다. 전형적인 자유주의 접근법이라 할 수 있다. 하지만, 2010년부터 발생한 '천안함 침몰'과 '연

6) 한국무역협회, https://www.kita.net/ (검색일: 2019.8.18.)

7) 한국관광공사, http://kto.visitkorea.or.kr/kor.kto (검색일: 2019.8.18.)

8) 주 중국 대한민국대사관, http://overseas.mofa.go.kr/cn-ko/index.do (검색일: 2019.8.18.)

9) 대한민국시도지사협의회, https://www.gaok.or.kr/gaok/main/main.do (검색일: 2019.8.18.)

10) 주 중국 대한민국대사관, http://overseas.mofa.go.kr/cn-ko/index.do (검색일: 2019.8.18.)

평도 폭격 사건', '4차 북핵 실험과 한중 정상간 핫라인 불발', '사드배치와 경제보복' 등 외교·안보 이슈에서 알 수 있듯이 한중 양국은 양적인 변화에 비해 관계의 내실화를 이루지 못하였다. '구동존이' 전략의 '늪'에 빠져 있음을 확인할 수 있다. 한국의 관점에서 이상의 이슈들은 중국에 대해 혹은 한중관계에 대한 '희망적 사고'wishful thinking를 단계적으로 깨트린 사건들이었다. 우선, 2010년 천안함 침몰과 연평도 폭격 사건은 중국의 전향적인 역할에 대한 기대가 무너진 '실망감'을 안겨 준 이슈였다.[11] 2016년 '4차 북핵 실험과 한중 정상간 핫라인 불발' 같은 경우는 북핵 이슈에 대한 양국의 전략적 입장 차이의 크기를 확인할 수 있었던 사건이었다. 특히, 양자적 측면에서 북핵문제는 양국이 경제협력 못지않게 노력을 기울였던 이슈라는 점에서 양자관계에 끼친 부정적 영향은 적지 않았다. 다자적 측면에서는 시진핑习近平 중국 국가주석과의 핫라인이 불통이었던 것에 반해 버락 오바마Barack Obama 미국 대통령과 20여 분간, 아베 신조あべしんぞう 일본 총리와는 15분간 전화 통화를 했다는 점에서 북방 삼각과 남방 삼각 간의 대립구조의 그림자가 여전히 짙게 드리워져 있다는 것을 확인할 수 있었다. 이상의 두 사건이 양자관계에 대한 기대를 무너트렸다면, 사드배치 이슈는 미중 간 세력전이 경쟁과 한국의 전략적 딜레마에 대한 '우려가 현실'이 된 사건이다. 미중 간 세력전이라는 구조적 변화의 영향을 무시할 수 없지만, 2016년 7월 사드배치 공식 발표가 있은 이후 2017년 2월 일부 소통 경로가 재개통되기 전까지 양국 정부 간 대부분의 공식채널이 닫혔다는 점에서 한중관계의 '민낯'이 그대로 나타났다. 한국 외교부가 한중

---

11) Sukhee Han, "South Korea seeks to balance relations with China and the United States", https://www.cfr.org/report/ south-korea-seeks-balance-relations-china-and-united-states. (검색일: 2019.10.16.)

수교 25년의 과정과 성과 중 하나로 '정치적 신뢰관계 강화 및 전략적 협력 동반자 관계 내실화 노력'을 꼽은 것을 단순한 외교적 수사rhetorics로 치부할 수밖에 없을 정도로 양국관계의 실상이 들어난 것이다.[12] 즉, 교류의 양적 팽창과 이로 인한 기대감에 비해 깊이 있는 정치적 신뢰관계를 형성시키지 못한 결과이다.

2. '달라이 라마 효과' 현실화

경제협력은 한중관계 27년을 관통하는 가장 중요한 연결고리이다. 냉전 시기의 적대 관계를 청산하고 수교를 맺게 된 핵심이유이자 양국의 외교·안보 전략의 조정과 변화를 기대케 했던 요소이다. 수교 당시 한국은 대만과의 단교를 중국은 북한과의 관계 악화를 감수하면서까지 수교를 했던 표면적 이유 중 하나이다.[13] 당시 중국은 1989년 천안문 사태의 여파에서 벗어나 '남순강화'南巡讲话로 대변되는 지속가능한 개혁개방정책 추진이 필요했고, 한국은 '북방정책'과 함께 노동집약적 수출산업의 적극적인 해외이전이 필요했던 시기였다.

양국의 필요가 직접적으로 맞아떨어졌던 경제 분야 협력은 결과적으로 10여 년의 기반 구축 노력을 통해 실질적인 제도적 협력구조가 구축되었다. 2014년 5월 17일 한중일 투자보장협정BIT이 발효되었고, 2014년 원-위안 직거래 시스템이 구축되었다. 특히, 2015년에 타결 및 공식 발효된 한중 FTA와 그 해 3월 한국의 아시아인프라투자은행AIIB 참여는 단순한 경

12) 이민규, "한·중 '원칙 없는 주고 받기' 안 통한다", 『중앙 SUNDAY』, 2017.6.4. https://news.joins.com/article/21635468 (검색일: 2019.10.16.)

13) 정재호, 『중국의 부상과 한반도의 미래』 (서울: 서울대학교출판문화원, 2011), pp. 135-138, 177-181, 212-216.

제협력을 넘어 양국의 전략적 관계 변화를 의미한다.[14]

　이러한 경제적 상호의존 관계 강화는 한중 양국 간 갈등과 분쟁이 발생하였을 때 관계 개선을 위한 방안이자 출구로 제시되어 왔다. 민감한 외교안보 현안을 전략적으로 회피한 '구동존이' 접근법 역시 이러한 사고의 발현이다. 하지만, 2016년 발생한 사드배치 이슈와 이에 대한 대응으로 중국이 한국에 경제보복을 가하면서 '구동'이 '존이'를 제어할 수 없다는 비판이 현실이 되었다. 〈표 1〉에서 알 수 있듯이 최근 10년 특정한 정치·외교적 목적 달성을 위해 경제력을 도구화하는 정책이 경제적 상호의존도가 높은 한중관계에도 적용이 된 것이다.[15]

〈표 1〉 최근 10년 중국의 대표적인 경제보복 사례

연도	대상국	OECD 회원국	이슈	이슈 성질	대응 수위
2008년	프랑스	O	달라이 라마 회견	연성	정치, 경제
2010년	일본	O	센카쿠 열도 해역 중국어선 나포	강성	무력과시
2010년	노르웨이	O	류샤오보 노벨 평화상 수상자 선정	연성	정치, 경제
2012년	일본	O	일본의 센카쿠 열도 국유화	강성	무력과시
2016년	대만	×	차이잉원 총통 당선	연성	정치, 경제
2016년	몽골	×	달라이 라마 회견	연성	정치, 경제
2016년	필리핀	×	남중국해 영토분쟁	강성	무력과시
2017년	한국	O	사드배치	강성	정치, 경제

주: 저자 작성

---

14) 지만수, "경제협력", 성균중국연구소 엮음, 『한중수교 25년사』 (서울: 성균관대학교출판부, 2017), pp. 106-111.

15) 한국무역협회에서 발표한 2017년과 2018년 한중 간 교역 규모를 살펴보면, 한국의 대중 수출과 수입은 오히려 전년 대비 각각 14.2%/14.1%와 12.5%/8.8% 증가한 것을 나타난다. 이는 경제보복의 방점이 정치적 목적이지 경제적 타격이 아니라는 점을 의미한다.

중국은 경제보복의 효과를 극대화하기 위해 양국 경제협력의 큰 틀을 훼손시키지 않는 범위 내에서 심리적 타격을 줄 수 있는 분야에 경제적 조치를 취하였다. 한국산 제품에 대한 통관, 위생검사 등 비관세장벽 non-tariff measure 강화, 관광 상품 판매 중단과 비자발급 지연, 중국 진출 한국기업을 대상으로 노동·환경·조세 표적 단속 등을 가한 것으로 예상된 다.[16] 한 가지 짚고 넘어갈 부분은 지난 27년 한중관계 발전의 직접적인 견인 역할을 했던 대표적인 인적 교류 산업인 관광업이 직격탄을 받았다 는 점이다.[17] 한국관광공사의 관련 조사에 의하면, 2017년 한해 한국을 방문한 중국인 관광객 수는 3,998,771명으로 전년도 대비 -48.4%의 증감률을 보였다. 그 중 단체여행 비중이 6.9%로 2015년의 40.9%에 비해 급감한 것 으로 나타났다.[18]

결론적으로 경제적 상호의존 관계 형성을 통해 정치적 신뢰관계를 구 축하겠다는 '이상주의'적 접근법은 중국의 급속한 경제성장과 이의 도구 화로 그 대가가 점점 커지고 있다. 다르게 표현하면, 양국 간 정치·안보 분야 이슈가 발생했을 때 해결 방법으로 경제협력을 강화시키자는 주장이 더 이상 현실성이 없게 된 것이다.

3. '문화적 동질성' 갈등요인으로 등장

사회문화 교류 역시 경제협력 못지않게 한중관계 발전에 결정적 역할 을 한 분야이다. 정치적으로 덜 민감하고 직접적인 인적교류를 할 수 있

---

16) 최지영·김흥규, "사드 도입논쟁과 중국의 對韓 경제보복 가능성 검토", 『China Watching』 제14호 (2016년 4월), pp. 2-3. 본 보고서에서는 예상으로 표현했지만 실제 이상의 내용을 포함한 다양한 영 역에서 경제보복을 가한 것으로 나타난다.

17) 전해영, "사드 갈등 장기화에 따른 국내 관광산업 손실규모 추정", 『현안과 과제』 제17권 22호 (2017).

18) 한국관광공사, http://kto.visitkorea.or.kr/kor.kto (검색일: 2019.10.16)

다는 점이 크게 작용하였다. 이와 함께 한중 양국 모두 공공외교를 정부 차원에서 전략적으로 추진하면서 자원과 플랫폼이 확보된 것 역시 적지 않은 영향을 끼쳤다.

〈표 2〉 한중 간 대표적인 사회문화 갈등 사례

일시	갈등 사례
2004년	· 동북공정
2005년	· 강릉 단오제 유네스코 등재
2006년	· 동북공정
2007년	· (창춘 동계아시안게임 시상식) 한국 여자 쇼트트랙 선수들의 '백두산은 우리땅' 퍼포먼스
2008년	· 공자 한국인 설 설전 · 베이징올림픽 성화봉송 폭력 사태 · SBS 베이징 올림픽 개막식 리허설 사전 보도
2010년	· 첨단 정보기기 한글 자판 국제표준화 논란
2011년	· 아리랑 중국 국가무형문화 유산 등재
2016년	· 대만출신 아이돌 가수의 '청천일백기' 사건 · KBS 드라마 '무림학교'에서 인민폐 소각 장면

주: 임대근, "대중문화", 성균중국연구소 엮음, 『한중수교 25년사』 (서울: 성균관대학교출판부, 2017), pp. 131-133 재정리.

2014년 11월 세계 최초로 공자학원이 서울에 설립되었고 2019년 10월 기준 총 23개의 학원学院과 5개의 교실课堂이 운영 중에 있다.[19] 유학생 같은 경우는 재중 한국인 유학생이 2003년 18,267명에서 2017년 73,240명 규모로, 재한 중국인 유학생은 2003년 8,904명에서 2018년 68,537명 규모로 각각 약 4배와 8배 증가하였다.[20] 유학생 규모만큼 중요한 사회문화 교류

---

19) 孔子学院总部, http://www.hanban.org/ (검색일: 2019.10.17)

20) 국가통계포털, http://kosis.kr/index/index.do (검색일: 2019.8.17)

지표가 되는 입국자관광객 역시 큰 규모로 증가하였음을 확인할 수 있다. 1992년 수교 당시 방한 중국인이 86,865명이었던 것에 비해 2016년 8,067,722명으로 약 93배로 증가하였다. 방중 한국인 역시 1994년의 233,675명에서 2016년 4,775,000명으로 약 20배 증가하였다. 한국 내 '중국어 학습 열풍'汉语热과 중국 내 '한류'韩流로 표현되는 양국 간 사회문화 교류가 엄청난 규모로 확대되었음을 알 수 있고, 서로에 대한 이미지 개선에 긍정적 영향을 끼쳤음을 관련 연구에서도 확인할 수 있다.[21]

하지만, 한중 양국 국민들의 강한 민족주의 정서로 인해 역사와 문화적 동질성이 협력의 촉매제가 아닌 갈등의 요소로 등장하고 있다. 양국 간 긍정적 이미지 못지않게 고대부터 냉전시기까지 형성된 서로에 대한 부정적 이미지를 동시에 그리고 실질적으로 상쇄시켜야 하는 점을 간과한 것이다. 중국인이 가지고 있는 고대 중화질서 자부심과 '백년굴치'百年国耻로까지 묘사되는 근대 역사가 남긴 수치심 그리고 개혁개방 이후 급속한 경제성장이 탄생시킨 부활에 대한 자신감이 혼합되어 형성된 민족주의 정서와 그 여파의 영향은 크다. 한국 역시 산업화와 민주화 성과를 토대로 한 상대적 우월감이 무시할 수 없는 수준이다. 즉, 이렇게 강한 민족주의 정서를 발현하고 있는 양국 국민들은 자연적으로 비슷함에서 다름을 찾고자 할 것이고, 이러한 사고는 양국관계 발전에 걸림돌이 되고 있다. 〈표 2〉에서 알 수 있듯이 2004년 동북공정을 시작으로 거의 매년 역사와 문화 문제를 둘러싸고 갈등이 발생하고 있다.

이는 아시아 패러독스the Asian Paradox로 일컬어질 만큼 한중 양국만의

21) Min-gyu Lee, Yufan Hao, "China's Unsuccessful Charm Offensive: How South Koreans have Viewed the Rise of China Over the Past Decade", *Journal of Contemporary China* 27-114, pp. 874-876.

사안은 아니다. 문제는 경제협력 논리처럼 한중 양국 간 외교·안보 분야 문제가 발생하였을 때, 사회문화 교류·협력을 강화하자는 주장이 더 이상 해결 방안이 될 수 없다는 것이다. 역으로 사회문화적 갈등이 외교·안보 분야의 분쟁을 가열시킬 수 있음을 우려하게 되었다.

Ⅲ. 한중관계 단계별 발전 방향

지난 27년을 비판적인 사고로 평가해 보면 '부실한' 한중관계에 대한 경고는 지속적으로 있어왔고, 2010년 전후부터 논란을 일으킬만한 사건들도 끊임없이 발생하였다. 기간이 짧았던 만큼 문제가 있는 것을 당연하다 할 수 있다. 심지어 이상적인 국가 간 관계를 요구할 수도 없다. 문제는 2000년대 이후 발생한 모든 분야의 문제들이 미해결상태로 남아있다는 것이다. 더 큰 문제는 대부분이 중국의 부상 혹은 미중관계와 연관된 전략적·이념적·감정적 문제들로 향후 재발 및 새로운 문제로 변질되어 더 큰 갈등을 불러일으킬 수 있다는 점이다.[22] 중국은 시진핑 집권 시기에 들어 '중국의 꿈'中国梦으로 표현되는 중화민족의 위대한 부흥을 국가목표의 기치로 내걸고 있다. 미국에 '신형대국관계'新型大国关系 후에 '신형국제관계'를 요구함과 동시에 '아시아 운명공동체'를 강조하는 적극적인 주변국 외교를 통해 지역대국으로 확실히 자리매김하고자 하고 있다. 이 과정에서 후진타오 시기 제시된 '국가핵심이익'national core interests 개념을 더욱 공식화하면서 자국 중심의 대외관계 법칙을 만들고 있다. 미국 역시 도널드 트럼프Donald Trump 행정부가 들어선 이후 중국의 부상에 대해 '봉쇄·포

---

22) 서진영, "한중관계 20년: 회고와 전망-한국의 시각에서", 『국방정책연구』 제28집 1호 (2012), pp. 10-37.

용'congagement 전략 중 '봉쇄'containment 비중을 높이고 있다. 대만, 티베트, 신장, 홍콩 등 전통적 국가핵심이익 관련 이슈뿐만 아니라, 1979년 이후 우호적 양국관계의 기반이 되었던 경제 분야에서도 대결 구도를 형성하고 있다.23) 이러한, 외부 구조가 급변하는 상황에서 한중 양국은 갈등을 최소화하면서 정치적 신뢰관계를 구축하기 위해 다음과 같은 단계별 접근 방법을 고려할 필요가 있다.

첫째, 단기적으로 충돌 가능 이슈에 대한 위기관리crisis management 방안을 공동으로 마련하여 오해misunderstanding와 오지각misperception으로 인한 이슈화와 악화를 방지해야 한다. 앞서 살펴본 미해결 상태로 남아있는 이슈뿐만 아니라 발생 가능한 문제도 선정하여 위기관리 매뉴얼을 공동으로 마련해야 한다.

둘째, 중·단기적으로 선전이 아닌 진단에 기반 한 공공외교를 서로 추진한다. 즉, 자국의 우수한 점을 단순히 선전하는 것이 아니라 부정적 이미지는 상쇄하고 긍정적 이미지는 형성될 수 있도록 상대방이 '원하는 것'에 집중하도록 한다. 이 과정에서 상호이해 제고와 필요성을 명확히 인지토록 다양한 층위의 네트워크multi-layer network를 구축 및 활용할 필요가 있다.

셋째, 중·단기적으로 중앙정부-지방정부-민간 등 다양한 층위의 주체 간 교류의 기제화와 함께 층위 간 교류·협력이 상호 시너지 효과가 날 수 있도록 한다. 교류가 협력으로 이어지지 않으면 실질적인 정치적 신뢰관계 형성의 기본 조건이라 할 수 있는 '장기적 이익', '행위 규범', '정서적 유대감' 등을 기대할 수 없다. 이를 위해서는 플랫폼 형성이 그 무엇보다 중

---

23) 이민규, "중국의 국가핵심이익 시기별 외연 확대 특징과 구체적인 이슈", 『중소연구』 제41집 제1호 (2017), pp. 42-64.

요하며, 층위별 교류가 유기적으로 연결될 수 있도록 하여야 한다.

넷째, 중·장기적으로 '문제해결 중심'problem-oriented 관계로 발전하여 '구동화이'求同化異를 실현한다. '구동'이 '존이'문제를 해결해 줄 수 없다는 것은 지난 27년의 역사에서 확인되었다. 이를 실현시키기 위해서는 민감한 외교·안보 이슈를 전략적으로 회피해 온 사고방식의 전환이 우선적으로 필요하다. 이와 연관하여 분야와 상관없이 문제 그 자체를 해결하고자 하는 노력이 수반되어야 한다. 끝으로 이와 관련하여 한국은 'not making choices', 'the twin hedging policy', '전략적 우선순위 설정' 혹은 '연미통중'联美通中, '연미화중'联美和中, '연미연중'联美联中 등과 같은 전략적 방향의 공백을 채울 수 있는 구체적인 정책이 수립될 수 있도록 노력하여야 할 것이다. 작금의 한중관계는 하늘에 항공노선을 그려야 하는 상황이 아니라, 쌓이고 있는 장애물들을 힘겹게 하나씩 치워 나가야 할 때임을 명심해야 할 것이다.

한중관계의 새로운 모색

김한권(金漢權)*

I. 들어가며

최근의 한반도와 동북아 정세는 미·중 간 전략적 경쟁에 직접적이고 많은 영향을 받고 있다. 또한 한중관계가 2016년 7월 이후 급격히 냉각되고 지금까지도 완전히 회복되지 못하게 된 직접적인 원인이었던 한국 내 사드 배치 현안도 근본적으로 북한의 핵과 미사일 위협이 원인이 되었지만, 사실상 미·중 간 전략적 경쟁의 요인도 함께 연계되어 만들어낸 한·중 간은 물론 지역 내 갈등 중 하나의 대표적인 사례가 되었다.

따라서 만약 한국이 한중관계의 새로운 모색을 추구한다면 무엇보다도 한반도 및 동북아 정세를 주도하고 있는 미·중 간 전략적 경쟁의 본질을 이해하고, 나아가 추이를 분석하고 전망하는 것이 필요해 보인다. 즉, 이러한 이해와 분석이 바탕이 되어야만 능히 한중관계의 새로운 모색을 논

---

* 국립외교원 교수

할 수 있을 것이다. 또한 이러한 논의는 점차 치열해지는 미·중 간 전략적 경쟁과 2019년 2월 하노이 회담 이후 정체되어있는 북·미 핵협상을 생각해본다면 한국 외교에 많은 시사성을 가지고 있다.

II. 미·중 전략적 경쟁의 본질과 전망

현재의 미·중 간 전략적 경쟁의 본질은 국제사회의 패권적 리더십을 보유한 미국이 기존 국제사회의 규범과 질서 하에서 나타나는 중국과의 '불균등한 종합국력의 발전 속도'로 인해 점차 종합국력의 차이가 줄어들고 나아가 '추월overtake'의 우려까지 나타나자 이를 구조적, 제도적으로 해소하기 위한 對中정책의 실행 및 이에 대한 중국의 대응으로 나타나는 미·중 간 '규범과 질서의 경쟁'이다.[1]

미국이 주도한 규범과 질서의 경쟁은 트럼프 행정부 출범 이후 전방위적으로 중국에 대한 전략적 압박을 강화시켜왔다. 미·중 간 무역협상을 필두로 미국이 제시한 새로운 규범과 질서에 대해 '수용'과 '충돌' 사이에서 고민하던 중국은 미국에 대해 보복관세를 부과하는 등 강경 대응하며 물러서지 않는 모습을 보였다. 이로 인해 미·중 간의 전략적 경쟁은 점차 가열되어 강대국 간 패권 경쟁의 요소까지 내포하게 되자 국제사회의 관심과 함께 우려 또한 커지게 되었다.

미·중 전략적 경쟁 구도 하에서 미국이 실행할 수 있는 對中정책의 방향성은 첫째, 중국 부상의 구조적, 제도적 좌절 유도; 둘째, 중국 부상의

---

1) 이에 대한 자세한 논의는 김한권, "미·중 전략적 경쟁의 전망과 한국에 대한 함의", 『주요국제문제분석』 2019-22 (국립외교원 외교안보연구소, 2019. 8.) 참조.

속도 조절 및 지연; 셋째, 중국의 부상을 인정하고 이익을 공유 등 크게 세 가지로 구분될 수 있다. 현재 미국 내에서는 이러한 대중정책의 방향성에 대해 다양한 논쟁이 나타나고 있는 것이 사실이다. 대표적인 예로는 Taylor Fravel, Stapleton Roy, Michael Swaine, Susan Thornton, Ezra Vogel 등의 학자들이 美백악관, 의회, 정부관료 및 군부 내의 대중 강경론자들의 시각에 대한 비판과 우려를 트럼프 대통령과 의회로 보내는 공개적인 편지의 형식으로 언론에 공개한 "China is not an enemy"가 있다.[2] 하지만 트럼프 행정부는 중국 부상의 좌절 유도에 정책적 우선 목표를 두고 중국을 전략적으로 압박하고 있으며 향후로도 미국은 한동안 이를 지속적으로 추구할 것으로 전망된다.

이러한 미국의 정책적 방향성에 대응해 현재 중국이 실행할 수 있는 對美정책의 방향성은 크게 세 가지가 있다. 첫째, 장기적인 협력과 갈등의 관리; 둘째, 사실상 미국의 새로운 규범과 질서에 대한 요구를 전면적으로 수용하는 "제도적 협력"[3]; 셋째, 물러설 수 없는 미·중 간 패권 충돌 등으로 크게 구분될 수 있다. 현재 시진핑 지도부는 국내정치적인 요인 등의 이유로 인해 표면적으로는 미국의 압력에 대해 절대 물러서지 않는 강경 대응의 입장을 취하고 있다. 하지만 실질적으로는 시간은 '부상'하고 있는 중국의 편이라는 시각을 바탕으로 중국은 대미관계를 장기적인 접근으로 협력과 갈등의 관리를 추구하며 미국으로부터의 다양한 전략적 압박을 버티고 있다.

---

2) "China is not an enemy" *The Washington Post* (July 3, 2019)

3) 신종호, 정성윤, 김재철, 민병원, 임수호, 전재성, 정재관, 차창훈, "2030 미중관계 시나리오와 한반도" 통일연구원 KINU 연구총서 18-26, 2018. 저자들은 2030년의 미중관계를 전망하며 총 5가지의 유형(패권 경쟁, 전략적 갈등, 복합적 관계, 제도적 협력, 비패권 공존)을 제시하였으며, 그 중 "제도적 협력"의 용어를 인용하였음을 밝힙니다.

Ⅲ. 미·중 전략적 경쟁 하의 한중관계 주요 현안

미국과 '동맹'관계인 한국은 문재인 정부 출범 이후 남·북 간 대화와 교류의 강화를 중심으로 한반도 비핵화와 항구적인 평화를 안착시키기 위해 노력을 기울이고 있다. 이 과정에서 한국은 '전략적 협력 동반자 관계'인 중국과도 긴밀한 협력이 필수적이다. 하지만 미·중 간 전략적 경쟁이 점차 치열해지며 다양한 분야에서 갈등과 대립의 현안들이 터져 나오자 미·중 사이에서 조화로운 대미/대중 관계를 발전시킨다는 한국 대외정책은 많은 어려움에 봉착하게 되었다.

당분간 역내에서 갈등이 고조될 미·중 사이의 전략적 경쟁 구도를 감안한다면 한중관계는 다음 네 가지의 현안에 대한 양국의 결정이 많은 영향을 미칠 것으로 판단된다. 첫째, 남중국해에서의 미국 주도 다국적 '항행의 자유 작전FONOP'에 한국의 참여 여부이다. 2018년까지 미국은 단독적인 '항행의 자유 작전'을 실행했다. 하지만 2019년 들어와서는 점차 다국적인 작전으로 변화하기 시작했다. 예를 들어 비록 '항행의 자유 작전'이라 칭하지는 않았지만, 2019년 1월에 미국은 남중국해에서 영국 해군 아르글 프리깃함과 함께 연합으로 해상작전을 실시하였다. 또한 영국, 프랑스, 일본, 호주 등이 '항행의 자유 작전'에 이미 참여 의사를 나타내고 있다. 한국 또한 미국으로부터 다국적 '항행의 자유 작전'에 참가를 직·간접적으로 요구 받을 수 있다.

둘째는 4차 산업혁명을 포함한 미래 첨단 기술 분야에 대한 미·중 간 국제 표준 및 기준 경쟁, 그리고 일부 기술 영역에서 미국의 對中 '탈동조 化decoupling'에 관한 한국의 지지 여부이다. 이에 대한 최근의 대표적인 사례는 2019년 미국과 중국 사이에서 한국이 경험한 화웨이 사건이다. 미국이 중국의 통신장비 업체인 화웨이의 설비에 안보 우려를 제기하며 관련 국들에게 화웨이와 거래를 중단할 것을 요구한 것이다. 당시 한국은 미국과 중국 사이에서 선택의 압박을 경험하였다. 이후 화웨이에 대한 미국의 압박이 잠시 소강상태에 접어들며 한국도 한숨을 돌릴 수 있었다. 하지만 미·중 사이 다시금 미래 첨단기술 분야에서 국제 규범과 표준의 경쟁이 나타난다면 한국은 화웨이 사례와 유사한 선택의 기로에 서게 될 것이다.

셋째는 홍콩, 신장 위구르, 티베트, 그리고 타이완의 인권과 민주주의, 나아가 종교의 자유 등 국제사회 자유주의 진영의 보편적 가치에 대한 한국의 명확한 입장 표명 여부이다. 최근 美의회는 중국 내 인권과 자유화에 관한 문제점을 지적하고 이에 대한 비판과 더불어 제도적 대응을 점차 강화해왔다. 예를 들어 '2018 위구르족 인권 정책법'[4]을 美의회가 초당적으로 통과시킨 데 이어 2019년 12월 3일에는 미 하원이 '2019 위구르족 인권 정책법'를 통과시켰다.[5] 또한 2019년 11월에는 상·하원이 '2019년 홍콩 인권과 민주주의 법'[6]을 통과시켰으며, 같은 해 12월 18일에는 '2019 티베트 정책과 지지법'[7]이 美하원 외교위원회를 통과하며 중국을 긴장시키고 있다.

이러한 일련의 법 제정은 중국에 대한 미국의 가치와 정체성을 강조하는 한편, 또 하나의 정치적 대중 압박 카드의 역할을 할 수 있다. 반면 중국은 '핵심이익'과도 연관된 민감한 사안으로 물러설 수 없는 사안들이다. 따라서 중국은 '일국양제'를 기반으로 홍콩과 타이완에 대한 '하나의 중국'

---

4) 115th Congress (2017-2018), "S.3622 – Uyghur Human Rights Policy Act of 2018".

5) 116th Congress (2019-2020), "S.178 – Uyghur Human Rights Policy Act of 2019".

6) 116th Congress (2019-2020), "S.1838 – Hong Kong Human Rights and Democracy Act of 2019".

7) 116th Congress (2019-2020), "H.R.4331 – Tibetan Policy and Support Act of 2019".

원칙과 미국의 비판과 압력이 내정간섭임을 강조하고 있다.

하지만 만약 2020년 1월 타이완의 총통선거 과정에서 독립성향의 여론이 확대되고, 2018년 3월 이후 '범죄자 송환법' 반대로 인해 발생한 홍콩 시위가 2020년 홍콩 입법회 선거와 맞물리며 확대된다면, 미국은 타이완과 홍콩의 현안들을 美의회가 지적한 신장과 티베트 등 중국 내 소수민족의 인권 문제와 연계시키며 중국에 대한 정치적 압박을 가할 가능성이 있다. 이러한 과정에서 미국은 인권과 민주주의에 대한 한국의 명확한 입장을 요구할 수 있다.

넷째는 미국의 '중거리핵전력INF: Intermediate-range Nuclear Forces' 조약 탈퇴 후 한국에 중거리 핵미사일 배치 여부이다. 2019년 2월 들어 트럼프 정부는 INF 조약을 탈퇴하기로 결정하고 이를 러시아에 통보하였다. INF 조약 탈퇴 결정 선언 6개월 후인 8월 2일에 미국은 결국 조약에서 탈퇴하였으며, 탈퇴 하루 뒤인 3일에 마크 에스퍼Mark Esper 美국방장관은 호주를 방문하여 기자들과의 인터뷰를 통해 신형 중거리 미사일을 아시아·태평양 지역에 배치할 의향을 나타냈다. 이후 미국의 고위관료들의 발언을 통해 미국령인 괌은 물론 한국과 일본, 필리핀 등이 배치지로 거론되고 있는 상황이다. 이에 대해 중국은 외교부 화춘잉華春瑩 대변인과 푸충傅聰 중국 외교부 군비통제국 국장 등 관련 주요 관료들과 관방 언론을 통해 미국의 중거리 핵미사일 배치 의사에 대해 강한 비판을 표출하였다.

이 외에도 역내 미·중 전략적 경쟁 구도 하에서 한·중 간에는 2017년 10월에 발표된 '3불 입장표명'과 관련된 한·미·일 3국의 지역안보협력체제 강화와 미국 주도의 동아시아 미사일 방어MD 체계에 한국의 참여 여부의 현안이 여전히 존재한다. 또한 한국의 '신남방정책'과 미국의 '인도 - 태평양 전략' 그리고 중국의 '일대일로' 구상과의 연계에 관한 사안들이 주요 현안으로 존재하고 있다.

Ⅳ. 새로운 한·중 협력 방안

지금까지 한국 내에서는 미·중의 전략적 경쟁이 있더라도 미국과의 동맹관계와 중국과의 '전략적 협력 동반자 관계'를 조화롭게 발전시켜 나가겠다는 의견이 많았다. 이러한 주장은 틀린 말은 아니지만 '전략적 모호성'이라는 단기적인 우회로를 제외하고는 레토릭 차원을 넘어선 현실적이고 구체적인 방안이 제시되는 경우는 매우 드물었다.

하지만 '전략적 모호성'은 눈앞에 닥친 민감한 현안을 묻어두거나 피해 갈 수는 있어 단기적으로는 효과가 있어 보일지 모르나, 장기적으로는 결국 더 큰 압박을 감수해야하는 것은 물론 미·중 모두로부터 전략적 불신까지 증가하는 상황을 맞이할 가능성이 높다. 게다가 미·중 간 전략적 경쟁이 더욱 치열해지는 상황에서 기존의 '전략적 모호성'은 이제 단기적인 효과도 장담하기 어려운 상황이다.

1. '선제적 논의'와 '제한적 손상'

향후 미·중 간 전략적 경쟁에서 최소한 단기적으로 힘의 우위가 나타날 미국으로부터 對中 전략적 압박과 관련된 현안에 대해 선택의 요구와 압박을 받는다면, 한국이 중국과의 협력관계를 유지하기에 현실적으로 어려움이 발생하는 것이 사실이다. 이러한 현실을 감안하여 한국과 중국은 활발한 track 1 & 1.5 전략대화를 통해 예상되는 한·중 간 갈등 요인들에 대한 '선제적인 논의' 및 이를 통해 '제한된 손상limited damage'을 유도하는 현실적인 협력 방안을 논의해야 할 시기이다. 치열해지는 미·중 전략적 경쟁의 엄준한 현실 하에서 미·중 모두와 협력이 가능하다는 '희망적 사고'에서 떠나 정책적 '선택'을 통한 '이익'과 '손실'이 무엇인가를 냉정하게 계산해야 한다.

이를 위해서는 무엇보다도 2016년 7월 THAAD 현안 발생 이후 중단된 한·중 간 주요 전략 채널의 복구가 필요하다. 그런 점에서 최근 2019년 10월 21일 중국이 개최한 '향산香山포럼'에 참석 중 제5차 한·중 국방전략대화를 5년 만에 재개하고 한반도를 포함한 지역 안보 정세 및 양국 간의 상호 관심 사항을 논의한 점은 매우 긍정적으로 평가된다. 향후 국방 분야에서는 정례적인 한·중 국방장관 상호방문 추진과 양국 간 청년 장교의 교류 등이 다음 단계에서 논의되어야 할 것이다.

외교·안보 분야에서는 트랙1에서의 정의용 청와대 국가안보실장과 중국의 양제츠杨洁篪 중공 중앙정치국 위원 간의 전략 채널인 '한·중 외교안보 고위전략대화'의 정례화, 1.5 트랙인 '한중 국책연구소 간 합동 전략대화'의 조속한 복구가 필요해 보인다. 이 외에도 한·중 간 국장급 해상 경계획정 대화 채널 논의의 확대가 필요하며, '일대일로' 구상 관련 '제3국 시장에서의 경제협력 강화'를 논의할 한·중 간 전략 채널 또한 필요해 보인다. 끝으로 한반도 비핵화와 평화 안착의 진전을 위해 對北 인도주의적 접근 강화 논의를 위한 한·중 간 전략 채널의 신설은 한중관계의 협력 강화에 기여할 것으로 보인다.

2. 미·중 사이 현안별 한국의 원칙 확립

앞서 언급한대로 격화되는 미·중의 전략적 경쟁 하에서 한국이 '원칙' 없이 현안에 대한 임기응변식 대응만이 나타난다면 미·중 모두로부터 전략적 불신을 당할 수 있어 장기적으로 더욱 큰 국익의 손실로 나타날 수 있다. 따라서 냉철한 국익계산을 바탕으로 한국의 보편적인 정체성과 가치를 담은 명확한 입장과 주장을 효과적으로 전달하기 위한 세밀한 자구字句, wording의 '원칙' 확립이 필요하다.

미·중 모두로부터 강한 선택의 압박에 직면하게 된다면 한국은 매우 어려운 입장에 처하게 되는 것이 사실이다. 이를 위해서는 무엇보다도 국민적 합의에 의한 한국의 정책적 선택과 이를 일관되게 견지하는 모습이 필요하다. 지금부터라도 한국사회가 다양한 시각의 자유로운 토론을 바탕으로 국민적 합의를 이루어 나가는 장기적인 차원에서의 연습이 필요하다.

반면 단기적으로는 한국의 원칙 설정이 미국과 중국 중 하나를 선택하는 것이 아님을 이해할 필요가 있다. 예를 들어 미국의 인도-태평양 전략에 대한 싱가포르의 원칙인 인·태 전략에 대한 '적극적 지지'와 '역내 분열 및 특정 국가 배제 반대' 입장의 표명 및 중국의 일대일로 구상에 대한 일본의 '제3국에서의 중일 민간 경제협력'이라는 원칙을 통해 미국과 중국을 모두 만족시켰던 입장에 대한 깊은 고찰이 필요한 시기이다.

한중관계 고도화 방안

왕쥔성(王俊生)*

1992년 정식 수교 이후, 한중 양국의 무역액은 빠른 증가 추세를 보였다. 수교 당시의 무역 총액 63억 달러와 비교해, 2019년 1월 현재, 양국의 무역액은 2,686억 달러로 약 43배가 늘어났다. 현재, 중국은 한국의 최대 무역상대국이고, 한국은 중국의 다섯 번째 규모의 무역상대국이다. 2015년 11월 30일에는 한중자유무역협정이 정식 발효되었는데, 이 협정은 현재 중국이 서명한 대외 상업협정 중 개방 수준이 가장 높은 무역협정의 하나로, 정부 조달, 전자상거래, 경쟁정책 등 수많은 새로운 21세기 의제를 포함하고 있다. 동 협정이 시행된 이래, 양국은 이미 4차례에 걸쳐 성공적으로 관세를 감축했고, 현재 무관세 제품이 양국 무역의 50% 이상을 차지하고 있어, 양국 국민이 실질적인 혜택을 누리고 있다.

---

* 중국사회과학원 아태세계전략연구원 연구원

I. 한중관계의 성공적 발전 경험

한중관계가 신속하게 발전한 데에는 다음과 같은 경험들이 바탕이 되었다. 먼저, 양국 교역 관계의 상호 보완성이 비교적 강했기 때문이다. 국내시장이 비교적 협소하고, 수출지향 위주의 국가인 한국은 대외무역 의존도가 높다. 현재 한국의 대외무역 중, 1위는 중국이 점하고 있으며, 그 무역액 규모는 한국과 미국, 일본의 무역액 총합에 근접한다. 13억 규모의 인구를 가진 중국이 현대화하면서, 그 거대한 "규모의 인구"는 인간의 수요와 관련된 모든 영역에서 거대한 규모의 시장을 창출하고 있다. 예를 들어, 중국은 이미 9년 연속 세계 최대의 자동차 소비시장으로 꼽히고 있고, 그 시장에서 한국의 자동차도 많은 인기를 끌고 있으며, 여전히 세계 최대의 스마트 폰, 패션, 전자상거래, 관광 및 농산물 시장이기도 하다. 중국은 또 한국 방문 관광객 1위 국가이고, 한국은 중국 관광객이 가장 선호하는 10대 관광대상국 중 하나이며, 중국의 주요 화장품 수입국은 일본, 미국, 한국 등으로, 그 중 한국이 가장 큰 시장점유율을 차지하고 있다. 이런 사례들은 무수히 많다.

둘째, 정치 관계가 견인차 역할을 했다. 1992년 8월 중국과 한국은 정식 외교 관계를 수립했다. 외교 관계 수립 이후, 중국과 한국의 정치적 관계는 "세 단계 도약"을 하며 빠르게 발전했다. 1998년, 당시 김대중 대통령의 방중을 계기로 양국은 21세기를 향한 한중 협력동반자 관계의 수립을 선포했다. 2003년 노무현 대통령의 방중 시에는 양국관계가 전면적 협력동반자 관계로 격상되었고, 2008년 이명박 대통령의 방중으로 양국은 다시 전략적 협력동반자 관계를 수립할 것을 선포했다.

이는 양국 지도자가 한중관계를 고도로 중시한 데서 기인한 것이다. 정상 간 교류만을 예로 들자면, 1992년부터 2019년 4월까지 양국의 최고 지도자 간 45차례의 만남이 있었다. 2014년 7월 3일, 시진핑 주석은 중국 국가주석에 취임한 이후 첫 단독 해외 방문지로 한국을 선택했는데, 이는 중국이 한국과의 관계 발전을 중시한다는 것을 단적으로 보여주는 것이었다. 2017년 12월에는 문재인 대통령의 중국 국빈 방문이 있었다. 한중 정치 관계의 신속한 발전은 양국의 긴밀한 경제무역 관계를 견인하는 데에도 크게 작용했다. 동양 문화권에서는 "먼저 친구가 되고, 사업은 그 이후에 한다."는 말이 있다. 즉, 양호한 정치적 관계가 없다면, 긴밀한 경제무역 협력도 어려울 수밖에 없다.

셋째, 양국의 인문교류가 매우 긴밀하다. "경제무역 관계"와 "정치 관계"가 어장 속의 "물고기"라면, "인문교류"는 바로 어장을 채운 "물"과 같다. 2019년 1월 현재, 양국 국민이 왕래한 횟수는 1992년의 13만 회에서 803만 3천 회로 증가해 약 62배가 늘었고, 매주 1,023회의 항공편이 양국을 오가며, 그 중 67개 노선 511편을 한국이, 55개 노선 512편을 중국이 운행하고 있다. 한중 양국은 또한 상대국 유학생이 가장 많은 국가이기도 하다. 현재 68,000명의 중국 유학생이 한국에서 공부하고 있고, 중국에는 73,000명의 한국 유학생이 있다. 중국에서 TV를 켜면 한국 연예인들의 모습도 심심찮게 볼 수 있다. 양국 간 싱크탱크 교류도 상당히 활발한데, 현재 한국의 유명 싱크탱크 대부분이 중국의 영향력 있는 싱크탱크와 교류 관계를 수립하고 있다.

중국과 한국은 아시아 지역에서 가장 긴밀한 역사 및 인문 관계를 맺고 있다고 할 수 있다. 만약 동아시아 지역에서 가장 유사하고 서로 통하는 것이 있다면, 그것은 바로 "문화"와 "문명"일 것이다. 유교 문화는 중국, 일본, 한국, 특히 중국과 한국이 공유하는 것이다. 중국인은 "한류"를 좋아하고, 한국인도 중국문화를 좋아한다. 예를 들면, 많은 한국 청년들이 〈삼국지〉를 애독하고, 루쉰의 〈광인일기〉와 〈아큐정전〉 등을 즐겨 읽는다. 이것 또한 한중 양국의 인문교류가 빠르게 발전하고, 양국 국민이 상대국에서 생활하고 또 일하기를 좋아하는 중요한 이유 중 하나이다.

시진핑 주석은 2014년 방한 기간 중 서울대학교에서 행한 연설을 통해 한중 양국은 "자연스러운 친근감이 있다."고 언급했다. 당시 수행을 맡았던 중국외교부장 왕이는 시진핑 주석의 당시 방한을 "친척 집에 들르는, 이웃집에 놀러 가는 듯한 방문"이라고 정의하기도 했다. 2017년 방중 시 문재인 대통령도 베이징대학 연설 중에, "한중 양국은 지리적으로 친근한 가운데, 장기간 유사한 문화와 감정을 공유해 왔다."고 언급한 바 있다.

넷째, 양국은 중요한 역내 및 국제문제에 대해 유사한 견해를 갖고 있다. 이는 양국의 정치 관계 발전을 촉진할 뿐만 아니라 더 많은 공통언어를 갖도록 함으로써 인문교류 발전에도 도움이 된다. 예를 들어, 한반도 문제에서 관련 당사국들 중 가장 유사한 입장을 가진 두 국가가 바로 중국과 한국이다. 한국에 한반도 문제는 미래의 운명을 결정할 가장 중요한 선결 과제이다. 한반도 정세가 악화하거나 긴장되면, 가장 먼저 그 재난의 피해를 보는 국가는 두말할 것 없이 한국이다. 한반도 정세의 안정과 평화로 최대의 이익을 보게 될 국가도 역시 한국이다. 지정학과 역사 등의 요인을 고려할 때, 중국도 한반도 정세 발전과 변화의 이익 상관자이다. 양국 모두 한반도 비핵화, 안정과 평화의 실현을 희망하고, 유관국들이 대화를 통해 문제를 해결하기를 바란다.

근대 역사상, 한중 양국 국민은 이미 일치단결해 함께 일제에 대항했던 경험이 있고, 이와 관련해 널리 찬사를 받은 것이 중국에 수립된 대한민국임시정부이다. 대한민국임시정부는 1919년 상하이에 설립되었다. 1945년 8월 일본이 패전하고 투항하자 대한민국임시정부 요인들은 수차례에 걸쳐 나뉘어 귀국했다. 1945년 11월 5일, 대한민국임시정부의 실질적인 책임자였던 김구는 중국인들이 보여준 깊은 애정과 두터운 우정에 사의를 표하기 위해 귀국 전 발표한 〈중국 조야 인사에 대한 고별서〉를 통해, "항일전쟁이 8년에 이르면서, 우리나라 임시정부는 국부를 충칭으로 이전했습니다. 정부청사를 빌려주고, 군비를 공급해주었으며, 교민들의 삶을 유지하고, 여러 어려움과 궁핍함을 함께 짊어지어 주었습니다. 은혜에 감사드립니다."라고 말한 바 있다. 현재, 중국과 한국은 일본의 과거사 부정과 "우경화"에 대한 대응에서도 유사한 견해를 갖고 있다.

Ⅱ. 한중협력에 유리한 중국의 정책

최근 들어 중국이 한중관계의 발전을 지속적으로 외교적 우선순위에 두는 데 따라 한중관계가 한층 더 발전하기 위한 일련의 유리한 조건이 갖춰졌다.

먼저, 한중 무역 관계의 상호보완적 장점이 아직 존재하고 있다. 중국이 발전함에 따라 구매력을 갖춘 중국 인구가 갈수록 증가하고 있고, 중국의 국내시장도 여전히 확대되는 추세다. 향후 5년 사이에 중국의 수입액이 미국을 추월할 것이라는 예상에 따라 현재 세계 최대 소비시장에는 전에 없던 변화가 일어나고 있다. 2018년 11월, 중국은 처음으로 국제수입박람

회를 개최함으로써 중국 시장이 가진 규모의 힘을 충분히 증명했다. 이 회의에서 시진핑 주석은 이렇게 선포했다. "향후 15년 사이에 중국의 제품 및 서비스 수입이 각각 미화 30조 달러와 10조 달러를 초과할 것으로 예상합니다. 이 또한 역사상 최대의 구매 프로젝트입니다."

동시에, 외국 투자자의 합법적 권익 보호 강화를 위해 2019년 3월 15일 13차 전국인대 2차 회의는 〈중화인민공화국 외상투자법〉을 표결해 통과시켰다. 리커창 총리는 2019년 3월 막을 내린 보아오 포럼에서 다음과 같이 지적했다. "우리는 앞으로 외자 시장 진입의 문을 더욱 넓힐 것입니다. 진입 전前 내국민대우와 네거티브 리스트 관리 제도를 전면 실행할 것입니다. 동시에 금융업의 대외 개방도 지속 확대해 나아갈 것입니다." 이러한 것들 모두 향후 한국이 대중국 수출을 확대하고, 한중 경제무역 협력을 촉진하는 데 더 큰 기회를 제공할 것이다.

사실, 중국과 한국은 많은 영역에서 협력할 수 있는 잠재력이 여전히 비교적 크다. 관광만 예로 들어도, 2017년 통계를 보면 해당 연도에 중국인들의 출국 횟수가 1억 3천만 회를 넘었고, 미화 1,152억 9천만 달러를 해외에서 소비한 것으로 나타나 중국은 해외 여행 시장에서도 세계 최대 지위를 보유하고 있다. 그러나 사실상 중국인들의 여행 대상국으로서 한국은 태국, 일본, 싱가포르, 베트남, 인도네시아, 말레이시아, 필리핀에 이어 미국 다음에 자리하고 있다. 세계적으로 유명한 여행 대상국으로서 한국은 지리적으로나 서비스 수준으로나 또는 홍보상으로 중국 관광객들을 끌어들이는 데 있어 여전히 큰 잠재력을 가지고 있다.

또 다른 하나는 지방 협력이다. 한중 간 협력은 현재 대부분 베이징, 상하이, 광저우, 산둥 등 연해 지역과 대도시에 국한되어 있다. 예를 들면,

한중 산업단지는 한국 자본의 대중국 주요 투자처인데, 현재 주요 산업단지로는 옌청한중산업단지, 옌타이한중산업단지, 후이저우한중산업단지를 들 수 있다. 한국과 중국 내륙 간 협력 공간은 여전히 매우 크다. 연계성 확대 등의 인프라 개선과 인터넷 구매 등 전자거래방식의 간편화는 모두 더 많은 소비를 이끌 것이다. 한국은 이러한 부분에서 투자할 공간이 많이 있다.

둘째, 중국과 한국은 상호 전략적 거점으로서 지위가 더 분명해지고, 정치의 견인 작용이 더욱 선명해질 것이다.

(1) 중국의 신시기 외교에서 한국의 지위는 더욱 중요해질 것이다. 18대 이후 중국은 주변 외교를 매우 중시해 왔는데, 2013년 10월 신중국 성립 이래 처음으로 주변 외교 공작 좌담회를 개최함으로써 중국은 과거의 "대국 외교"라는 하나의 중심에서 "대국 외교"와 "주변 외교"를 동등하게 중시하는 방향으로 외교를 전환, 발전시켰다. 이와 관련해 중국이 추진한 구체적인 외교정책 사례인 "일대일로" 이니셔티브, 아시아인프라투자은행 등의 출발점과 중심지 역시 모두 중국의 주변이다. 중국의 고려사항 중 하나는 주변 국가들과 공동 발전을 실현하는 것이다. 현재 유엔이 인정하고 있는 전 세계 44개 최빈국 가운데 아프리카 31개국에 이어 9개국이 아시아 국가들이다. 역사적으로 볼 때, 주변국들이 빈곤하고 혼란스러운 상황에서 진정한 굴기를 실현한 강대국은 없었다.

한국은 GDP 규모가 중국의 주변국 가운데 일본, 인도, 러시아 다음으로 크고, 한반도와 동북아 지정학의 중심에 위치하는 국가다. 전술한 바와 같이, 양국은 정치, 경제무역, 인문 등 영역을 막론하고 매우 긴밀한 관계를 맺고 있다. 이로 인해 중국이 주변 외교를 중시할수록, 한국은 중국의 이러한 주변 외교의 "전략 거점"으로서 그 역할이 한층 두드러지게 될 것이며, 중국은 다시 자연스럽게 한국과의 관계를 더욱 중시하게 될 것이다.

(2) 한반도 정세의 발전을 위해 중국과 한국이 협력을 강화할 필요가 있다. 2018년 이후 완화된 한반도 정세는 한국에서 열린 평창 동계올림픽에서 남북이 협력하는 데 도움이 되었고, 이후 전체적인 정세 완화과정에서 한국의 역할이 돋보였다. 김정은 위원장은 2018년 4월 27일, 5월 26일, 그리고 9월 18일부터 20일 사이에 문재인 한국 대통령과 정상회담을 진행했다. 김정은 위원장도 북미 관계 개선을 위해 한국이 보여준 어렵고도 큰 노력에 대해 수차례 공개적으로 사의를 표했다. 김정은 위원장은 또 2018년 3월 25일부터 28일, 5월 7일과 8일, 6월 19일과 20일, 그리고 2019년 1월 7일부터 10일 사이에 중국을 방문하기도 했다. 2019년 6월 20일과 21일, 시진핑 주석은 국빈 자격으로 북한을 방문했다. 중국도 자신의 영향력을 활용해 북미 정상회담이 이루어지도록 적극적인 역할을 했다.

현재 북미 관계 개선과 한반도 정세 개선에는 여전히 큰 장애가 있다. 기본적인 신뢰가 없다는 것이 특히 그렇다. 만일 한중 양국이 협력하기 시작한다면 북미 양국 모두에 강력한 신호를 줄 수 있고, 두 국가 사이의 "신뢰 적자"를 감소시킬 수 있을 것이다. 미국의 경우, 중국과 미국 사이에서 한국의 선택은 미국의 아태전략에 일정한 영향을 줄 것이고, 북한의 경우, 대남 관계를 매우 중시하고 대중 관계 발전에 특히 주목하고 있어, 한중협력이 북한의 대외환경 개선 및 외교전략 방향에 긍정적 영향을 미칠 것이기 때문이다. 이는 바로 2017년 11월 방중 당시 문재인 대통령이 지적한 바와 같다. "'두 사람이 마음을 함께 하면, 그 날카로움은 쇠를 절단할 수 있다二人同心, 其利斷金'는 말이 있습니다. 한국과 중국이 같은 마음으로 함께 힘을 합친다면 한반도와 동북아의 평화를 이루어 내는 데 있어 그 어떤 어려움도 극복할 수 있을 것입니다."

(3) 한중관계 발전의 장애물인 사드 문제도 문재인 대통령 취임 이후 보류되고 있으며, 한국과 중국은 양국관계를 더욱 발전시키기 위해 적극적으로 나서고 있다. 문재인 대통령은 선거운동 기간 중에 박근혜 정부의 성급한 "사드" 배치를 수차례 비판했던 데다가, 과거 그가 청와대 비서실장을 역임했던 노무현 정부 시기가 마침 한중 양국의 진정한 "밀월기"였다는 점을 고려해, 문재인 대통령 취임 이후의 한중관계에 대한 중국의 기대는 비교적 높은 편이었다. 2017년 5월 9일 문재인 대통령이 당선된 후 중국은 한국 각계와 적극적으로 접촉하며 지속적인 관계 회복과 건전한 한중관계 발전의 추진을 희망했다. 문재인 정부도 출범 이후 대중국 관계 개선에 적극적으로 나섰다. 현재 사드 문제는 이미 보류된 상태이며, 이 풍파를 거친 이후 양국관계는 물론 한층 더 성숙해졌다.

셋째, 한반도 정세의 완화로 동북아 지역협력은 향후 전례 없는 기회를 맞이할 것이며, 이는 또 한중관계 발전의 기회로도 작용할 것이다. 동북아는 서유럽, 북미와 함께 세계에서 경제 교류가 가장 활발한 지역으로 꼽히지만, 이 지역의 지역협력은 확실히 가장 낙후되어 있다. 그 주요 원인은 바로 과거 한반도 정세의 긴장이 고조되어 있었던 데 있다. 그러나 2018년 이후 당사국들 간의 집중적이고 빈번한 상호 작용을 통해 한반도 정세의 긴장은 크게 완화되었다. 현재 한반도 정세의 발전과정에서 나타난 몇 가지 어려움에도 불구하고 당사국들은 이 문제가 정치적 해결책과 대화를 통해 해결되어야 한다는 데 모두 동의하고 있다.

한반도 정세가 완화됨에 따라 동북아 지역협력은 새로운 기회를 맞게 될 것이다. 한국은 이 지역에서 지역협력에 가장 적극적인 국가이다. 일찍이 1989년 10월 제45차 유엔총회 연설에서 한국의 노태우 대통령은 동북아 평화체제 구축 구상을 제시하면서 지역협력을 추진하고자 했다. 중국도 지역협력을 일관되게 지지해 왔다. 예를 들어, 2003년 중국은 한·중·일 협력 기제를 강력히 추진했는데, 그 주된 이유는 바로 중국이 동북아 지역 통합의 촉진과 이 지역의 협력 심화를 원했기 때문이다.

한 가지 지적할 만한 것은, 한국, 북한, 몽골, 러시아, 일본 등 동북아 5개국의 최대 무역 대상국이 모두 중국이고, 중국 세관 통계에 의하면, "중국과 앞에 언급한 동북아 국가들 간 교역액이 대외무역 총액의 약 16.5%를 점하고 있으며, 그중 일본과 한국이 각각 2위와 3위 규모의 무역 대상국"이라는 점이다. 이 때문에 지역협력이 심화되면 중국과 이 지역 국가 간 경제무역 관계가 더욱 확대될 것이고, 이는 중국을 포함한 동북아 지역 각국의 이익에 부합한다. 이로써 한반도 정세가 완화됨에 따라 동북아 지역협력은 향후 새로운 기회를 맞을 수 있을 것이다. 현재 동북아 여러 국가 중 한국과 중국만이 자유무역협정을 체결하고 있어서, 일단 동북아 지역협력이 이뤄지기만 한다면, 한·중 양국이 먼저 협력해 "한·중 플러스(+)"와 같은 모델을 추진하는 등 지역협력의 발전을 선도할 수 있다.

넷째, "일대일로" 이니셔티브는 한중협력을 위한 새로운 발전 기회를 제공한다. "일대일로" 이니셔티브는 중국이 주변 외교를 중시하고 주변 국가와의 공동 발전을 희망한다는 것을 보여주는 구체적인 경제협력 사례이다. 한국은 이미 2015년 3월 "예상 창립회원국 신분"으로 아시아인프라투자은행AIIB에 가입했고, 5명의 부행장 중 한 명이 바로 한국인이다. 2017년 6월 제주도에서 열린 제2차 아시아인프라투자은행 이사회 연차총회 개회

식에서는 문재인 대통령이 참석해 축사를 했고, 2019년 4월 26과 27일 베이징에서 개최된 제2차 "일대일로" 국제협력 정상포럼에는 홍남기 부총리 겸 기획재정부 장관이 한국대표단을 이끌고 참석한 바 있다.

"일대일로" 이니셔티브는 한중협력에 있어 대단히 긍정적인 의미가 있다. (1) 한중협력 이니셔티브를 상호 연결한다. 중국 방문 중에 문재인 대통령은 한국 정부가 추진하고 있는 '신북방정책' 및 '신남방정책'과 중국의 '일대일로' 정책의 연계를 희망한다는 뜻을 분명히 밝혔다. (2) 양국은 제3국 시장 개발에 협력할 수 있다. 일대일로의 우선 영역은 인프라 구축의 "상호 연결성"이다. 건설과 교통 등 인프라 구축 방면에서 한국 기업은 강점이 있다. 문재인 대통령은 2017년 중국 방문 때도 "한중 양국 기업이 서로 손을 잡고 제3국 시장을 개척하고, 역내 무역투자 협력을 강화하도록 추진하겠다"라고 언급했다.

Ⅲ. 한중 양국에 대한 건의

이상을 종합하면, 한중관계가 앞으로 발전할 수 있는 공간은 여전히 매우 크다는 것을 알 수 있다. 물론 세심한 정성과 주의도 필요하다.

먼저, 경제무역 영역에서 갈수록 커지는 경제무역 관계상의 "경쟁적" 요소에 이성적으로 대처해야 한다. 한국은 중국에 비해 규모가 매우 작은 국가로, 중국과의 협력에서 기술적 우위를 유지하는 동시에 자국 시장을 보호하고자 하는 심리가 있다. 이는 이해할 수 있는 바이나 지속가능하지는 않다. 한중 간 기술격차는 줄어들고 있고, 한국 제품의 대체가능성도 높아지고 있다. 자동차 영역에서 중국산 브랜드는 급격히 발전하고 있고,

미국과 유럽의 브랜드도 호평을 받고 있다. 핸드폰 영역에서도 중국의 화웨이 등은 한국의 삼성 핸드폰에 뒤지지 않는다. 화장품 영역, 제과, 의류 패션 등 다방면에서 한국산 제품들은 모두 중국산 제품과 미국, 유럽, 일본 등 다른 나라 제품들과의 강력한 경쟁 압력에 직면해 있다.

따라서 한국 기업들은 중국 시장에서 환영받고 싶다면 제품의 품질을 높이는 것 외에도 한국 정부가 중국과 긍정적인 관계를 발전시키도록 촉진하고, 한국 정부가 중국과의 관계를 발전시키는 데 긍정적인 에너지를 제공해야 한다. 한국 정부는 양국관계에 유리한 일을 적극적으로 도모함으로써 양국 국민이 우호적인 관계를 만들어 나아갈 수 있도록 해야 한다. 결국, 정보화 시대에 다른 나라의 시장에서 한 나라 기업의 성공 여부를 결정짓는 관건은 제품의 질을 제외하면, 바로 소프트 파워에 의존하는 것이다.

한중 양국의 강력한 연합은 양국의 경제무역 협력을 더 높은 수준으로 발전시켜줄 수 있을 뿐만 아니라 제3자 시장을 개척하는 데에도 큰 공간을 제공해 줄 수 있다. 이는 바로 2017년 중국을 방문했을 때 문재인 대통령이 지적한 바와도 같다. 즉, "당나라와 한국의 통일신라, 송나라와 한국의 고려, 명나라와 한국의 조선 초기는 양국이 함께 찬란한 문화를 꽃피웠던 대표적인 시기"이다. 양측은 또 국제특허 공동출원, 핵심기술 공동공략, 위안화와 원화 역외 거래센터 설립 가속화, 아시아인프라투자은행과 실크로드기금 공동건설 등 방면에서 과학기술과 금융협력을 강화할 수 있다. 신에너지, 바이오의약품, 전자정보, 에너지 절약, 친환경, 의료보건, 첨단장비, 인공지능, 산업용 사물인터넷 등 신흥산업 분야의 산학연 전략연맹을 가속화하는 동시에, 국제표준 제정에 공동참여를 장려하고, 양측이 우위에 있는 제품을 각 정부의 조달목록에 최대한 신속하게 포함시킬 수 있는 여건을 조성할 수도 있다. 아울러, 세관통관, 화물수출입, 비자 발급, 인원 이동 등의 분야에서 협력을 강화함으로써 한중 간 무역의 편의를 촉진할 수도 있을 것이다.

둘째, 한중관계는 이미 양국의 범주를 넘어선 관계로, 공동협력을 통해 현재 한반도 문제의 해결을 추진해야 하며, 이렇게 함으로써 양국관계를 더욱 강화해 나아가야 한다. 다자 간 영역에서는, 1997년 12월 15일, 첫 아세안-한·중·일 정상회의10+3가 말레이시아에서 개최되었다. 2012년 11월 20일, 한·중·일 3국은 자유무역협정FTA 협상의 개시를 공식 선언했다. 앞에서 언급했듯이, 북핵 6자회담에서 한국과 중국은 서로 긴밀히 협력했다. 수교 이후 한중 경제무역 관계와 인문 관계의 천지개벽할만한 변화가 양국관계의 발전에 거대한 잠재력이 있다는 것을 예시한다면, 다자 영역에서 양국의 긴밀한 협력은 한중관계가 이미 양자관계를 넘어 한반도와 동북아 지역의 안정과 평화에 중요한 의미를 지니고 있다는 것을 보여준다.

현재 북미 대화와 한반도 상황은 대치국면에 처해 있으며 국제협력이 시급하다. 북미 모두 최저선이 분명한데, 북한은 안전이 보장되고 제재가 부분적으로 해제되기 전까지는 핵무기를 포기할 가능성이 크지 않고, 미국은 한반도 비핵화가 실질적으로 진전되기 전까지는 제재를 완화할 가능성이 거의 없어 양자 간 이견이 이미 "닭이 먼저냐" "달걀이 먼저냐"라는 식의 "교착 상태"에 빠져 단지 북미 직접 대화만으로는 문제의 해결이 어렵기 때문이다. 국제협력을 강조하는 이유는 다음과 같다. 먼저, 북미 간의 주요한 의견 차이는 신뢰의 부재에 있기 때문에, 그 해결책은 제3자의 개입 또는 다자 기제의 활용 이외에는 없으며, 국제협력은 이에 유리하다.

다음으로, 한반도 문제는 지역 문제이자 국제문제로, 한미동맹, 강대국관계, 남북관계 등과 관련되어 있어 국제협력이 필요하다. 또한 과거의 관점에서 볼 때, 북핵문제 해결이 가장 잘 진행됐던 시기 역시, 국제협력이 가장 잘 됐던 시기로 2005년 〈9.19 공동성명〉에 합의한 것이 그 사례다.

전술한 바와 같이, 한반도 문제에서 한중 양국의 관심과 정책적 입장이 가장 가깝다는 점을 고려하면, 한중 양국이 북한 및 미국과 비교적 특수하고 밀접한 관계를 맺고 있기 때문에, 국제협력에서 한중협력이 지극히 중요한 부분이 된다. 협력 방향으로, 한중 양국은 먼저 고위급 교류와 소통을 강화해야 한다. 문재인 정부 출범 이후 한중관계는 빠르게 발전하고 있으나, 2018년 이후 급변하는 한반도 정세, 그리고 한미 및 북중 간의 빈번한 교류에 비해 한중 교류는 아직 미흡한 것으로 보인다. 다음으로, 한국과 중국은 상호협력을 통해 문제해결을 위한 공동 방안을 제시해야 한다. 현재 한반도 관련 당사국들은 거의 모두 자국의 해결책을 갖고 있지만 서로 상대를 설득하지 못하고 있어 공동의 방안이 부족한 상태다. 공동의 방안이 없다면 공통의 문제를 해결하기 어렵다. 한중 양국은 공동 방안을 제시하고 다른 나라들의 참여를 이끌어 궁극적으로 문제해결을 위한 공동 방안을 만들어내야 한다.

셋째, 정치적 관계의 중요성으로 인해 양국의 정치 관계 발전에 신중한 관심을 기울여야 한다. 특히 "제3자 요인"의 영향을 적절하게 처리해야 하고, 그중에서도 "미국 요인"과 "북한 요인"을 우선적으로 다루어야 한다. 중국은 미국과는 경쟁 관계에 있고 한국과는 공동 이익이 크기 때문에, 중국으로서는 한국이 중국과 미국 사이에서 좀 더 균형 잡힌 입장을 유지하기를 바란다. 북한 요인과 관련해서는, 역사적으로 중국의 "항미원조"에서

부터 한반도 핵 문제에서 이른바 "북한을 제대로 단속하지 않는다"는 인식에 이르기까지, 중국의 대북정책에 대한 한국의 오해가 여전히 존재한다. 이는 사실과 다르다. 역사적으로 중국의 항미원조는 "국가 보위"가 목적이었다. 당시 미국의 미사일은 이미 압록강 강변까지 타격했고 단둥은 압록강 단교를 단행했는데, 이는 그 당시의 역사를 가장 잘 보여주는 증거라 할 수 있다. 북핵 문제에 대해 중국이 막대한 노력을 기울여 왔다는 것도 모두가 아는 만큼 명백하다.

한미동맹의 근간을 유지하려는 한국의 희망은 앞으로 장기간 변하지 않을 것이며, "한미동맹"의 발전을 우선하는 입장도 변하지 않을 것이다. 중국과 북한도 비교적 긴밀한 관계를 발전시키고 있다. 한반도 문제에서 중국은 역내 강대국으로서 일관되게 사안의 "시비곡직"에 근거해 관련 문제를 처리해 왔을 뿐만 아니라, 한국과의 관계를 발전시킬 때 지역 전체의 이익도 함께 고려해야 한다. 따라서 한중 양국은 관련국들과의 관계를 발전시킬 때 서로의 입장을 살피고, 역지사지하는 사고를 할 수 있어야 한다. 동시에 한·미·중 대화나 남·북·중 대화 등 "작은 3자회담"의 발전을 통해 상호 접촉을 실현할 수도 있을 것이다.

이외에도, 청소년 교류를 확대해 한중협력을 위한 끊임없는 동력을 주입하고, 언론에 대한 지도를 강화해 양국관계에 긍정적인 에너지를 더 많이 주입하는 등 인문 영역의 교류를 지속해서 추진할 필요가 있다.

결론적으로, 한중 양국은 정세 상승의 기회를 포착하고 양국관계에서 민감한 문제를 잘 처리해 한중관계를 한 단계 더 발전시킴으로써 한반도 평화와 안정 및 동북아 안보를 촉진해야 한다.

한반도 인프라 영역의 한중협력

왕웨이민(王偉民)* / 뉴샤오핑(牛曉萍)**

인프라 건설에는 교통 및 물류 분야의 고속도로, 철도, 교량, 무역항 건설, 자원 분야의 송전망 및 송유관 건설, 통신 분야의 방송 네트워크 건설 등 통신설비의 연결, 제도 분야의 관세, 결제통화, 통관 간소화 등 무역통관 제도의 개선 등이 포함된다. 이를 통해 단기간 내에 일자리를 늘리고 자산 가치를 높이며 대규모 투자를 유치할 수 있다. 또한 역내는 물론 주변지역과의 연계를 통해 높은 효율의 경제성장을 실현할 수 있다. 따라서 인프라 건설은 후발국가 건설과 발전의 기반이자 중국 "일대일로" 구상이 커버하는 주요 대상이다. 그러나 "일대일로" 구상이 제기된 이후 지금까지 동북아 지역에서는 줄곧 이러한 내용이 포함되지 않았다. 그 주요 원인은 북한의 핵무기 개발이 조성한 한반도의 안보 딜레마 때문이다.[1] 뿐만 아니라 일본 아베 정부의 우경화 행보가 한중일 지역협력에 장애요인으로

---

 * 상하이정법학원 정부관리학원 원장
** 상하이정법학원 동북아연구센터 연구원

1) 黃仁偉·傅勇, "東北亞地緣環境變化與'一帶一路'推進的戰略機遇", 『國際關系研究』 第1期 (2019), pp. 3-12.

작용하면서 객관적으로 "일대일로" 구상이 동북아 지역에서 전개되는 데 제약이 되었다.[2] 게다가 오바마 정부의 "아시아 - 태평양 재균형" 전략 및 트럼프 정부 출범 이후 추진한 "인도 - 태평양" 전략은 동북아시아 안전과 안정의 불확실성을 더욱 초래하며 동북아 지역에서 "일대일로" 구상의 발전을 제약했다.[3]

2018년 초 이후, 한반도 정세에 커다란 변화가 나타났다. 남북관계의 완화, 남북경제협력의 추진과 북한의 강렬한 경제발전 염원이 동북아 지역, 특히 한반도와 "일대일로" 구상의 연계를 위한 기반이 되었다. 이는 중국이 "일대일로" 구상의 추진에서 한반도를 염두에 두게 했고, 한중 인프라 건설 강화에 현실적인 가능성을 제공했다. 이와 동시에, 한중 양국의 자체적인 국내환경, 주변환경 및 국제환경에서도 일련의 변화가 발생했다. "일대일로" 구상과 한반도를 연계하는 프로젝트는 한중 양국이 가진 전략적 의의를 더욱 격상시켰다. 그러나 유감스럽게도 한중 양국의 정치계, 학계가 여러 차례에 걸쳐 한중러 경제회랑, 동북아경제회랑, 동북아책임공동체 등 다양한 구상을 제시했음에도 불구하고 실질적인 사업의 추진은 여전히 멈춰있고, 시행되는 프로젝트 역시 손에 꼽을 정도에 불과하다. 이는 중미 전략 경쟁이라는 구조적 요인 및 한중관계의 동력 부족 등의 원인이 있기 때문이다. 이하 부분에서는 한중 양국의 한반도 인프라 구축 협력 강화가 가지는 전략적 의의, 현실적인 가능성, 존재하는 문제점 및 정책 건의 등에 대해 분석하고자 한다.

---

2) 石源華, "'一帶一路'與中國周邊合作全覆蓋", 『中國周邊外交學刊』第二輯 (2015), pp. 39-60.
3) 李文, "'一帶一路'建設背景下的東北亞合作問題", 『東北亞學刊』第4期 (2015), pp. 16-20.

I. 한중 양국의 한반도 인프라 구축 협력 강화가 가지는 전략적 의의

먼저, 국제적인 측면에서 보면 중국과 미국의 대립이 심화되고 있다. 트럼프 정부가 촉진한 무역 전쟁이 나날이 격렬해짐에 따라 미국은 "인도-태평양" 전략을 통해 지역 패권을 재정립하며 이를 빌미로 중국의 "일대일로" 구상에 대한 헷징hedging을 하고자 한다. 이로 인해 중국의 외교 공간이 압박을 받게 된다. 이와 동시에, 트럼프 정부가 제창하는 "미국우선주의", 미국의 이익을 최우선적으로 추구, 파리협정과 중거리핵전력INF 조약 등에서의 일방적인 탈퇴, 이란 핵 협정의 파기, 북미자유무역협정NAFTA의 개정, 관세 증가, 한국과 일본 등 동맹국에 대한 군사비용 분담금 증대 등은 지역안정 및 미국의 동맹국 관리에 문제를 초래한다. 그러나 이러한 부정적인 영향은 동북아 역내 국가 간 협력의 장을 새로 열고 어려운 시기를 함께 이겨낼 기회가 된다.

둘째, 중국의 거시적인 주변관계로 볼 때, 주변 지역은 줄곧 중국의 국가 권익 수호를 위해 중요했다. 대국의 역할을 하기 위한 최우선적인 선택이었고, 중국의 국제적 위상 제고를 위한 중요한 버팀목이자 전략적 지지대이다. 이중 아세안, 인도, 한반도 등은 주변 안보의 안정을 위한 전략적 핵심지역이다. 아세안의 대국 균형전략 및 각 회원국과 중국의 남중국해 분쟁은 이 지역의 질서 구축에 방해가 된다. 인도의 일본과의 양자관계 강화 및 "인도-태평양" 전략의 적극적인 참여 역시 남아시아 및 인도양에서 중국의 외교 국면을 어렵게 한다. 한반도에서의 장기적인 핵무기 개발과 군사적 대치는 중국에 가장 근접한 위협이 되어 왔다. 이러한 주변외교의 압박에 직면해 있는 상황에서 한반도 정세의 완화와 문재인 정부의 남북경제협력을 핵심으로 하는 대북정책은 중국이 주변외교를 보완하는 데 중요한 기회이자 돌파구를 제공한다.

셋째, 동북아 지역의 측면에서 볼 때, 중국은 북한, 한국, 일본 관계에서 모두 중요한 전환의 시기를 맞이했다. 2018년부터 지금까지 김정은 위원장이 중국은 네 차례 방문했고, 시진핑 주석이 최초로(주석으로서) 북한을 방문했다. 이로써 북중관계가 재확립되며 새로운 역사적인 발전 단계에 진입했다. 중국은 북한에 경제발전 노선지지, 경제개혁 지원, 북한의 비핵화 견지 등의 입장을 재차 확인시켜줬다. 한중관계에서는 사드 위기로 냉각되었던 양국관계가 점차 회복되기 시작했다. 한일관계의 악화, 미국의 압력 증대, 문재인 정부의 내정 및 외교 정책 모두 한중관계에 새로운 계기를 불어넣는 좋은 기회가 되었다. 또한 한중관계의 재강화는 한국이 동북아 지역에서 봉착한 딜레마를 해소하는 데 도움이 된다. 중일관계에서는 양국관계가 지속적으로 개선되고 발전하는 새로운 분위기가 나타났다. 오사카 G20 정상회의에서 시진핑 주석과 아베 수상이 신시대 중일관계에 부합하는 10대 중점 컨센서스에 합의하면서 2012년 중단된 중일 전략대화도 가까운 시기에 재가동될 전망이다. 이와 동시에, 경제무역 갈등, 군비 분담, 미국의 TPP 탈퇴 등으로 인해 미일 간 상호신뢰가 하락하고 동맹관계에 간극이 발생했다. 이 역시 중일관계가 더욱 촉진되고 강화될 수 있는 조건이 창출된 것이다. 동북아 지역의 미묘한 상호작용의 변화는 중국이 "고북수남(固北守南, 북쪽을 공고히 하고, 남쪽을 보호) 전략을 추진하게 했다. 즉 러시아, 북한, 일본과의 관계를 강화하는 동시에, 한국, 아세안, 인도 등과의 관계를 더욱 중시하게 되었다.

넷째, 국내적인 측면에서 볼 때, 동북진흥계획과 창지투(長吉圖, 창춘지

린-두만강)로 대표되는 두만강지역협력개발계획이 2020년에 마무리된다.
이 두 가지 중점사업에서 이미 풍부한 성과를 얻었다 할지라도 이 지역의
경제효과를 보면 여전히 더욱 발전할 공간이 남아있다. "일대일로" 구상에
서 중몽러 경제회랑이 관통하는 지역이자 한반도 신경제지도와 연계되는
북방의 핵심지역으로서 동북은 천혜의 발전 기회와 지정학적 우위를 갖추
고 있다. 한반도 인프라 구축을 중심으로 한 한중관계 강화, 특히 한국과
동북지역의 프로젝트 연계는 동북진흥의 외적 동력 심화, 동북과 동북아
지역의 경제 융합 촉진 및 한반도의 안정과 평화 수호에 중요한 의의를
가진다.

Ⅱ. 한중 양국의 한반도 인프라 구축 협력 강화의 현실적 기반

첫째, 양국은 협력 성과가 풍부할 뿐만 아니라 경험도 충분하다. 양국
내부는 물론, 양자, 혹은 다자 간 지역협력에서 한중 양국은 풍부한 협력
경험을 가지고 있다. 1990년대 이후, 두만강개발계획, 중국의 동북진흥계
획, 중몽러 경제회랑 조성, 북중 나진선봉경제무역구 조성, 한중 자유무역
구 설립 등이 전개되며 지역협력에서 남북중은 다양한 성공 경험을 축적
했다. 특히 오랜 동안 한국은 두만강개발계획TRADP, 광역두만강개발계획
GTI 등 사업의 주요 참여국이자 출자국의 역할을 적극적으로 수행했다.
뿐만 아니라 한국은 외부의 압력에도 중국이 제창한 아시아인프라투자은
행AIIB에 주도적으로 가입하며 AIIB의 틀 안에서 진행되는 지역 인프라 건
설과 상호작용에 참여하는 기반을 마련했다. 또한 10여 년 동안의 노력
끝에 2015년 12월 20일, 한중 FTA가 발효되었다.

둘째, 당사국들의 협력 의지가 강하다. 북한의 입장에서 보면, 북한은 외부의 제재 문제와 내부의 발전 수요 문제에 직면해 있다. 이에 김정은 위원장은 북한 노동당 7기 3차 전원회의에서 경제발전 노선에 집중할 것을 천명하며 "4점2선" 개방전략을 확립했다. 즉 남선南線은 한국을 향하며 금강산관광지구와 개성공업단지의 발전을 추진하고, 북선北線은 러시아와 중국을 향하며 나선경제특구와 황금평 - 위화도 경제특구의 발전을 추진하고자 했다. 이외에도 남북 간 운송회랑을 중심으로 교통물류, 통신, 전력, 관광 등 인프라 건설을 추진하고자 했다.4) 이러한 프로젝트는 주변국가의 자금 및 기술 지원과 협력을 시급하게 필요로 한다. 한국의 입장에서 보면, 국내 경제발전의 정체, 생산능력의 불균형 등에 직면해 한국은 "일대일로" 연선국가의 인프라 건설시장 참여 확대를 통한 한국기업의 해외진출을 희망한다. 건설 등 분야의 풍부한 경험과 기술, 강력한 경쟁력을 바탕으로 한국이라는 브랜드를 확립하고 유라시아 국가와의 무역 거래를 증대하기를 희망한다. 또한 북한을 적극적으로 이끌어 북중 변경지역의 에너지, 교통, 물류 등 인프라 사업에 참여함으로써 북한 경제를 발전시키고 한반도 평화를 실현하고자 한다.5) 한국은 지역개발협력, 특히 소다자 협력 메커니즘을 구축하고 동북아 역내 국가들과 경제협력을 선도함으로써 러시아, 몽골 등 주변국가와의 자원 공동개발에 참여하기를 희망한다.6) 중국의 입장에서 보면, 설사 동북지역에 지방차원에서의 지역진흥계획 및 두만강개발계획이 추진되었다고 하더라도 완벽한 협력발전 메커니즘이나 지역차원의 협력은 여전히 미비한 실정이다. 게다가 북한은 동북

4) 원동욱, "경의선 연결을 계기로 한 남북중 경협사업", 『월간교통』 (2018), p. 13.

5) 최수영, "일대일로 전략과 한중 협력방안", 『북한경제리뷰』 제17권 12호 (2015), p. 47.

6) 廉曉梅, "韓國FTA戰略的特點及其東北亞區域合作戰略走向", 『東北亞論壇』 第5期 (2014), p. 50.

지역으로 이어지는 입항지이기 때문에 중국은 한반도 인프라 건설에 기대
가 크다.

　셋째, 한중 양국의 발전계획이 상호 부합한다. 중국의 "일대일로" 구상
은 박근혜 정부의 "유라시아 이니셔티브" 및 문재인 정부의 "신북방정책",
"신남방정책", "한반도 신경제구상" 등과 일치한다. "유라시아 이니셔티브"
의 핵심적인 내용은 실크로드 익스프레스SRX를 연결해 한반도, 러시아, 중
국, 중앙아시아를 관통해 유럽에 이르는 교통 네트워크와 전력, 가스, 송
유관 등 에너지 네트워크를 구축하는 것이다.[7] 2015년 10월, 한중 양국은
유라시아 이니셔티브와 "일대일로" 구상 협력에 관한 양해각서를 체결하
며 두 구상의 연계를 추진했다. 문재인 대통령은 집권 이후 남북 경제협
력의 촉진과 동북아지역 협력을 관통하는 "신북방정책" 및 "한반도 신경제
구상"을 적극 추진하고 있다. 2018년 4월, 한국의 북방경제협력위원회는
"신북방정책"과 "일대일로"의 연계에 관한 정책 문서를 발표했지만 이후 한
중 양국의 실질적인 협력 사업은 거의 추진되지 않고 있다. 2018년 8월 15
일, 문재인 대통령은 광복절 경축사에서 동북아철도공동체를 제시하며 시
베리아횡단철도TSR, 남북한연결철도TKR와 중국횡단철도TCR를 연계함으로
써 한반도 동부회랑을 구축하고, 철도와 연계된 부산, 서울, 원산, 함흥, 청
진, 나진, 하산 등 항구의 현대화와 기계화를 추진하겠다는 구상을 밝혔다.

---

7) http://korea.xinhuanet.com/2015-03/10/c_134610729.htm (검색일: 2019.10.28.)

Ⅲ. 한중 양국의 한반도 인프라 구축 협력 강화가 직면한 문제점과 정책적 건의

첫째, 한중 전략적 관계의 위상 재정립이 필요하다. 한국 내 사드 배치는 의심할 여지없이 밀월기의 한중관계에 심각한 타격을 주었고, 설상가상으로 문재인 정부는 출범 이후 사드 폐기를 포기한다는 입장을 밝혔다. 2017년 10월, 양국은 한중관계 개선 합의문에 서명했다. 한국은 미국의 미사일방어체계 참여 중단, 한미일 군사동맹 발전 중단, 사드 추가 배치 검토 중단, 사드 배치의 활용 범위를 한반도로 제한 등의 입장을 밝혔다. 그러나 한미중 3자 전략적 소통 메커니즘의 구축, 이어진 한중 군사회담 등은 여전히 정체된 상태이다. 이외에도, 한국은 사드 배치 문제로 중국이 한국에 지나치게 가혹한 경제보복을 가했다고 인식한다. 이는 양국 간의 상호 신뢰 및 민간의 인식에도 커다란 영향을 미쳤다. 한국 대중의 중국에 대한 부정적인 역사적 기억을 다시 상기시켰고, 중국이 전략적 위협이 된다는 경계심을 초래했다. 따라서 한중 양국은 거시적인 전략과 국면에서 기본적인 공감대를 재차 구축해야 한다. 심도 있는 실질적인 협력을 통해 전통적인 안보구조를 초월하고 정치, 외교, 경제, 문화 분야의 안보화에서 탈피하며 미중 대국 경쟁으로부터 연루entrapment되는 함정에 매몰되는 상황을 방지해야 한다. 2014년 시진핑 주석의 한국 방문 당시 확립한 한중 전략적 협력 동반자 관계를 기반으로, "21세기를 향한 한중 운명공동체"를 구축해야 한다. 특히 양국의 각급 정부기관 간 대화를 재개하고 민간교류를 강화해야 한다. 또한 양국 경제교류를 가속화함으로써 한중 경제무역관계를 양국관계의 "밸러스트 스톤Ballast stone"이자 정치적 대화와 협력을 촉진하는 전략적 기반이 되도록 한다.

둘째, 문재인 정부의 대외경제정책과 한중 프로젝트 연계가 괴리되는 문제가 있다. 문재인 정부는 출범 이후 오래지 않아 "한반도 신경제구상"을 제시하고 대외경제정책의 양대 중심축인 "신북방정책"과 "신남방정책"을 추진했다. 이중 "신북방정책"의 협력대상이 러시아를 포함한 과거 CIS 국가, 중국과 몽골이 포함되어 있지만 "나인 브릿지9-bridge" 전략의 중점 협력분야나 실질적인 추진 정책으로 볼 때 주요 협력은 러시아에 국한되어 있고, 중국과의 협력은 거의 진행되고 있지 않다. "신남방정책" 역시 아세안과의 협력 강화가 주요 목표이고 인도 등 남아시아 지역과의 경제협력이 포함되어 있다. 사실 이 정책이 제기된 배후에는 한국의 높은 대중국 의존도에 대한 우려가 존재한다. 특히 사드 위기가 초래한 한중관계의 급격한 악화는 한국정부가 외교 및 무역의 다각화를 중요하게 인식하는 계기가 되었다. 이와 동시에 이 지역에서는 미국과 일본의 "인도 - 태평양" 전략에 대한 영향력이 상대적으로 적고, 한국 역시 정치·안보적인 압박이 비교적 작은 상황에서 빠르게 이 지역 국가들과의 협력을 통해 가시적인 성과를 창출할 수 있기 때문이다. 2017년의 통계만 봐도, "신남방정책"에 포함되는 국가들과 한국의 무역 및 투자 규모가 급격하게 증가하며 한국의 무역 흑자가 심지어 한중 간 무역 흑자를 초월했다.[8] "신남방정책"의 눈에 띄는 성과는 이 정책의 추진 역량과 기대가 높아졌다는 의미이기도 하지만, 다른 한편으로 보면 한국이 중국의 "일대일로" 구상과 연계하려는 열정이 하락되었다는 의미이기도 하다. 또한 아세안 지역 등 제3시장에

---

8) 金東燦, "朝核問題懸置情況下韓中合作的可行性方案及存在的問題", 上海政法學院 '一帶一路與東北亞 區域合作國際學術研討會, 2019.10.25.

진입한 양국의 상품구조에서 객관적으로 경쟁이 가속화될 가능성도 있다. 따라서 "신북방정책"과 "신남방정책"의 균형을 모색할 필요가 있고, 과도한 경쟁으로 양국 모두가 피해를 보는 국면을 방지하는 것이 양국이 공동으로 직면한 과제라고 할 수 있다. 한중 양국은 협력 가능한 리스트를 재차 논의하고 확정함으로써 온갖 구호가 난무하여 사업에 실질적인 기약이 없는 곤란한 상황을 방지해야 한다.

셋째, 기반을 튼실하게 하여 동북아 경제회랑 구축을 향해 전진해야 한다. 한반도는 동북아지역의 중요한 허브로, "일대일로" 구상과의 연계를 통해 동북아 전체와 연결될 수 있고, 이를 통해 더욱 심도 있고 광범위한 지역협력의 기반을 닦을 수 있다. 이는 한반도 평화와 안정, 동북아의 번영과 발전, 심지어 동북아 인류운명공동체의 구축 모두 중대한 의의를 지닌다. 한중 양국은 향후 동북아 경제회랑 구축에서 컨센서스를 형성하고 이익을 공유하고 위험을 함께 부담한다는 이념을 계승해야 한다. 또한 한반도 정세의 각 단계별 변화에 따라 프로젝트 협력을 안정적으로 추진해야 한다. 예를 들어, 대북제재라는 외적 제약이 있는 상황에서, 한국은 우선적으로 중국 동북지역의 개발협력 및 중몽러 경제회랑의 조성에 참여할 필요가 있다. 대북제재가 완화될 때 한국은 북중 경제협력을 촉진할 수 있고, 대북제재가 해제되면 남북중 경제구의 전면적인 연계를 실현할 수 있다.

넷째, 동북아 지역 문제에서 한중 양국은 더욱 적극적인 외교적 태도를 가지고 유연한 외교적 수단을 활용해야 한다. 한국은 외교적 독립성과 자주성을 충분히 발휘하여 중견국의 외교력을 제고해야 한다. 미국의 가장 중요한 동맹국 중 하나이자 중국의 가장 중요한 전략적 동반자 중 하나로,

한국은 주도적으로 더 많은 역할을 담당하고 더욱 대담한 외교정책을 펼쳐야 한다. 미중 간 전략적 경쟁이 상시화된 상황에 직면해 미국을 선택할 것인지 중국을 선택할 것인지 하는 우려나 어려움이 있지만 한국은 "미국과 연합하고 중국과 친하게 지내며聯美親中" 중재력을 적극 발휘해 미중 사이를 조정해야 한다. 다른 한편으로 남북관계에서, 특히 한반도 인프라 건설을 둘러싼 한중 협력에서 한국은 남북중 3자 대화 메커니즘을 대담하게 개설함으로써 미국이 모든 패를 가지는 상황을 방지해야 한다. 역내 대국인 중국 역시 지역질서의 구축과 갈등 해소에 적극 참여해야 한다. 특히 한일관계가 경색화되는 상황에서 중국은 소통을 위한 교량을 건설해야 한다. 한중일 대화 메커니즘을 충분히 활용하여 3자협력을 선도할 때 한중일 FTA가 동북아와 동아시아 경제발전의 견인차가 될 수 있다.

동북아 경제회랑의 공동 발전

만하이펑(滿海峰)*

I. 서언

　신현실주의에서 국가는 가장 기본적으로 안보를 추구하며, 국가 간 "공존안보共存安保"는 현실주의의 충돌과 대항의 해결을 목적으로 한다. 경제발전은 국가의 근본적인 목표이며, '공생발전共生發展'의 개념은 바로 협력과 협상을 통해 호혜주의를 실현하는 방법이다. 사실 안보와 경제발전은 분리할 수 없는 쌍둥이와 같은 관계이다. 안보가 보장되어야 경제발전을 이룰 수 있고 역으로 경제발전 자체는 국가안보의 여러 측면을 포함하고 있다. 동북아시아 지역의 안보와 경제발전은 총체적으로 전통적인 '공존안보'와 '공생발전'의 특징을 동시에 나타내고 있다. 즉 평화와 협력을 목적으로 권력 경쟁이 아닌 호혜적인 안보관계를 수호하는 것이다. 동시에 지역의 총체적인 안보 관념을 강조하면서 상호보완적인 협력자원의 누적

* 랴오동학원 한반도연구소 소장

을 중요하게 인식하고 있다. 동북아시아 국가들이 추구하고 있는 안보의 가장 기본적인 목표와 요구는 거의 비슷하며, 현재 지역질서는 총체적으로 안정을 취하는 과정에 진통이 수반되는 상황에 놓여 있다. 부인할 수 없는 객관적인 사실은 동북아시아 국가들이 해상과 육로를 통해 서로 연결되어 있고 경제적으로 이미 밀접한 관계를 형성했다는 점이다. 현재 동북아시아의 경제총량은 전 세계의 19%를 차지하고 아시아 나아가 세계에서 가장 역동적이고 잠재력이 풍부한 지역으로 인정받고 있다. 이런 상황에서 안전하고 안정적이며 지속발전이 가능한 동북아시아 경제주랑을 건설하는 것은 역내 국가 간 협력이 전면적이고 고속적인 발전 궤도에 진입하는 '단계적 성과'라고 볼 수 있다. 주목할 점은 한반도가 지정학적으로 동북아시아 경제주랑의 '관문'에 위치해 있다는 사실이다. 평창동계올림픽 이후 한반도를 중심으로 국제형세가 급박하게 돌아갔다. 국가 지도자들의 정상회담이 빈번하게 성사되고 남북한 협력을 기원하는 민족적 희망이 점차 강렬하게 나타남에 따라 동북아시아 경제주랑 건설에 관한 실무적 방안들이 더 구체화되기 시작했다. 한중 양국은 동북아시아에서 중요한 영향력을 보유한 국가로써 '한중+X' 협력 플랫폼을 통해 역내 경제발전에 새로운 기회와 추진력을 제공할 수 있다.

Ⅱ. '공존안보'는 동북아시아 경제주랑 건설을 위한 기본적인 안전장치

1990년대부터 시작된 동북아시아의 역내 협력은 번번이 한반도의 역동적인 안보상황 때문에 기복을 겪었다. 2018년에도 한반도에는 평화의 서광이 찾아들었다. 남북한 지도자가 수시로 만났고 북중관계가 정상화를 회복한 동시에 더 깊은 관계로 발전했으며 특히 북한과 미국 사이에 대화와 대립이 교차하는 외교적 환경이 조성되었다. 이는 한반도 평화 프로세스에 희망을 가져왔을 뿐만 아니라 동북아시아의 역내 협력에 기회를 제공했다. 그러나 북핵과 미사일 위기가 아직 해소되지 않은 상태에서 유엔 안보리의 경제제재가 여전히 북한을 압박하고 있는 상황이 지속되고 있다. 북한과 미국의 지도자는 허공을 향해 본인의 희망사항만 외치고 있는데 이런 상황은 북미관계의 미래 발전과 역내 국가들의 독자적인 행위가 내포하고 있는 변수와 복잡하게 얽히면서 지역질서의 안정을 위협하고 있다. 2019년 11월 17일, 트럼프 미국 대통령은 트위터를 통해 김정은 위원장과 다시 만날 용의가 있음을 밝혔다. 같은 날 북한 외무성은 성명을 발표해 트럼프의 제안에 찬물을 끼얹었다. "미국이 대 북한 적대정책을 취소하지 않는 한 미국과의 회담에서 핵문제를 토론하지 않을 것이다"[1]. 12월 17일 북한은 동창리 서해위성발사장에서 "국가의 전략적 지위를 개변할 수 있는" 중대한 실험을 진행했다. 트럼프는 바로 다음 날(12월 18일, 워싱턴 시간) 북한에 엄중한 경고를 했다. "적대행위가 지속된다면 모든 것을 잃게 될 것이다". 그러나 동시에 화해의 제스처도 취했다. "김정은 위원장

---

1) "朝鮮副外長訪俄, 俄副外長: 將向其提半島調節新版行動計劃", 『澎湃新聞』, 2019.11.20.

이 지도하는 북한은 경제발전의 거대한 잠재력을 보유한 국가이다. 그러
나 북한은 약속을 지켜야 하며 우선 비핵화를 실현해야 한다. 나토, 중국,
러시아, 일본 나아가 국제사회가 비핵화에 대해 동일한 입장을 취하고 있
다"[2] 북한의 핵과 미사일 실험 그리고 북미 양국 사이에 형성된 신뢰부족
의 관계는 한반도의 안정을 해칠 뿐만 아니라 남북한의 협력사업에도 치
명적인 약점으로 작용했다. 이런 불안정한 상황은 짧은 시간 내에 회복하
기 어렵고 북한이 이미 참여하고 있는 동북아시아 경제주랑의 협력 프로
젝트가 실질적으로 추진되고 작동하기 어렵게 만들고 있다.

　동북아시아 경제주랑 건설의 실효성 문제를 해결하기 위해서는 우선
협력 주체들 사이에 만연해 있는 정치안보 측면의 신뢰부족 문제를 짚고
넘어가야 한다. 이처럼 취약한 신뢰관계에서 어떻게 상호 의심을 최소화
하고 전략적 가치가 높은 역내 협력을 추진할 수 있을 것인가? 우선 동북
아시아의 지역형세에 대해 정확한 판단을 한 전제 하에 부정적인 요소들
을 실용적으로 처리하고 과학적인 방법으로 최적화 방안을 마련해 역내
질서의 재조합 등 전략을 추진해야 한다. 사실 이 모든 문제들은 역내 국
가들의 적극적인 참여를 요구하며 어느 하나 쉽게 해결될 수 없는 중대한
사안들이다.

---

2) "特朗普 : 金正恩如做出敵對行動將會失去一切", 『중앙일보』, 2019.12.9.

Ⅲ. '공생발전'은 동북아시아 경제주랑의 '윈-윈'(win-win) 목표

　점진적이고 안정적으로 동북아시아 경제주랑 건설을 추진하는 것은 현실적 의미가 있다. 또한 역내 국가들이 추구하는 안보와 경제발전의 기본 요구에도 부합한다. 중국이 추진 중에 있는 '일대일로' 전략은 한국의 '유라시아 이니셔티브'와 '나인 브릿지'9-Bridge, 동북아철도공동체 등 전략과 고도의 합치점을 찾을 수 있다. 러시아 역시 동북아 개발에 점차 더 큰 관심을 보이고 있고 한중일 자유무역지대 건설도 이미 여러 번 화두에 올랐다. 북한은 비핵화 협상을 진행하고 있는 동시에 국가전략의 초점을 경제건설로 돌리고 있는 상황이다. 현재 역내 각 국가들이 주도적으로 제기한 여러 가지 협력 방안은 많은 측면에서 상호 보완과 중첩되는 부분이 존재하고 역내 다자 협력의 현실적 요구에 부합한다. 역내 국가들이 바라는 안보와 경제발전의 '협력 열차'는 이미 출발 상태이고 속력을 가할 준비를 하고 있다. 만일 외부의 간섭을 배제할 수 있다면 충분히 '고속 철도'의 속도로 달릴 수 있을 것이고 더 나아가 '초고속 철도'의 시대에 진입할 수 있다. 역내 국가들은 더 높은 수준의 협력을 위해 이미 준비되어 있는 상황이다.

　첫째, 동북아시아 지역은 경제협력과 무역 면에서 거대한 성과를 거두었다. 중국은 현재 동북아시아 5개국 중 최대 무역국의 지위를 유지하고 있다(표 1). 한국, 러시아, 몽골에 대한 투자 규모가 급속하게 증가 추세를 보이고 북한과의 전통적인 우호협력 관계가 지속적으로 발전하고 있다. 중국 상무부와 외환국의 통계 수치에 따르면 2019년 1월~10월 대외 직접

투자 규모는 6,648억 위안에 달했다. 이는 지난해보다 3.9% 증가한 수준
이지만 달러 환율의 영향을 받아 0.9% 하락한 967.2억 달러를 기록하고
있다. 중국 투자자가 전 세계 164개 국가와 지역의 5,365개의 외국 기업에
직접 투자한 비금융 영역의 투자액은 6,217.8억 위안이다. 이는 지난해보
다 5.9% 증가한 수준이고 역시 같은 이유로 달러로 환산하면 1%의 증가
율을 보인다. 2019년 1월-5월 사이 중국의 대 러시아 투자액은 2.1억 달
러이고 지난해보다 20.1% 증가한 상황이다. 대 몽골 투자액은 6,820만 달
러이고 지난해보다 67.1% 증가했다. 한국에 대한 투자는 8,868만 달러이고
지난해보다 73.1% 증가했다. 한편 2019년 1월-10월 사이 한국의 대 중국
직접투자액은 50.4억 달러였고 일본의 대 중국 투자액은 33.3억 달러를 기
록했다. 한국은 중국의 최대 외화 수입국이고 일본은 제4위를 차지했다.[3)]

〈표 1〉 2019년 1월-10월 수출입 상품 국가별(지역) 수치(인민폐)

수입국(지역) 수출 최종목적국(지역)	수출입	수출	수입
총액	2,562,521,327	1,398,376,646	1,164,144,680
북한	1,540,421	1,421,183	119,238
일본	176,794,438	80,784,868	95,861,916
한국	160,794,438	62,517,986	98,276,452
러시아연방	61,639,355	27,485,898	34,153,457
몽골	4,778,647	1,058,225	3,720,422

출처: 중화인민공화국 해관총서, http://www.customs.gov.cn/
발표시간: 2019년 11월 23일. 필자 본인 정리.

3) 商務部外國投資管理司網站, http://wzs.mofcom.gov.cn/

둘째, 국가 간 기초인프라 건설 협력사업이 안정적으로 추진 중이다. 중러 동부 천연가스 파이프 건설, 퉁쟝同江 철도 교량 건설, 헤이허 도로 교량 사업 등 프로젝트가 순조롭게 진행 중이다. 또한 '창춘 - 만주리 - 유럽', '요녕 - 만주리 - 유럽', '하얼빈 - 유럽' 등 중국 동북지역과 유럽을 연결하는 철도 선로가 현재 운행 중이다.

셋째, 지역경제공동체가 부단히 발전하고 있다. 한중일 자유무역지대 협상이 현재 진행 중에 있고 중국 - 몽골 - 러시아 경제주랑 건설도 추진 중이다. 광역 두만강 개발계획GTI도 안정적으로 출범하고 있는데 이상의 프로젝트는 동북아시아의 다자협력에 새로운 활력을 불어넣고 있다.

Ⅳ. '한중 + X' 협력방식으로 구성한 동북아시아 경제주랑은 '공생발전'의 주체

시진핑 국가주석이 제기한 인류운명공동체 건설이라는 이념을 따라 '일대일로' 전략이 전방위적으로 추진 중에 있다. '일대일로' 전략은 중국이 이웃 국가들을 중요하게 인식하며 이들과 함께 경제협력을 추진하고 싶다는 희망을 담았다. 이는 한중 협력에도 새로운 발전의 기회를 마련했다.

첫째, 중국이 제기한 '일대일로' 전략과 문재인 정부가 추진 중인 '신북방정책', '신남방정책'은 상호보완적이고 합치점이 많다. 양국의 국가 프로젝트를 적절히 조율하여 더 광활한 플랫폼으로 발전시키는 방안을 고려해야 한다. 특히 기초인프라건설, 금융, 교통과 환경보호 등 영역에서 양국은 협력의 공간을 더 확대할 수 있다.

둘째, 한국은 현재 중국의 '일대일로' 전략에 참여할 수 있는 기회를 적극적으로 찾고 있고 또한 양국 협력의 기반이 될 수 있는 '최대공약수'를 모색하고 있다.[4] 2017년 12월 취임 후 처음으로 중국을 방문한 문재인 대통령은 "한중 양국 기업이 제3국 시장을 개척하고 역내 무역과 투자 협력도 강화할 것"을 요구했다.[5] 한국의 총체적 구상은 한반도 비핵화 이후 장기적인 평화가 찾아온다면 부산으로부터 중국철도망을 통과 후 시베리아 횡단열차를 경과해 유럽을 잇는 물류 운송선을 개통하는 것이었다. 이런 요구는 현재의 특수한 시대적 배경과 맞물려 그 가능성이 훨씬 높아지게 되었다. 따라서 더 많은 한국인들이 중국의 '일대일로' 전략을 긍정적으로 인식하기 시작했고 이 프로젝트를 통해 한중 양국의 협력사업을 확대하려는 의지를 갖게 되었다. 한국의 전문가들도 '신북방정책'과 '신남방정책'이 중국의 '일대일로' 전략과 상호 연계할 수 있는 협력 방안을 모색하기 위해 노력하고 있다. 따라서 한국은 전 세계에서 유일하게 '일대일로 연구원'을 설립한 국가가 되었다.[6]

셋째, 한중 양국은 동북아시아의 중요한 영향력을 갖고 있는 국가이고 상호간 자유무역협정까지 체결했다. 한국은 중국이 설립한 아시아인프라투자은행AIB에 회원국으로 가입하면서 동북아시아 역내 협력에서 매우 모범적인 모습을 보이고 있다. 중국의 입장에서 보면 한국은 '일대일로' 전략의 아주 중요한 국가이다. 한국의 적극적인 참여는 물론 경제발전이 가장 중요한 목적이겠지만 그 외에도 지정학적, 경제규모, 문화적 동질감 등 여러 가지 요소의 영향을 받는다.

---

4) 이승주, 『일대일로 중국과 아시아』, (서울: 명인문화사, 2016) ; 이창주, 『일대일로의 모든 것』, (파주: 서해문집, 2017)

5) "文在寅訪華, 訪重慶大韓民國臨時政府舊址, 望加強實質性合作", 『澎湃新聞』, 2017.12.16.

6) 韓媒, "韓國成立 "一帶一路", 硏究院, 盧泰愚長子任院長", 『參考消息』, 2018.2.6.

한중 양국은 지도자들 사이의 정상회담을 정기화, 체계화, 규범화될 수 있도록 적극적으로 추진하고 있다. 이는 동북아시아의 경제협력에 힘을 실어주고 나아가 경제주랑의 건설에도 적극적인 확산작용을 할 것으로 기대된다. 그 일환으로 2019년 6월 27일 시진핑 주석과 문재인 대통령은 오사카에서 회담을 가졌다. 시진핑 주석은 한국이 '일대일로'의 전략적 기회를 잘 활용하여 한중자유무역지대 제2단계 협상을 잘 마무리할 것을 바라면서 무역, 과학기술, 금융, 환경보호 등 영역에서 양국의 협력을 확대하고 적극적인 인문교류를 통해 민간 부문에서 우호관계를 증진하기를 희망했다. 문재인 대통령은 중국과 함께 '일대일로' 건설에 참여하고 제3국 시장을 개척하는 데 한중 양국이 협력할 것을 기대했다. 12월 4일, 중국 국무위원 왕이 외교부장이 서울을 방문해 강경화 외무장관과 회담을 가졌다. 왕이 부장은 한중 양국이 모두 세계의 중요한 경제체이고 장기간 무역 파트너 관계를 유지했다면서 양국관계를 긍정적으로 평가했다. 중국은 '일대일로' 전략이 한국의 국가발전전략과 상호 융합하는 영역에서 협력할 의사가 있고 다자협력에서도 가능한 협력방안을 모색할 것이라는 입장을 밝혔다. 그리고 중국 왕이 외교부장은 『한중 경제무역협력 발전기획 2021-2025』 계획을 빠른 시일 내에 편성하고 한중 자유무역지대 제2단계 협상을 추진하여 양국의 무역관계를 한층 더 업그레이드 시킬 것을 요구했다.[7]

---

7) "왕이 외교부장 한국 외교장관 강경화 회담", 『新華社』, 2019.12.4.

V. 북한의 신 전략노선으로의 전환과 동북아시아 경제주랑 '공생발전'으로의 편입

북한이 참여하는 동북아시아 지역협력은 경제주랑의 건설에서 매우 중요한 내용이다. 2018년부터 북한은 신 전략노선으로의 전환을 추진하고 있으며 경제력을 제고하기 위해 노력하고 있다.

첫째, 사실 북한은 오래전부터 자주적인 경제건설의 길을 걷고 있다고 국제사회에 주장했다. 김정은 위원장은 2018년 신년사에서 "전면적인 경제발전"의 방침을 강조했다. 2018년 4월 7차3중전회에서 다시 "모든 역량을 집중해 사회주의 경제건설을 진행할" 새로운 전략노선을 선언했다. 이는 북한이 국가전략을 "핵 경제 병진노선"으로부터 "전력을 다해 경제를 발전시키는" 방향으로 전환했다는 것을 의미한다. 2019년 신년사에서는 "자력갱생의 기치를 높이 들고 사회주의건설의 새로운 전진노선을 개척할" 것을 선포했다. 2019년 4월 12일 열린 제14차 최고인민회의 제1차 회의에서 김정은 위원장은 『현 단계 사회주의건설과 공화국정부의 대내외정책에 관하여』라는 제하의 시정연설을 했다. 이 연설에서 "현재 조선이 마주하고 있는 주요한 임무는 바로 국가의 모든 역량을 집중하여 경제건설을 진행하고 사회주의 물질기초를 다지는 것"이라고 명확히 밝혔다.

둘째, 북한은 특수한 사회체제를 유지하는 동시에 경제의 발전을 추구하고 있다. 사회주의제도를 견지하면서 전통적인 계획경제를 고수하고 있는 중이다. 그러나 경제발전을 실현하기 위해 국제경제협력의 요구에 순응하는 한편, 계획경제라는 원칙하에 국민경제관리시스템을 충분히 활용해 내각이 점차 경제를 책임지는 방향으로 체제전환을 시도하고 있다. 각 부처에서 경제상황에 근거해 생산계획과 실제 운영능력을 조정해 보고하면 최고 지도자가 최종 결정하는 방식을 취하는 것이다.

셋째, 권력이 고도로 집중된 국가특성을 이용해 경제발전 과정에서 힘의 집중과 각 부처 이익의 조정이라는 수단을 자유롭게 사용하고 있다. "북한은 전통적 계획경제체제가 전체 국민경제에서 차지하는 주도적 지위를 고도로 강조한다."[8] 때문에 광산, 농산품, 수산물, 공업품, 군수품 등 주요한 자연자원에 대해 국가가 통일적으로 관리하고 있으며 이상 산업에 대해 엄격하게 심사하고 잠재력을 발굴하며 합리적인 운영을 통해 주도적 역할을 하고 있다.

넷째, 계획경제를 주체로 하고 시장경제를 보완수단으로 하는 이원경제 운행방식을 능동적으로 운영하고 있다. 현실적으로 작동하고 있는 "북한식" 경제운영방식이 점차 받아들여지고 있고 실천과 적응을 통해 실질적인 효력을 발생하고 있다.

다섯째, 경제발전을 위한 거대한 잠재력을 보유하고 있어 미래 전망이 밝다. "북한은 풍부한 광물자원을 보유하고 있다. 이미 탐사 완료한 광물자원만 300여 가지에 달한다. 그중 동광, 형석광, 금광, 흑연광, 철광, 연광, 마그네슘광의 매장량이 상당하고 핵무기 제조에 필수적인 우라늄광도 포함하고 있다".[9] 뿐만 아니라 삼림자원, 수산자원이 풍부하기 때문에 산림, 경제작물, 수산품 등 산업을 발전시킬 수 있고 수력발전의 잠재력도 기대할 수 있다. 북한은 국제시장에서 경쟁력이 높은 풍부한 인적자원을 보유하고 있다. 북한의 인력은 고도로 분업화된 국제시장에서 환영받을만

8) 滿海峰, "'朝鮮經濟砥砺前行, 區域合作方興未已", 『世界知識』 (2019), pp. 24-25.
9) 朱鋒等, "朝鮮經濟: 真實內情, 現存問題及中國策略", 『小麦財經』 (2018.7.1.)
http://finance.ccy.com.cn/c/2018070169574.html

한 수준을 갖추고 있어 미래에 강력한 생산력으로 전환될 수 있다.

여섯째, 북한은 중국의 '일대일로' 전략에 관심을 갖고 있으며 이 플랫폼을 통해 국가경제를 발전시키고자 한다. 북한사회과학원 산하 국제경제관계연구소는 최근에 동북아시아지역경제연구실을 설치했다. 이 연구소는 중국경제에 대한 연구와 '일대일로' 프로젝트에서의 북중 경제협력 등 주제를 주요 연구과제로 하고 있다.

이상의 조건을 바탕으로 북한은 우선 작은 범위에서 다양한 시도를 할 것이다. 국경무역, 관광, 기초 인프라 건설 등 영역에서 기능적이고 실천적인 협력사업을 시도할 가능성이 높다. 동시에 무역원조, 국내자원의 동원, 자국기업의 성장, 외자유치 등 수단을 이용해 비교적 경쟁력이 높은 산업을 배양하고 정책적인 지원을 아끼지 않을 것이다. 다른 한편 금융산업을 발전시키고 특히 은행의 융자능력을 강화해 대외수출을 증가하고 기업의 시장경영활동에 원동력을 제공할 것이다. 이런 방식 역시 정부가 경제발전 과정에서 주도적 역할을 발휘하는 전형적인 특징이기도 하다.

VI. 동북아시아 역내 국가들의 협력에 대한 의지가 경제주랑에 영향

사실 현재의 동북아시아 질서는 역내 국가들의 의지와는 달리 외세의 힘에 의해 구성된 것이다. 때문에 미일동맹과 한미동맹이 주축을 이루고 있는 구조에서 북한문제는 당연히 해결될 조짐을 보이지 않고 있다. 그러나 현재 역내질서와 국제형세의 변화와 더불어 동북아시아 국가들 사이의 상호의존도가 훨씬 높아졌기 때문에 더 높은 차원의 협력을 요구하는 역내 국가들의 의지가 외부로 분출하고 있는 상황이다. 이런 상황은 기존의 역내 질서를 재구성할 수 있는 가능성으로 발전했다. 특히 2019년 12월 24일 중국 청두成都에서 개최된 '한중일 정상회담'에서 한반도 비핵화, 역내 포괄적경제동반자협정RCEP, 한중일 자유무역협정FTA 등 주요의제에 관해 한층 더 심도 있는 대화가 이루어졌고 이에 따라 동북아시아 역내 협력에도 돌파구가 마련되었다.

사실 역내 국가들 사이에는 협력을 위한 현실적인 조건도 존재한다. 한중일과 북한은 모두 유교 문화권 국가이기 때문에 문화적 측면에서 역내 협력을 위한 기초를 갖추었다고 볼 수 있다. 뿐만 아니라 한중일 3국의 경제는 상호보완적이고 양자 사이의 협력 수준은 이미 역외 국가와의 협력보다 더 밀접한 관계를 형성하고 있다.

Ⅶ. 동북아시아 경제주랑의 전망과 '한중+X' 협력의 발전 공간

미국은 트럼프 집권 이후 일방주의와 보호주의로 급선회하고 있다. 이는 국제형세에 중대하고 불안정한 변수를 조성했으나 한편으로 동북아시아 국가 사이에 협력의 기회를 제공했다. 역내 경제협력이 미래 발전추세로 떠올랐고 역내 국가들이 미국의 일방주의에 맞서 자연스럽게 협력할수 있는 환경이 조성되었다.

첫째, 동북아시아 역내 국가 간 협력과 공동발전에 유리한 분위기가 조성되고 있다. 2018년 9월 11일, 시진핑 주석은 제4차 동방경제포럼에 참가해『극동지역 발전의 새 기회를 공유하고 동북아시아의 아름다운 미래를 열자』共享遠東發展新機遇, 開創東北亞美好新未來라는 제하의 발언을 했다.

가장 눈에 띠는 내용은 '동북아시아 경제 블록'을 구성하자는 주장이었다. 중국의 이런 제안은 역내 협력이 더 높은 수준으로 업그레이드되고 질과 효과 면에서 더 발전할 수 있도록 새로운 가능성을 제공했다. 또한 동북아시아 공동체 건설이 더 많은 국가의 지원을 받을 수 있도록 거대한 역사적 기회를 창조했다. 이런 분위기에 힘입어 한 동안 어색했던 중일관계에도 난류가 감지되었다. 2018년 10월 25일부터 27일까지 아베 수상이 직접 500명으로 구성된 상공계 대표단을 이끌고 중국을 방문했다. 한편 한중일 자유무역지대FTA와 역내 포괄적 경제동반자 관계협정RCEP에 관한 협상도 진행 중이다. 2018년 11월 18일, 남북한은 경의선과 동해선 철도에 대한 공동조사를 실시하기로 합의했다. 이번 조사에서 남측 열차가 북한 철도를 따라 2600km를 이동했다. 이상의 사례들은 모두 동북아시아 국가 간 협력과 정책 조정에 우호적인 조건과 분위기를 형성했다. 그러나 2019년 2월 하노이에서 열린 북미정상회담이 결렬되면서 남북 관계 역시 파고를 맞았다. 국제사회와의 대화와 협력에 적극적인 태도를 보였던 북한이 다시 강경한 자세로 나오기 시작했다. 이처럼 북한의 태도 변화를 불러온 이유는 여러 가지를 들 수 있다. 초기에 많은 기대를 했던 한국의 중재 기능이 대폭 하락했고 한국이 미국으로부터 무기수입을 결정함과 동시에 한미연합훈련이 다시 시작된 것 등 북한의 입장에서는 불편한 상황이 발생했던 것이다.

둘째, 한중 양국의 협력에 새로운 영역과 추세가 나타났다. 한국이 아시아 인프라 투자은행에 가입하고 '일대일로' 전략에 참여하면서 한중 양국의 수출입 구조와 산업화 구조에 변화가 생겼다. 따라서 양국은 서비스, 에너지, 신흥 산업 등 영역에서 다원화되고 더 발전한 협력관계를 건립해야 할 필요가 있다. 이 과정에 한중 자유무역지대를 '일대일로' 전략과 한국 개발전략의 플랫폼으로 사용할 수 있다. 금융, 관광, 교육, 문화, 의료, 물류 등 서비스 영역에서 더 높은 수준의 협력을 진행한다면 한중 자유무역지대도 한 단계 더 발전할 수 있을 것이다.

셋째, 중일무역이 침체상태에서 벗어나 새로운 성장 포인트를 찾고 있다. 중일무역의 협력범위를 '일대일로' 연안 국가들까지 확장하여 산업과 상품의 경쟁력을 충분히 발휘해야 한다. 동시에 고첨단 제조업, 에너지 환경보호, 상품의 우수성, 관리기술, 일용소비품 등 영역에서 투자의 비율을 확대하고 국가 간 인터넷 쇼핑몰을 대표로 하는 '인터넷 플러스(+)' 모델을 이용해 무역관계의 개선을 시도하고 새로운 물류합작 프로그램도 추진할 것이다.

넷째, 중러 무역관계가 역사적으로 가장 밀접한 시기에 진입했다. 중러 양국은 '일대일로' 건설과 유라시아경제연맹의 협력 사업에서 중요한 성과를 거두었다. '중몽러 경제주랑' 프로젝트와 러시아 극동지역 개발사업, 블라디보스토크 자유항구 건설 등 사업이 서로 교차적으로 진행되고 있다. 그리고 '중러 흑룡강 대교'와 '흑룡강 수이빈단 항구'綏濱段가 개통되면 양국의 교통과 통신, 무역에 큰 편리를 제공할 것이다. 러시아의 대 중국 수출 품목 중에서 광산, 농림축목어업, 제조업이 앞자리를 차지하는데 이런 자원들 대부분이 극동지역에 위치하고 있기 때문에 러시아 극동은 양국 무역의 중요한 장소로 떠오르고 있다. 2019년 12월 2일, 시진핑 주석과 러시아 푸틴 대통령은 실시간으로 동영상 회담을 갖고 '중러 동부선 천연가스 파이프라인'의 개통의식을 진행했다. 이 파이프라인이 정식 운행하게 되면 미래 30년 동안 러시아는 1만억 입방미터의 천연가스를 중국에 제공하게 된다. "에너지 협력이 궤도에 오르게 되면 2024년 중러 무역액은 2,000억 달러에 도달할 것으로 예상 된다".[10]

다섯째, 중국과 몽골의 협력이 이제 막 닻을 올리고 있다. 몽골은 '유라시아 경제연맹'과 같은 역내 대전략이 상호 중첩되는 전략적 위치에 자리 잡고 있다. 중몽 경제협력은 여러 가지 방식의 전략적 계획을 통해 안정적으로 추진해야 한다. 우선 국경무역을 활성화하고 교통과 에너지 등 기초 인프라 건설을 완성한 이후 양국의 협력 프로젝트가 동북아공동체 건설의 큰 계획에 융합될 수 있도록 해야 한다. 몽골은 "중국과 러시아의 경제협력 프로젝트에 참여할 수 있기를 희망한다". 몽골의 정부 고위급 인사는 중러 천연가스 파이프라인을 '새로운 실크로드'라고 인식하고 있으며 몽골이 바로 이 실크로드 위에 있다고 주장한다.

여섯째, 중국과 북한의 전통적 우호관계는 양국의 협력에 탄탄한 기초를 마련해주고 있다. 2019년 6월 20일 북중 양국 지도자는 최근 15개월 동안 다섯 번 만났다. 시진핑 총서기는 김정은 위원장과의 담화에서 북한에 대한 지지를 명확히 밝혔다. "국제형세에 어떤 변화가 발생하더라도 중국은 북한의 사회주의 건설과 새 전략노선, 한반도 문제에 관한 정치적 해결, 한반도의 장기적인 안정을 위한 노력을 확고하게 지지할 것이다…." 이와 같이 양국 지도자가 합의한 공통 인식을 바탕으로 북중 양국은 많은 영역에서 협력을 진행하고 있다. 주요하게 산업능력의 발전, 국경무역의 확대, 금융과 기술인재의 교류 등 사업이 포함되고 있다. 주목해야 할 점은 2019년 후반기에 들어서서 북중 간에 교육, 위생, 스포츠, 언론, 지방, 청년 등 영역에서 교류가 확대되고 대표단 상호방문도 증가했다는 사실이

---

10) "朝鮮鐵路聯合調查17日結束 韓調查團將返韓", 『环球网』, 2019.12.17.
  https://world.huanqiu.com/article/9CaKrnKg0JE

다. 2019년 10월과 11월 사이에 이미 중국 신화사 대표단, 인민일보 대표단, 랴오닝성 우호대표단이 선후로 북한을 방문했다. 11월 6일부터 9일까지 랴오닝성 1인자인 천추파陳求發 서기를 단장으로 하는 대표단이 북한을 방문해 대외경제부 김영재 부장과 회담을 가졌다. 양측은 중국 랴오닝성과 북한의 교류사업에 관해 4가지 건의를 제기했다. 인적교류와 무역관계를 증가하고, 농업 교류협력사업을 확대하며, 민생 영역의 교류를 강화하며, 관광 서비스를 적극적으로 추진하자는 것이다. 이번 방문에서 중국 단둥시와 신의주시 사이에 전염병 예방과 통제 문제에 관해 상호교류와 협력 합의서를 체결했다. 한편 북한 측에서는 조중의원우호대표단, 평안남도우호대표단, 조선교육대표단 등 방문단이 중국을 찾았다.

북중 협력에서 단둥시의 창구 역할에 주목할 필요가 있다. 단둥은 한반도와 요동반도 및 동북지역의 국경도시들을 연결하는 역할을 할 수 있다. 더 나아가 단둥 - 평양 - 서울 - 부산을 연결하는 도로, 철도, 통신망의 건설도 구상할 수 있다. 단둥과 신의주는 양국 지방정부의 협력사업이 진행되고 있는 전초지역이다. 두 도시 사이에 위치한 황금평 경제특구는 양국의 국경무역을 확대할 수 있는 중요한 지점이다. 황금평을 더 활성화시킬 수 있다면 그 주변지역까지 경제특구를 확대할 수 있다. 이런 상호교류를 통해 북중 양국의 산업을 더 밀접히 연결시키고 중국의 기업이 더 순조롭게 북한 시장에 진입할 수 있는 조건을 만들어야 한다. 경제협력을 경험하면서 북한 역시 동북아시아의 경제 분업에 참여할 수 있고 경제발전을 실현할 수 있다.

Ⅷ. 결론

'공존의 안보'와 '공생의 발전'을 추구하는 것은 바로 가치 다원화의 시대에 각 행위자들이 생존과, 공존, 공동발전의 문제를 어떻게 처리할 것인가에 대해 시험적인 해답을 내놓은 것이다. 상대방과의 차이를 인정하는 전제 하에 공동안보와 공동발전을 실현할 수 있다면 최종적으로 인류운명공동체의 건설도 가능할 것이다. 동북아시아 경제주랑의 건설은 한반도의 비핵화와 나아가 평화체제의 건립과 상호 연결되어 있다. 그 발전 전망은 비록 순탄하지 않겠지만 동북아시아 국가들이 서로 힘을 합쳐 동일한 방향으로 노력한다면 대화의 분위기를 유지할 수 있을 것이고 협상을 통해 문제를 해결할 수 있을 것으로 기대한다.

한중 인문교류와 한중관계

싱리쥐(邢麗菊)*

현대 국제관계의 3대 추진동력은 인문교류협력, 정치안보협력, 경제무역협력이다. 인문교류의 기본적 함의는 평화적 방식으로 각 문명 간 상호이해와 공동 번영을 촉진해 세계문화의 다원적 평화 발전을 촉진하는 것이다. 당의 18대 보고에서 인문교류는 전략적으로 매우 높은 위치에 있으며 이를 착실히 추진할 것을 명확히 밝혔다. 19대 보고 또한 대외 인문교류를 강화해 나를 위주로 다른 것들을 받아들이고 축적해 국가 문화 소프트파워를 향상할 것을 재차 강조했다. 특히 19대 보고는 확고한 문화적 자신감과 사회주의 문화 번영의 촉진을 매우 강조한다. 이는 중외 인문교류를 강화하는 데 더 강한 추진력을 불어 넣었다.

한중 양국은 서로 우호적인 이웃으로 모두 한자와 유교 문화권에 속해 있다. 오랜 역사 발전과 문화 교류 속에서 함께 눈부시게 빛나는 문화를 써내려 왔다. 유사한 문화전통과 실질적 노력을 바탕으로 한중 수교 27년 동안 양국 인문교류는 정부 기제와 민간 차원에서 모두 일련의 중요한 성

---

* 푸단대학 국제문제연구원 교수, 한국연구센터 부주임

과를 거두었다. 그러나 이런 성과의 이면에는 여전히 수많은 원인에 따른 상호 의심과 신뢰 부족, 교류의 비대칭 등 많은 문제가 산재해 있다.

특히 2016년 7월 한국이 사드 배치를 결정한 뒤 양국의 인문교류는 심각한 영향을 받았고 민심 기반은 점차 약화 됐다. 문재인 대통령은 취임 후 대중 우호 협력을 선택하면서 2017년 10월 말 공개적으로 추가적인 사드 배치와 미국의 미사일 방어 체계MD 가입을 고려하지 않을 것이며 한미일 군사동맹을 발전시키지 않겠다는 중요한 입장을 밝혔다. 또한 12월 중국을 첫 공식 방문해 한중 양국이 사드 문제를 단계적으로 처리하는 데 합의하면서 양국관계 개선과 인문교류 증진에 긍정적 역할을 했다. 양국은 향후 지금까지의 협력 성과를 소중히 여기고 상호 이해와 신뢰를 증진하고 모순과 갈등을 효과적으로 관리하며 한중관계의 건강하고 안정적인 발전을 촉진하리라 생각한다. "국가 간 교류는 국민 간 친화에 있고, 국민 간 친화는 마음이 서로 통하는 데 있다"는 말이 있다. 인문교류가 어떻게 제대로 역할을 발휘하고 한중 우호에 기여할 수 있는지는 매우 중요한 과제이다.

Ⅰ. 한중 인문교류 발전 회고

한중 수교 27년 동안 양국관계는 더욱 긴밀해졌다. 2013년 박근혜 대통령은 집권 후 대중 관계 발전을 매우 중시했다. 한중 양국 문화 교류를 논하면서 한국 정부는 한미 간의 '가치동맹'과 차별화된 한중 '인문 유대' 강화를 제안했다. 2013년 6월, 박근혜 대통령은 방중 기간 시진핑 주석과 〈한중 미래비전 공동성명中韓面向未來聯合聲明〉을 체결했다. 성명은 양국

인문 유대 강화 활동을 적극적으로 추진하고 정부 간 협력기구인 '한중 인문교류 공동위원회' 설립을 강조했다. 2013년 11월 19일, 한중 인문교류 공동위원회는 서울에서 제1차 회의를 정식으로 개최했다. 이는 한중 인문 유대 강화의 중요 플랫폼으로 양국 국민 간의 상호 이해와 감정적 유대를 더욱 심화하는 데 목적이 있다. 2014년 7월 시진핑 주석의 방한 당시 한중 양국은 〈연합성명聯合聲明〉을 발표했다. 성명의 중요 내용은 '양국 국민이 직접 체감할 수 있는 양방향 인문교류를 통해 국민 간 정서적 유대를 강화하고 마음이 통하는 상호 신뢰관계 구축'이다. 이 뿐만 아니라 양국 정상은 청소년 교류, 전통예술체험, 지방 성시省市 교류 등 인문영역의 총 19개 교류 프로그램 〈2014년 한중 인문교류 공동위원회 협력 사업 목록2014年中韓人文交流共同委員會交流合作項目名錄〉을 공식 발표하고 이를 적극적으로 추진하기로 했다. 2014년 11월 2일, 한중 인문교류 공동위원회 제2차 회의를 산시陝西 시안西安에서 개최했으며, 양측은 2015년 교류 협력사업 목록 초안, 원칙 등 여러 사안에 합의했다. 또한 2015년 '중국 관광의 해'와 2016년 '한국 관광의 해'를 중점적으로 다루었으며 한중 민간기구의 위원회 참여를 적극적으로 장려했다. 한중 인문교류 공동위원회 제3차 회의는 2015년 12월 23일 한국 제주도에서 열렸다. 회의는 공동위원회의 핵심 플랫폼으로서의 역할을 긍정적으로 평가하고 지속적이고 다양한 양국 협력 공공상품 개발, 교류 내용과 형식 활성화를 통한 양국관계 발전 촉진을 제안했다. 회의 기간 양국은 〈한중 인문교류 공동위원회 백서韓中人文交流共同委員會白皮書〉 발간식 및 위원회 로고 제막식을 가졌다. 2016년 3월 31일 시진핑 주석과 박근혜 대통령은 워싱턴에서 회담을 갖고 한중 인문교류 공동위원회 기제가 적극적인 역할 발휘해 양국 인문교류의 더 큰 발전을 이끌도록 하는 데 합의했다. 두 정상은 〈2016년 한중 인문교류 공동위원회 교류 협력 사업 목록〉을 대외적으로 발표하는 데 동의하고 적극적으로 추진하기로 했다. 목록에는 학술교육, 지방, 청소년, 문화 등 양국 인문영역의 총 69개 교류 협력 사업이 포함됐다. 그러나 2016년 7월 8일 한국의 사드 배치 공식 발표를 기점으로 양국관계에 큰 변화가 생겼다. 인문교류에도 그에 따른 그림자가 드리우며 한중 인문교류 공동위원회 제4차 회의는 개최되지 못했다. 지금까지도 이 기제는 여전히 고착 상태에 있다. 특히 중국 정부는 10대 고위급 인문교류 기제를 잇달아 설립했는데 그중에는 올해 11월 설립된 중일 고위급 기제도 포함된다. 한국은 중국의 중요한 이웃 국가이다. 중일기제의 성립으로 한중 인문교류 기제 구축에 대한 바람은 더욱 절실해졌다.

Ⅱ. 사드 배치가 한중 인문교류에 미친 영향

2015년 한중 우호 관계의 영향을 받아 양국 간 인적·문화적 교류는 2016년 상반기에도 여전히 안정적인 발전을 이어갔다. 특히 〈태양의 후예〉로 대표되는 한류 문화가 중국 대륙에서 지속적으로 발전했고, 그 인기는 〈별에서 온 그대〉를 능가할 정도로 폭발적이었다. 통계에 따르면 2016년 4월까지 아이치이愛奇藝 사이트에서 해당 드라마 조회 수는 27억 건을 돌파했다. 중국웨이보微博에서 드라마 내용을 언급한 글은 1,000만 건이 넘으며 관련 내용의 구독 수 110억 번이 넘는다. 더욱 중요한 것은 16부작 드라마의 총 판매가는 2,400만 위안(한화 약 42억 원)으로 한국 문화산업 해외 거래 신기록을 세웠다는 것이다.[1]

---

1) 관련 데이터 통계는 다음을 참고했다. 임대근, 『韓國關係年度報告 : 對華文化交流』 (2016), 성균중국연

그러나 이런 추세는 2016년 하반기 달라지기 시작했다. 7월 한국이 사드 배치를 선포한 후 중국 국내 대중의 반한 또는 혐한 감정이 고조됐다. 통계에 따르면 2016년 7월 상반기, 한국과 관련한 중국 네티즌의 검색어 순위는 '반대, 문제, 롯데' 순이었다. 한국 언론 또한 8월부터 중국이 소위 '한한령限韓令'[2]을 실시해 각 영역에서 전면적으로 한국을 제재하고 있다고 보도했다. 한국의 대중 인문교류는 크게 타격을 입고 역사상 최대의 위기를 맞았다.

첫째, 중국 내에서 한국 엔터테인먼트 시장 발전이 침체되고 엔터테인먼트 상품과 산업은 보이콧 위기에 봉착했다. 한국 언론 보도에 따르면 중국 국가광전총국中國國家廣電總局은 신규 설립된 한국문화산업회사 투자를 금지하고 한국 아이돌 그룹의 관객 만 명 이상 공연 금지, 사전 계약된 제작 외의 한국 드라마 등 영상 작품(합자 포함) 금지, 한국 연예인의 중국 드라마, 광고, 공연, 예능 등 프로그램 출연 등을 금지했다. 한국 언론은 이에 대해 많은 관심을 보였다. 그러나 중국은 소위 '한한령'의 존재를 계속 부인하고 있다. 한국 언론인들은 이대로 가면 한국 엔터테인먼트계의 1/3이 실직하리라 전망했다. 그러나 한편에서는 한국 문화상품의 대중국 수출은 전체 수출액의 30%로 중국 시장이 중요하긴 하지만, 이는 동시에 한국 문화에 대한 중국 내 수요를 의미하기 때문에 양국 국민 모두가 좋아하고 즐길만한 상품을 만들어 중국과 교감해 더 견고한 한중 문화공동체를 만들어야 한다고 주장한다.[3]

구소. : 門洪華·李熙玉, 『中韓關係的新探索』 (서울: 성균관대학교출판부, 2017), pp. 223-224.

2) 중국 정부는 한한령을 부인하고 있다. 중국 외교부 대변인은 한중 양국의 인문교류는 어느 정도의 여론 토대가 필요한데 사드가 그 토대를 무너뜨렸다고 수차례 발표했다.

3) "韓寒令追跡: 韓娛圈或將有 1/3的人失業", 『騰訊網』. http://ent.qq.com/a/20160809/002560.htm

둘째, 중국 관광객의 한국 방문이 급감하면서 면세점과 기타 관광 수입이 위기를 맞았다. 보도에 따르면 3월 1일~19일 한국을 찾은 중국인 관광객 수는 전년 동기 대비 21.9% 감소했고 한국 관광시설은 대량의 예약 취소가 발생하고 매출이 급감했다. 이 데이터는 한국문화체육관광부의 통계로 『연합뉴스』가 3월 22일 보도한 것이다. 이는 3월 15일 한국 여행 제한 조치가 실시된 후 처음 나온 여행 통계이다. 3월 1일~19일 한국 면세점의 판매액은 전년 대비 12% 감소했으며 중국인 고객은 29% 감소했다. 한국 여행사의 손실은 70억 원(약 4,300만 위안)에 이를 것으로 예상되며 4월 들어 84억 원(약 5,200만 위안)의 추가 손실이 예상된다. 호텔의 손실 또한 75억 원(약 4,600만 위안)에 달했다. 그전까지 매년 한국을 찾은 외국인 여행객은 약 1,700만 명으로 그중 중국인이 절반을 차지했다.[4]

셋째, 한국 서적의 중국 내 출판이 제한되며 문화교류는 설상가상 어려움을 맞았다. 작년 10월 하반기 이후 중국 국내에서 한국을 다룬 저작은 모두 출판이 연기되거나 금지됐다. 국가신문출판광전총국國家新聞出版廣電總局의 모든 한국 저작물 또는 중국학자의 한국에 대한 저작물에 대한 심사는 본래 엄격했으나 사드 파동 이후 더욱 신중해졌다. 총국은 서서히 출판물에 간행물 고유번호 ISBN이나 중국 도서 출판 목록 CIP 번호를 부여하지 않았다. 이 두 번호는 도서출판물의 필수번호로 이것이 없으면 불법 출판이 된다. 서적은 문화를 전파하는 중요 채널로 특히 학술교류에 있어 더욱 그렇다. 지금까지도 한국 서적에 대한 중국 내 출판은 완전히 개방되지 않고 많은 제한 요소가 있다.

상술한 바로 미루어 보아 한국의 대중 경제는 지금까지 최대 위기를 맞

---

4) 『環球網』 보도 참고: http://finance.huanqiu.com/gjcx/2017-03/10361014.html

고 있다. 최근 몇 년 동안 중국은 늘 한국의 최대 수입 무역국이자 투자 대상국이었다. 한국은 중국의 세 번째 교역 대상국이다. 2016년 이후 한중 무역액이 감소하고 한국의 대중 수출은 급격히 얼어붙었다. 통계에 따르면 2016년 1월~9월 한중 무역액은 1,528.83억 달러로 전년 동기 대비 9.5% 감소했다. 그중 한국의 대중 수출액은 896.74억 달러로 전년 동기 대비 2.1% 감소했으며 대중 무역 흑자는 264.65억 달러로 동기 대비 24.96% 감소했다. 금융감독원이 2017년 1월 발표한 자료에 따르면 2016년 11개월간 중국 투자자의 한국 주식시장 순매도액은 1조 5천억 원(약 86억 위안)으로 동년 대비 10배 증가했다. 『연합뉴스』는 중국 투자자가 한국에서 철수한 가장 큰 원인은 사드라고 분석했다.

사드가 한중 양국 인문교류 발전에 심각한 영향을 미치고 최근 몇 년간 양국관계의 우호적 발전의 민심 기반에도 심각한 타격을 주었다는 것은 의심의 여지가 없다. 문재인 대통령의 2017년 말 방중 이후 한중 양국 정상은 여러 차례 중요한 자리에서 만났고 거듭 우호적 교류의 중요성을 강조했다. 현재 한중 인문교류는 점진적으로 추진되고 있으며 민간 교류 또한 일사불란하게 진행되고 있으나 2016년경의 열기는 아직 회복되지 않았다.

Ⅲ. 한중 인문교류 강화 고찰 및 제언

한중 수교 27년간 양국관계는 양호한 발전을 이뤘다. 그러나 사드 사건은 양국 민심 기반의 취약성을 보여줬다. 그동안의 한중 양국 인문교류는 다음과 같은 간과할 수 없는 문제가 많았다.

첫째, 상호신뢰와 이해가 부족하며 편견이 여전히 존재했다. 비록 한국과 중국은 동아시아 유교 문화권에 속하고 상호교류가 양호하게 이루어졌음에도 불구하고 근현대 들어 사회제도와 이데올로기, 경제발전 차이로 인해 한국 언론은 '색안경을 끼고' 중국에 대해 부정적으로 보도하는 경우가 매우 많았다. 이는 한국 보통 국민들의 인식에 큰 영향을 미쳤다. 마찬가지로 최근 몇 년 사이 한국에 대한 중국의 인식 또한 한국 드라마, K-POP으로 대표되는 한류 문화에 국한되어 있을 뿐 한국의 역사, 민족심리 등에 대한 이해는 부족했다.

둘째, 문화교류가 비대칭적이며 일부 문화교류는 일방적이다. 최근 중국의 우수한 영화와 사극이 한국 시장에 잇달아 들어오고 있지만, 현실 소재를 반영한 작품이 한국에 수출되는 경우는 드물다. 한편 양국 관영 언론은 한류와 한풍漢風을 즐겨 보도했지만 실제로 한국인은 중국 문화에 대한 애정보다 중국 문화에 대한 현실적 목적에 따른 수요가 더 많다. 중국 경제가 부상하면서 경쟁에 밀려 중국어를 배우는 한국인이 날로 늘고 있다. 한류의 성공으로 한국은 자기 문화에 대한 자신감을 갖게 됐다. 그들이 좋아하는 것은 역사적인 것이지 현대 중국 문화가 아니다. 이는 중국 전통문화의 개혁과 혁신에 대한 심각한 도전이기도 하다.

셋째, 민족주의와 역사 문제의 정치적 개입이다. 가장 두드러지는 것은 고구려 문제와 문화유산 등재를 둘러싼 분쟁이다. 중국 역사학자의 최초의 바람은 동북지역사 연구를 학술 궤도에 편입시키는 것이었다. 그러나 연구를 중국사회과학원이 주도하면서 한국은 이를 중국 정부의 주도적 행위로 인식하고 많은 학계, 정계 인사들이 이를 문제 삼고 심지어 중국 정부에 항의했다. 그 외에도 최근 중국 언론은 한국의 풍수, 단오, 온돌의 문화재 등재와 관련된 내용을 다수 보도하고 있다. 이런 내용은 한국 정부의 공식 입장이 아님에도 불구하고 중국 국민의 민족 자존심을 자극했으며 온라인에서는 양국 네티즌이 설전을 벌이며 서로의 감정을 크게 상하게 했다.

그렇다면 사드로 인한 한중관계 냉각기에 양국 인문교류는 어떻게 이를 돌파해야 할까?

첫째, 정부는 정치적 신뢰를 재구축하고 교류 플랫폼을 재개해야 한다. 문재인 대통령은 취임 초부터 고위급 대표단을 중국에 파견해 일대일로 정상회담에 참석시켰으며 이후 전임 총리를 특사로 하는 친선대표단을 중국에 파견해 교섭했다. 이는 문재인 정부의 양국관계 회복에 대한 결심을 보여주는 신호이다. 한중 양국은 사드 문제가 초래한 문제를 3년 넘게 이어오고 있으며 지난 정부가 남긴 정치적 문제 또한 남아 있다. 한국 정부도 여러 가지 태도를 보이며 중국 외교부의 긍정적 호응을 얻었다. 그러나 문재인 대통령의 2017년 방중 후 최근 2년간 양국 간 고위층 교류는 기본적으로 일상적 외교 접견에 국한되었다. 특히 한국의 경제 중심이 서서히 동남아시아로 옮겨가면서 중국에 대한 한국의 관심도 예전 같지 않다. 양국 정부 간 인문교류 기제에 대한 추가적 협의도 없고 정치, 경제적 협력에도 새로운 특이점이 없다는 점에서 정치를 위시한 각 영역의 상호 신뢰 구축이 절실하다.

둘째, 민간교류를 지속적으로 추진하고 교류를 심화해야 한다. 현재 한중 민간교류는 어느 정도 장애를 겪고 있긴 하나, 완전히 중단되지는 않았다. 특히 문재인 정부 출범 이후 많은 문화, 학술교류와 협력이 서서히 전개되고 있다. 민간교류는 여전히 인문교류의 중요 역량이다. 정부 간의 추진도 물론 중요하지만, 교류의 구체적인 내용과 형식은 민간 역량이 주도해 교류 주체의 능동성을 충분히 발휘해야 한다. 지난 25년간 양국 문화교류는 어느 정도 성과를 거두었으니 앞으로는 단순한 폭의 확대보다 깊이 있는 방향으로 나아가야 한다. 한중 양국은 역사, 문화, 철학 등 영역에서 일련의 통속 또는 학술 영역의 협력을 추진해야 한다. 또한 상대방의 민족 심리와 정서를 깊이 있게 이해하고 서로 배려하고 포용해야 한다. 동아시아 지역의 문화 주도권을 두고 서로 경쟁하지 말고 동아시아 문화의 계승자이자 수호자가 되어야 한다.

셋째, 언론은 적극적으로 가이드를 제시하고 긍정적 이미지를 조성해야 한다. 언론은 양국관계 발전의 촉매제이다. 타국에 대한 일반 대중의 인식은 대부분 언론 선전에서 기인한다. 현재 양국관계가 곤경에 처한 상황에서 양국 언론은 대국적 관점에서 상대 국가에 대한 부정적인 보도를 최대한 자제하고 긍정적인 태도로 양국관계의 중요성과 관계 회복의 시급성을 적극적으로 보도해야 한다. 정확한 여론으로 대중을 이끌어야 양국의 손상된 민심 기반을 회복할 수 있다. 특히 오랫동안 한국의 많은 언론의 중국에 대한 보도는 그다지 긍정적이지 않았고 중국 네티즌 또한 온라인 플랫폼에서 한국에 대해 허무맹랑한 공격을 했다. 이는 양측 모두 손상을 입는 것으로 바람직하지 않을 뿐만 아니라 서로 갈등만 증폭시킬 뿐이다. 양국은 언론의 중요성을 인식하고 양측에 대한 긍정적인 홍보를 강화하고 더 많은 민심을 얻기 위해 적극적으로 나서야 한다.

넷째, 학계는 소통을 강화해 상대에 대한 의심을 해소해야 한다. 학자는 양국을 대표하는 엘리트로 적극적이고 능동적으로 제안을 해야 한다. 오랫동안 양국 학계의 소통은 깊이가 부족했다. 교류가 많았으나 역사, 정치, 민족, 종교 등 민감한 문제에 직면했을 때 양측은 서로 고집을 부리며 자기주장만 해 논쟁과 의심이 많았다. 양국은 역사와 국정 현실이 다르며 근현대화 과정에서도 큰 차이가 있다. 양국 학자들은 상대를 배려하고 '역지사지易地而處, 감이수통感而遂通'의 동양 지혜에 따라 '윤집궐중允執厥中'의 소통과 교류를 실현해야 한다. '기소불욕물시어인己所不欲勿施於人'역시 좋은 방법으로 학계와 학자에게도 해당한다. 뿐만 아니라 학자는 교육자로서의 사명이 있다. 적극적으로 양국 청년 세대에게 올바른 가치관과 한중관을 심어주고 한중관계가 계속 우호적으로 발전할 수 있도록 모범을 보이고 역량을 길러야 한다.

Ⅲ 한반도 평화와 새로운 한중협력

한반도 평화체제에 대한 새로운 접근*

이수형(李壽炯)**

Ⅰ. 한반도 평화체제 개념에 대한 새로운 접근

냉전 종식 이후 북한의 대내외적 상황은 한마디로 사면초가의 상태였다. 북한은 이런 상황을 타개하기 위한 전략의 일환으로 핵정치 행보를 선보였다. 결과적으로 1993년 3월 북한의 핵확산금지조약NPT 탈퇴 선언을 계기로 오늘에 이르기까지 한반도 정세는 북한의 핵정치와 직접적으로 연관되었다. 이에 따라 남북한의 지속가능한 평화를 담보할 수 있는 한반도 평화체제 문제도 구조적으로 북한의 핵정치와 결부되었다. 즉, 북한의 핵문제를 제외하고 한반도 평화체제를 논의하는 것이 비논리적인 것처럼 여겨지게 되었다.

이런 점에서 지난 2005년 9·19 공동성명을 계기로 주목받았던 한반도

---

* 이 글은 다음의 글을 인용·수정·보완했음을 밝힌다. 이수형, "중추적 중견국가로서 한국의 외교안보전략 3.0" (서울: 국가안보전략연구원, 2019), pp. 104-118.
** 국가안보전략연구원 연구위원

평화체제에 대한 논의는 새로운 접근을 필요로 하게 되었다. 9·19 공동성명을 계기로 부각되었던 한반도 평화체제에 대한 논의들이 갖고 있었던 문제점을 간단히 짚어보면 다음과 같다. 첫째, 평화체제에 대한 개념정의가 너무 규범적·이상적이라는 점이다. 그렇기 때문에 한반도 평화체제에 대한 기존 논의에서는 한반도 평화의 항구성과 국제적 보장 등이 명시적·묵시적으로 강조되고 있다. 한반도 평화체제에 대한 이러한 접근 및 개념정의는 가장 바람직한 상황 조건들을 제시하고 있지만, 역설적으로 현실의 세계에서 한반도 평화체제의 등장을 더욱 어렵게 만드는 비의도적 모순을 보여주고 있다.[1] 둘째, 한반도 평화체제에 대한 기존 논의들은 평화체제 등장의 전제 또는 해결 조건으로서 동시다발적으로 많은 현안 문제의 해결을 강조하고 있다. 이는 결과적으로 한반도 평화체제의 등장을 사실상 남북연합이나 통일 한국 직전의 상태로 파악하는 것으로, 평화체제를 평화체제가 궁극적으로 지향해야 하는 목표와 동일시하는 오류를 범하고 있다고 판단된다.[2] 셋째, 한반도 평화체제에 대한 기존의 논의들은 평화와 안보의 상관관계를 등한시하고 있다는 점이다. 일반적으로 평화가 전쟁이나 갈등이 없는 평온한 상태라면[3], 안보 역시 불안이나 근심 및 걱정 등으로부터 자유, 안전, 그리고 위험의 부재상태를 강조하기 때문에 평화와 안보는 동전의 양면관계이다. 미중 전략적 경쟁이 심화되고 북한이 핵 무력 완성 선언을 한 작금의 상황에서 한반도 평화체제 논의에서는 비

---

1) 이수형, "한반도 평화체제와 한미동맹: 동북아 평화체제와의 구조적 연계성," 『통일과 평화』 제2호 (2009), p. 39.

2) 이수형 (2009), 위의 논문, p. 39.

3) 참고로 북한의 평화에 대한 관점은 다음과 같다. 북한은 계급적 관점에서 평화를 2가지로 구분한다. 하나는 이른바 제국주의 국가들의 억압에 의해 이루어지는 노예적 굴종의 브루죠아 평화이며, 다른 하나는 사회주의 국가들이 제국주의 국가를 지구상에서 영원히 축출한 후 이룩할 수 있는 진정한 평화가 있다는 것이다. 김일성, 『김일성 저작선집 4』 (평양: 조선로동당출판사, 1968), p. 521.

핵화 프로세스와 한반도 평화체제 간의 점진적·단계적 연계성을 제시할
필요가 있다.

　바로 이런 맥락에서 한반도 평화체제에 대한 새로운 접근이 필요하다.
한반도 평화체제에 대한 새로운 접근의 핵심은 북미 비핵화 프로세스와
한반도 평화체제 구축과정을 어떻게 연계시켜 나갈 것인가의 문제이다.
즉, 한반도 평화체제는 북미 비핵화 프로세스의 진전 여부에 따라 평화체
제의 성격과 내용, 그리고 진행과정 등이 변화될 수 있다. 이러한 점을 고
려하여 한반도 평화체제를 새롭게 개념정의하면 다음과 같다. 한반도 평
화체제는 "현재의 정전체제를 대체하는 평화협정을 통한 법적·제도적 평
화보장으로 한반도에 실질적이고 공고한 평화정착이 달성되어 한반도 안
보체제와 선순환 관계로 작동하고 있는 상태"[4]이다.

　따라서 한반도 평화체제는 항구성을 가질 수 있지만, 북미 비핵화 프로
세스의 진척과 동북아 안보체제의 성격 등에 따라 평화체제의 항구성도
영향을 받는다. 그렇기 때문에 작금의 상황을 고려할 때 한반도 평화체제
문제는 반드시 북미 비핵화 프로세스와 남북 평화협력 프로세스와 결합된
한반도 안보체제의 성격, 그리고 미중 전략적 경쟁과 맞물려 있는 동북아
안보체제의 성격 규명도 이루어져야 한다. 설사 북미 비핵화 프로세스와
맞물려 한반도 평화체제가 구축되었다 할지라도 한반도 및 동북아에는 여
전히 어떤 상태로든 안보체제가 작동하고 있는 것이며, 이것이 평화체제
와 선순환 구조를 이루어야만 한반도 평화체제의 항구성이 보장될 수 있
는 것이다.

---

4) 이수형, "한반도 평화체제의 비판적 재구성," 정성윤 외, 『한반도 평화체제 구상과 대북정책』(서울: 통
　일연구원, 2017), p. 25.

Ⅱ. 한반도 평화체제에 대한 국제체제의 관점

한반도 평화체제 구축과 관련해서 우리는 어떠한 방법을 통해 북미 비핵화 프로세스를 진척시켜 정전체제를 평화체제로 전환시킬 것이며, 전환된 평화체제를 어떻게 유지하고 지속시켜 나갈 것인가의 문제가 중요하다. 즉, 한반도 평화체제를 구축하는 과정 못지않게 이를 지속적으로 유지시켜 나가는 문제도 중요한 것이다. 전자와 관련된 쟁점들이 주로 북미 비핵화 프로세스의 단계와 그에 따른 평화체제 그리고 평화협정 상호관계의 설정문제5)라면, 후자의 주요 쟁점은 평화체제에 대한 접근관점의 문제다. 특히, 한반도 평화체제가 구축되고 항구성을 보장받기 위해서는 어떤 관점에서 평화체제를 바라보고 접근해 나가느냐가 보다 더 중요한 것이다.

여기에서는 국제체제의 관점에서 한반도 평화체제를 바라보고자 한다. 일반적으로 국제체제란 특정 시기의 국제질서를 안정적으로 유지하고 이를 지속시켜 나가기 위한 '질서유지 메커니즘'이다. 단순하게 이야기하면 국제체제는 국제관계에서 전쟁을 방지하고 평화를 유지시켜 나가기 위해 관련 국가들이 고안해 낸 유무형의 질서유지 메커니즘인 것이다.6) 질서유지 메커니즘으로서 근대 국제정치에서 작동했던 대표적인 국제체제로는 유럽협조체제, 비스마르크 동맹체제, 그리고 냉전체제 등을 들 수 있다. 이러한 질서유지 메커니즘은 특정 시기 지역적·국제적 차원에서 안정적 질서를 유지하기 위해 관련 국가들이 고안해 낸 것이다. 또한 질서유지

---

5) 이에 대해서는 다음을 참조. 이종석, "한반도 평화체제 구축논의, 쟁점과 대안 모색", 『세종정책연구』 제4권 1호 (2008), pp. 5-31.

6) 국제질서와 질서유지 메커니즘으로서의 국제체제에 대해서는 다음을 참조. John A. Hall and T.V. Paul, "Introduction," in T.V. Paul and John A. Hall(eds.), *International Order and the Future of World Politics* (Cambridge: Cambridge University Press, 1999), pp. 1-15.

메커니즘인 국제체제는 1) 행위자 2) 행위자 간 상호작용의 유형, 3) 행위자들 간 힘의 배분 상태, 4) 행위자에 영향을 미치는 비인적 요소들(영토, 자원, 무기 등)이라는 측면에서 이들 간의 복합 작용으로 만들어내는 특정 시기의 국제정치환경인 것이다.[7]

국제체제의 관점에서 바라본 한반도 평화체제의 장점은 북미 비핵화 프로세스의 진척 여부에 따라 평화체제와 안보체제를 동시적으로 연관시켜 보다 현실적인 평화체제를 논의할 수 있다는 점이다. 바로 이런 점에서 새롭게 제시되는 한반도 평화체제는 북미 비핵화 프로세스와 동북아 안보체제의 성격과 특징을 고려할 수밖에 없다. 현실적으로 동아시아 차원에서 전개되고 있는 미중 전략적 경쟁과 북한의 핵문제가 한반도와 동북아 국제정치 지형에 가장 큰 영향을 미치고 있기 때문에 한반도 평화체제는 북미 비핵화 프로세스, 그리고 동북아 안보체제나 안보환경의 성격과 특징으로부터 자유로울 수 없다.

Ⅲ. 한반도 평화체제의 이중 공간

한반도 평화체제는 한반도 차원에만 국한된 것이 아니라 동북아 안보체제와도 긴밀히 연계되어 있다. 그렇기 때문에 한반도 평화체제는 이중적 공간을 갖고 있다. 즉, 한반도 평화체제의 공간적 구조는 남북한의 한반도 차원과 동북아시아 차원으로 구성되어 있다.

한반도 차원의 평화체제는 남북한의 평화공존이 법적·제도적 차원에서

---

7) John T. Rourke, *International Politics on the World Stage* (Connecticut: The Dushkin Publishing Group, Inc., 1989), p. 31.

순기능으로 작동하지만 동북아 안보체제로부터 완전한 자율성을 확보하지 못한 상태이다. 그렇기 때문에 한반도 차원의 평화체제는 동북아 안보체제의 작동방식과 성격에 따라 갈등이 잠재되어 있고 평화체제 자체가 가변성을 갖고 있는 불완전한 평화체제이다. 한반도 차원의 평화체제는 기존의 정전체제가 법리적 측면에서 과도기적 잠정협정으로 전환되었음에도 불구하고 동북아 정세로 인해 국가안보 논리와 같은 안보 가치의 절대성이 강조되면서 한반도의 평화가 장기적·구조적으로 확보되지 못한 상황을 의미한다. 따라서 한반도 차원의 평화체제는 관련 행위자들의 화해·협력적 습관과 일반화된 행위원칙의 확대 및 심화를 통해 한반도 평화의 유동성을 점진적으로 제도화된 평화로 발전시켜 나갈 수 있는 환경을 마련해야 한다.[8]

한편, 동북아 차원의 평화체제는 관련 행위자들의 안보적 상호작용이 공동안보와 같은 안보의 상호의존성과 안보 가치의 상대성[9]에 입각하여 이루어지고 한반도 평화체제의 공간적 영역이 동북아 차원으로 확장된 상황이다. 따라서 동북아 차원에서의 한반도 평화체제에서는 남북 상호 신뢰와 이해가 보다 심화되고 상호 적대적 긴장관계를 초래했던 제반 요인들이 근본적으로 완화·해결되고, 제도화된 평화의 확대·심화가 촉진되는 가운데 한반도 평화정착을 위한 제반 관련 조치 및 실행이 이루어져야 한다.[10] 특히, 동북아 차원의 한반도 평화체제는 기능적으로 한반도 차원의

---

8) 이수형 (2009), pp. 40-41.

9) 안보 가치의 절대성(국가안보 패러다임)과 상대성(국제안보 패러다임)에 대한 논의에 대해서는 다음을 참조. Helga Haftendorn, "The Security Puzzle: Theory-Building and Discipline-Building in International Security," *International Studies Quarterly* 35 (1991), pp. 3-17.; 이수형, "국제체제의 변화와 안보 패러다임," 미네르바정치연구회 편, 『국제질서의 패러독스』(서울: 인간사랑, 2005b), pp. 91-116.

10) 이수형 (2009), p. 41.

평화체제가 외연으로 확대되어 나타나기 때문에 동북아 안보체제의 성격 및 작동방식과 기능적인 선순환관계가 이루어져야 한다. 따라서 한반도 평화체제는 한반도 및 동북아 차원에서 동북아 안보체제와 선순환관계를 구축해야 하기 때문에 항구적인 한반도 평화체제의 성패 여부는 한반도 안보체제보다 동북아 안보체제의 성격과 작동방식이 핵심적인 변수가 된다.

Ⅳ. 평화체제와 안보체제와의 연관성

앞에서 언급했듯이, 한반도 평화체제의 공간은 한반도와 동북아라는 이중적 구조이다. 따라서 한반도 평화체제는 남북 평화협력 프로세스에 따른 남북한 평화공존뿐만 아니라 미중 전략적 경쟁이 점차 고조되고 있는 동북아 안보체제의 성격과도 연계되어 있다. 이런 점에서 남북한의 평화공존으로 압축되는 한반도 평화가 장기적이면서도 구조적으로 유지되기 위해서는 동북아 차원에서 어떠한 평화유지 메커니즘이 작동해야만 하고 그것이 안보체제와 어떤 연관성을 갖고 있는가에 대해 논의할 필요가 있다. 더군다나 한반도 평화유지를 위해서라도 동북아 안보체제의 성격과 그것이 한반도에 미치는 영향에 대한 검토도 이루어져야 한다.

현재 한반도 안보체제는 1953년 7월 27일 체결된 한반도 정전협정을 유지하기 위한 한반도 정전체제를 의미한다. 한반도 안보체제의 주요 구성요소들은 정전협정과 이에 근거한 군사정전위, 남북기본합의서상의 군사공동위, 한미상호방위조약에 바탕을 둔 한미동맹, 조중우호조약에 근거한 북중동맹, 그리고 1950년 7월 7일 유엔 안보리 결의S/1588에 의해 설치된 유엔사 등이다. 따라서 향후 일차적으로 한반도 차원에서 평화체제가 지속적으로 유지·작동한다면, 한반도 안보체제의 다양한 구성요소들의 변화도 불가피하다고 볼 수 있다. 이에 따라 우선적으로 한반도 차원의 평화체제가 구축된다면 한반도 안보체제는 기본적으로 한미/북중 동맹체제가 유지되는 가운데 기존의 정전체제가 사실상의 종전체제로 전환된다. 왜냐하면 한반도 차원의 평화체제 구축은 한반도 안보체제와 선순환 구조를 형성해야 하기 때문이다.

한반도 차원의 평화체제가 구축되었을 경우, 한반도 안보체제의 주요 구성요소중의 하나인 유엔사는 해체되어야 할 것이다. 따라서 정전체제에서 유엔사가 담당해 왔던 비무장지대DMZ 및 분쟁의 평화적 관리 등은 남북이 주도적인 역할을 담당해야 한다. 나아가 한반도 안보체제에서 상호위협감소 조치도 남북이 주도적인 역할을 담당해야 한다. 이에 따라 한반도 차원의 평화체제가 구축된 상황에서 한반도 안보체제는 사실상 평화체제와 기능적·구조적으로 연동되어 작동해야 한다. 다만, 동북아 안보 상황을 고려하여 한반도 안보체제의 핵심적 구성요소중의 하나인 한미동맹은 유지하되 한반도 및 동북아 차원의 평화체제를 촉진할 수 있는 방향으로 동맹의 비전과 성격, 그리고 역할 등을 포함한 동맹재조정이 이루어져야 할 것이다.

한편, 한반도 차원의 평화체제가 지속적으로 유지되기 위해서는 남북한 관계 이상으로 동북아 안보체제의 영향으로부터 한반도 평화가 어느 정도의 자율성을 확보해 나갈 수 있느냐가 관건이 될 것이다. 특히, 한반도 차원과 동북아 차원의 평화체제가 상호 모순적이거나 반비례관계일 경우, 한반도 평화체제의 자율성은 더더욱 중요하다. 그렇기 때문에 한반도 차원의 평화체제가 동북아 차원의 평화체제로 확장되기 위한 가장 중요한 변수는 동북아 안보체제의 성격이다. 역으로 동북아 안보체제의 성격은 한반도 평화체제의 자율성과 항구성에 지대한 영향을 미칠 수 있다. 왜냐하면 한반도 차원의 평화체제가 한반도 안보체제와 선순환구조를 형성한다 하더라도 동북아 안보체제는 한반도 차원의 평화체제의 성격과 내용, 그리고 작동방식과는 별개로 움직일 가능성이 높기 때문이다. 요컨대, 한반도에 평화체제와 종전체제로서의 안보체제가 선순환관계를 형성하더라도 이것이 바로 동북아 안보체제와 선순환구조를 형성하는 것은 아니라는 의미이다. 더 중요한 것은 동북아 안보체제의 성격은 이미 구축된 한반도 평화체제의 지속성에 큰 영향을 미칠 수 있다는 사실이다.

V. 한반도 평화체제 구축을 위한 전략적 고민

불안정하고 유동적인 동북아 안보체제의 성격이 이중적 공간을 갖고 있는 한반도 평화체제에 지대한 영향을 미친다는 점이 우리에게 전략적 고민을 던져주고 있다. 트럼프 행정부가 들어서며 보다 격화되고 있는 미중 전략적 경쟁은 한반도 평화체제 구축 논의에 적어도 다음과 같은 두 가지 전략적 고민을 던져주고 있다. 첫 번째는 한반도 평화체제 프로세스에서 한반도 차원과 동북아 차원을 동시적으로 연계시켜 추진할 것인가에 대한 전략적 고민이다. 왜냐하면 한반도 평화체제는 국제체제를 구성하는 하나의 하위 단위이기 때문에 보다 상위 단위인 동북아 지역체제나 국제체제의 영향을 받을 수밖에 없다. 그러므로 한반도 평화체제는 동북아 안보체제와의 구조적 연계성을 고려해야만 한다.[11]

---

11) 이수형 (2009), p. 42.

　현재 및 미래의 동북아 안보상황을 고려했을 경우, 한반도 평화체제와 동북아 안보체제간의 선순환관계를 모색하는 것은 실현가능성이 낮다고 판단된다. 현재 진행되고 있는 동북아에서의 미중 전략적 경쟁은 단기간에 걸쳐 끝날 상황이 아닐뿐더러 세력균형과 세력전이의 결과에 따라 동북아 안보상황이 과거와는 전혀 다른 국면으로 접어들어 새로운 안보체제 구축이 요구되기 때문이다. 또한 현재 북한의 핵능력이 과거와는 비교할 수 없을 정도이기 때문에 향후 한반도 평화체제 프로세스는 적어도 중단기적으로는 동북아 안보체제와 별도로 추진하는 것이 보다 더 현실적이라 할 수 있다.

　두 번째는 동북아 차원의 평화체제 구축과정이 소용돌이 조짐을 보이고 있는 동북아 정세로부터 어떻게 그리고 어느 정도의 자율성을 가질 수 있느냐에 대한 전략적 고민이다. 즉, 적어도 동북아 차원의 평화체제가 동북아 안보체제와 선순환 구조를 형성하지 못한다 할지라도 한반도 차원의 평화체제가 외연으로 확장할 수 있는 최소한의 동력은 유지되어야 한다. 이런 측면에서 동북아 차원의 평화체제를 구축하는 과정에서 중요한 것은 동북아 안보체제와의 선순환기능보다는 평화체제가 동북아 안보체제로부터 어느 정도의 자율성을 확보해 나갈 수 있느냐에 전략적 고민의 방점이 놓여야 할 것이다. 바로 이 부분에서 동북아 차원의 평화체제 구축과정에서도 남북한의 평화협력 프로세스가 중요하다. 남북한의 평화협력 프로세스는 한반도 차원의 평화체제를 만들어가는 가장 중요한 동력 중 하나일 뿐만 아니라 상황에 따라서는 한반도 차원의 평화체제를 동북아 차원으로 확장시켜 나갈 수 있는 최소한의 동력이기 때문이다.

정전-평화체제 전환과 한중관계

잔더빈(詹德斌)*

2018년 초부터 한반도에는 새로운 봄바람이 재차 불었다. 이후 한반도 정전체제의 평화체제 전환과 관련된 이슈가 광범위한 관심을 받기 시작했다. 이는 지난 10여 년 사이에 보기 드문 좋은 소식이었다. 그러나 2019년 북미 양국이 북핵 문제의 해결에서 실질적인 진전을 이루지 못하면서 정전체제의 평화체제 전환에 관한 논의 역시 각국의 화두 범위에서 서서히 사라졌다. 이는 분명히 사람들을 상심하게 하고 우려할 만한 일이었다. 이러한 상황에서 한중 양국은 한반도 평화와 안정의 최대 수해자라는 공감대를 더욱 공고히 형성해야 한다. 이러한 인식에 기반해 양국은 주도적으로 평화를 실현하기 위해 더욱 큰 노력을 해야 하고 한반도 정전체제의 평화체제 전환을 공동으로 이끌어 이 지역의 지속적인 평화와 안정을 촉진해야 한다.

* 상하이대외경제무역대학 한반도연구센터 주임

Ⅰ. 정전체제의 평화체제 전환을 위한 새로운 기회

한반도 정전체제의 평화체제 전환에 대한 요구는 지속적으로 존재했지만 각국이 동의를 표명하거나 상대적으로 집중해 논의한 상황은 많지 않다. 따라서 2018년 초 시작된 정전체제의 평화체제 전환 문제가 10여 년 만에 재차 각국의 관심을 받은 것은 소중한 기회이다. 특히 한중 양국은 이 기회의 창이 닫히지 않도록 적극적이고 주도적으로 상황을 유지해야 한다.

1. 6자회담과 정전체제의 평화체제 전환에 대한 논의

1) 정전체제의 평화체제 전환 논의를 위한 조건이 창출

제2차 북핵 위기가 발생한 이후, 미국, 북한, 중국 등 이해관계국들은 위기를 해소할 방법을 모색하기 시작했다. 특히 9·11 테러가 발생한 이후 반테러 전쟁에 모든 역량을 집중해야 했기 때문에 미국 역시 한반도 정세와 미중관계의 안정을 절실히 필요로 했다. 부시정부가 북한을 "악의 축"으로 규정한 이후, 북한 역시 이라크 다음으로 미국 군사공격의 목표가 자신이 되는 것을 우려했다. 이에 각국의 중재 하에 북한도 비핵화가 김일성 주석의 유훈이라고 재차 천명하며 평화롭게 핵문제를 해결하기를 원한다는 의사를 밝혔다. 2003년 4월, 중국, 북한, 미국은 베이징에서 3자 회담을 개최하며 평화로운 대화를 통해 핵문제를 해결하기 위한 양호한 기반을 마련했다. 8월에는 3자 회담이 한국, 러시아, 일본이 참가하는 6자 회담으로 확대되었다. 2차 회담과 3차 회담이 순조롭게 진행되며 정전체제의 평화체제 전환을 논의하는 분위기가 나날이 무르익었다.

2) 당사국의 입장 일치가 정전체제의 평화체제 전환 논의를 보장

2005년 제4차 6자 회담 2단계 회의 이후 〈9·19 공동성명〉이 발표되었다. 북한은 공동성명에서 모든 핵무기와 현존하는 핵 계획을 포기하고 조속한 시일 내에 핵확산금지조약NPT과 국제원자력기구IAEA의 감독조치에 복귀하겠다고 공언했다. 6자 회담에 참여한 당사국들은 동북아시아의 항구적인 평화와 안정을 위해 함께 노력할 것을 공약하며 별도로 한반도의 영구적인 평화체제에 관한 협상을 가질 것이라고 밝혔다. 이와 함께 당사국들은 동북아시아의 안보협력 강화를 위한 방안을 모색하기로 합의했다.[1] 2007년 2월에 체결된 "〈9·19 공동성명〉 이행을 위한 초기조치(이하 '2·13 합의)"에서는 상술한 내용을 재차 천명했다. 〈9·19 공동성명〉과 "2·13 합의"는 정전체제의 평화체제 전환을 논의하기 위한 제도적 기반을 공고히 했다. 〈9·19 공동성명〉 발표 10주년을 기념하는 국제학술대회에서 중국의 왕이王毅 외교부장은 당사국들이 한반도 및 동북아 평화안전체제 구축을 공동으로 모색해야 한다고 수차례 호소했다.

3) 미국의 태도 전환이 중요한 추동력

정전체제의 평화체제 전환 문제에서 미국의 태도는 의심할 여지없이 결정적인 역할을 한다. 2007년 9월, 당시 부시 대통령은 한미 정상회담에서 만약 북한이 핵무기 개발 계획을 최종적으로 포기한다면 미국은 북한과 공식적인 평화협정 체결을 고려할 수 있다는 입장을 표명했다.[2] 미국이 오랜 기간 동안 북한과의 평화조약 체결 혹은 6자 회담에서 강경한 태도를 유지한 것을 고려해보면, 부시 대통령의 태도는 미국의 입장에 의미

---

1) 〈第四輪六方會談共同聲明〉 전문

2) "布什稱願與朝鮮簽和平協議",『人民網』, 2007.9.8. http://world.people.com.cn/GB/1029/6235018.html

있는 변화가 나타났음을 설명해준다. 특히 지적하고 싶은 점은 부시 대통령의 태도 변화 배후에는 노무현 정부의 지속적인 추진, 심지어 압박과 이익 교환이 있었다는 것이다. 이러한 점에서 볼 때, 미국의 동맹국이자 당사국으로서 한국은 정전체제의 평화체제 전환 기회를 만드는 데 특수한 역할을 했다. 과거에도 그랬고, 현재와 미래에도 그럴 것이다. 유감스러운 점은, 미국의 정권 교체, 북한의 연이은 핵실험 등으로 인해 6자 회담과 정전체제의 평화체제 전환 논의가 모두 정체되었고, 어느덧 10여 년의 시간이 흘렀다는 것이다.

2. 2018년 이후 정전체제의 평화체제 전환이 재차 관심으로 부상

1) 중국, "쌍궤병행雙軌並行"이라는 새로운 사고를 제안

2016년 2월 17일, 중국 왕이 외교부장은 줄리 비숍Julie Bishop 호주 외교장관과의 회견에서 "중국은 각 당사국들과 한반도 비핵화와 정전체제의 평화체제 전환에 관한 논의를 병행하기를 원한다"고 밝혔다. 이러한 사고는 각 당사국들의 주요 관심사를 균형적으로 해결하고 대화와 협상을 통한 목표 달성을 명확히 하며 협상 재개를 위한 돌파구를 조속히 모색하자는 목적에서 비롯되었다.[3] 이것이 바로 이후 소위 말하는 "쌍궤병행" 노선이다. "쌍궤병행"이 처음 제시되었을 때에는 미국, 한국, 일본 등에 충분한 관심과 지지를 얻지 못했다. 이는 당시 북한이 핵과 미사일 개발에 박차를 가하고 있었기 때문이다. 게다가 당시 한미일 정부 모두 북한이 먼저 핵을 폐기해야만 비로소 다른 문제를 논의할 수 있다고 주장했다. 따라서 "쌍궤병행"이든 정전체제의 평화체제 전환이든 모두 당연히 해야 할 논의

---

3) "王毅與澳大利亞外長畢曉普擧行第三輪中澳外交與戰略對話後共同會見記者", 『中國中央政府門戶網站』, 2016.2.18. http://www.gov.cn/guowuyuan/vom/2016-02/18/content_5043039.htm

를 하지 못했다. 그러나 2018년 초부터 "쌍궤병행"의 추진에 유리한 방향으로 정세가 전환됨에 따라 한국과 미국, 북한이 실질적인 "쌍중단"을 실현했다.

2) 북한, 표면적으로 완전한 핵 폐기를 약속

2018년 4월 27일, 문재인 대통령과 김정은 위원장이 판문점 평화의 집에서 정상회담을 개최하고, 〈한반도의 평화와 번영, 통일을 위한 판문점 선언〉을 발표했다. 남북은 완전한 비핵화를 통해 핵 없는 한반도를 실현한다는 공동의 목표를 확인했다. 이는 김정은 위원장이 집권한 이후 최초로 서면으로 "완전한 핵 폐기"뿐만 아니라 "비핵화"를 약속한 것이다. 남북은 이외에도 종전 선언, 정전협정의 평화협정 전환을 선포하며 항구적이고 공고한 평화체제 구축을 위한 남북미 혹은 남북미중 회담 개최를 위해 노력하기로 결정했다. 의심할 여지없이 한국은 이번에도 북한이 비핵화를 약속하는 데 가장 중요한 역할을 했고, 정전체제의 평화체제 전환 논의를 위한 기반을 마련했다. 10여 년 만에, 정전체제의 평화체제 전환 문제가 재차 주목을 받게 되었다.

3) 미국 역시 한반도 평화체제 구축을 지지

2018년 6월 12일, 북미 정상회담이 싱가포르에서 개최되었다. 북미는 새로운 북미관계는 물론 한반도의 항구적이고 견고한 평화체제를 구축하기 위해 포괄적이고, 심도 있고, 진심이 담긴 의견을 교환했다. 트럼프 대통령은 북한의 체제 안정을 보장하기로 약속했고, 김정은 위원장은 한반도의 완전한 비핵화 약속을 재확인했다. 북미 공동성명의 두 번째 조항에는 북미가 한반도에 항구적이고 안정적인 평화체제를 구축하기 위한 노력에 동참하겠다는 내용이 명시되었다. 북미 간의 서면 합의는 북핵 문제와 관련된 당사국들이 정전체제의 평화체제 전환 논의를 위한 전대미문의 역사적 기회를 제공했을 뿐만 아니라 한반도 문제의 평화적인 해결을 추진하는 데 견실한 기반이 되었다. 이는 트럼프 정부의 입장이 부시 정부의 입장보다 더욱 진척되었다는 의미이기도 하다. 만약 상술한 합의가 원만하게 이행된다면 북미관계는 물론 동북아시아, 심지어 국제정세의 변화와 발전에 중대하고 긍정적이며 역사적인 영향력이 나타날 수 있었다. 실제로, 북미 합의는 북미 간의 사안일 뿐만 아니라 역내 관련 당사국들이 적극적으로 참여하고 노력한 결과였다.

II. 정전체제의 평화체제로의 전환, 새로운 도전에 직면

10여 년 만에 정전체제의 평화체제 전환 논의를 위한 새로운 기회가 찾아왔지만 지난 10여 년 동안 북핵문제, 한반도 정세, 대국관계에 커다란 변화가 있었다. 일부 변화는 심지어 질적 변화였고, 이러한 변화는 정전체제의 평화체제 전환에 매우 엄중한 도전을 초래했다. 수많은 도전 가운데, 가장 주요한 도전은 북한이 사실상 핵보유국이 된 것이고, 미중관계에 거대한 변화가 발생했다는 것이다.

1. 북한은 이미 사실상의 핵보유국

1) 북한은 스스로 핵보유국임을 천명

김정일 시대에 북한은 핵개발을 숨기고자 했지만 김정은 위원장은 집권 2년 만에 헌법을 개정하며 북한이 핵보유국임을 명시했다. 수 년 동안의 선전을 거쳐 북한이 핵을 가졌다는 위상이 북한 인민의 마음속에 자리

잡았다. 2019년 북한은 재차 헌법을 개정했다. "선군사상"을 삭제했지만 "핵보유국"이라는 표현은 여전히 남겨두었다. 이는 북한이 현행 헌법을 유지하는 상황에서 비핵화를 공약한다거나 비핵화 조치를 추진하는 것이 헌법에 위배된다는 사실을 의미한다. 비록 북한의 헌법 개정이 어려운 일은 아니지만 핵보유국이라는 표현을 삭제함으로서 나타나는 영향은 결코 작지 않을 것이다.

2) 국제사회의 반대와 제재를 고려하지 않는 북한

북한은 거대한 자금을 투입해 6회에 걸쳐 핵실험을 감행했고, 수십 회에 걸쳐 다양한 탑재운반 실험을 실시했다. 2017년 11월에는 핵무기 건설 목표를 완성했다고 선포했다. 이는 설사 북한이 핵을 포기하길 희망하더라도 등가로 교환하기 바라는 수익을 국제사회가 받아들이기 쉽지 않을 뿐만 아니라 많은 이들이 이러한 교환이 가능하다고 인식하지 않는다는 것을 의미한다. 이러한 원인으로 인해 수많은 이들이 북한의 핵 포기 의지를 의심하고 수많은 국가들이 북한을 핵보유국으로 간주한다. 또한 북핵 관련 당사국들 역시 정전체제의 평화체제 전환 문제와 비핵화 문제가 연계되었다고 인식하기 때문에 정전체제의 평화체제 전환 문제의 어려움이 더욱 가중되었다.

2. 한반도의 이익과 관련된 국가들의 관계에 중대한 변화 발생

1) 미중관계, "경쟁주도형 모델"에 진입

15년 전까지만 해도 중국의 GDP 총량은 현재의 1/5 수준에 불과했다. 당시 미중 양국은 전 세계 반테러 전략에 협력 기반을 가지고 있었다. 그러나 중국의 국력이 빠르게 증대함에 따라 이러한 미중 간 협력 기반이 사라졌고, 심지어 미국은 북한을 전면적으로 봉쇄하는 노선으로 나아가고 있다. 일부 중국학자들은 오늘날 미중관계를 경쟁주도형 모델이라고 규정한다.4) 미중 양국이 한반도 정세에 미치는 결정적인 역할에 비춰보면, 미중관계의 갈등이 확대됨에 따라 자연스럽게 많은 이들이 북핵 문제 해결에 부정적인 영향이 있을 것을 우려할 뿐만 아니라 이로 인해 한반도 평화체제 전환을 위한 미국과 중국의 협력 동력이 대대적으로 감소할 것이라고 우려한다. 많은 미국인들은 한반도에 평화체제가 정착되면 주한미군의 필요성에 대한 의문이 증대되면서 한반도에서 미국의 영향력이 축소될 것이라는 점을 우려한다. 이러한 생각은 미국이 정전체제의 평화체제 전환 문제에 동력과 의지가 부족하다는 사실을 설명해준다.

2) 기타 양자관계 역시 정전체제의 평화체제 전환 논의에 불리

지난 15년 동안, 미러관계, 중일관계, 한일관계, 북중관계 등에 중대한 변화가 발생했다. 예를 들어, 최근 한일관계의 악화는 표면적으로 역사문제와 수출제한문제로 보이지만 실제로는 양국의 국력 격차가 축소되는 구조적인 요인에 기인한다. 전통적인 지정학적 사고가 동북아시아에 회귀하면서 많은 이들이 신냉전이라는 표현을 통해 이러한 우려를 나타내고 있고, 이로 인해 어느 편에 서야 할지에 대한 각국의 압박이 증대되었다. 한반도에서는 감춰있던 "북중러" 대 "한미일"의 대치 구도가 재차 나타났다. 이는 미국이 패권 지위를 유지하려는 결과이다. 예를 들어, 미국은 한미일 3자 안보협력의 강화를 끊임없이 요구하며 한국 내 사드를 배치했고, 한일 군사정보보호협정GSOMIA의 파기 철회를 압박했다. 또한 한국이 인도-태평양 전략에 동참하기를 요구했고, 심지어 한국과 일본에 중거리탄도

---

4) 吳心伯, "向的美國對華政策與中美關系轉型", 『國際問題研究』 (2019 第3期), p. 7.

미사일 배치를 고려하고 있다. 만약 한반도에 신냉전의 구도가 조성된다면 정전체제의 평화체제 전환 문제는 또 다시 역사적인 기회를 잃을 것이고, 최대 피해자는 의심할 여지없이 한국이다. 이러한 점을 한국은 분명히 인식해야 하고, 과감한 결단을 통해 이를 방지해야 한다.

Ⅲ. 정전체제의 평화체제 전환에 필요한 새로운 사고

1. 한반도 비핵화와 정전체제의 평화체제 전환이 별개의 문제라는 인식은 정전체제의 평화체제 전환을 위한 공간 확대

1) 한반도 평화체제 구축을 통해 한반도 비핵화를 촉진

정전체제의 평화체제 전환은 한반도 비핵화의 보상이 아니다. 오히려 평화체제 구축을 통해 한반도 비핵화를 촉진해야 한다. 정전체제의 평화체제 전환 문제는 사실상 진부한 문제로, 적어도 1953년 〈한국전쟁 정전협정〉이 체결된 이후부터 이미 시작되었다고 할 수 있다. 다시 말해, 정전체제의 평화체제 전환 문제는 이미 북핵문제가 발생하기 전에 제기된 문제로, 비핵화가 완성된 이후에 추진될 수 있는 문제가 아니다. 그렇기 때문에 북한은 줄곧 평화협정의 체결을 요구해왔다. 북한의 핵 보유와 정전체제의 평화체제 전환 사이에는 어떠한 인과관계도 존재하지 않는다. 따라서 이 두 문제를 적절히 분리해야 한다. 많은 학자들이 이에 대해 북한의 일관된 주장이라고 우려를 표하지만 이 두 문제가 연계되었을 때 북핵문제를 해결하지 못했고, 한반도의 항구적인 평화를 실현할 방법이 없었다는 사실이 역사적·현실적으로 증명되었다. 반대로 북한이 핵개발 노선을 지속했음에도 불구하고, 일정 부분에서 제도적인 평화가 보장되지 않았기 때문에 결정적인 요인이라고 할 수 없다. 오늘날 북한의 핵개발 현황은 이미 질적인 변화가 발생했다. 우리는 이러한 새로운 형세를 직시하고 우선적으로 정전체제의 평화체제 전환을 통해 북한의 핵 포기에 유리한 외부환경을 조성할 필요가 있다. 정전체제가 평화체제로 전환된 이후에도 북한이 핵을 포기하지 않는다고 해서 관련된 당사국들은 어떠한 물질적인 손해를 입지 않는다. 오히려 북한을 제외한 당사국 사이의 단결이 더욱 강화될 것이다. 당사국들의 평화협력 철회 결정은 북한에 더욱 큰 압박이 될 수 있다.

2) 정전체제의 평화체제 전환은 "적극적인" 평화 확립의 전제

한국전쟁 종식 이후, 한반도에서는 비무장지대를 경계로 남북 간 힘의 균형을 추구하는 과정이 지속되어 왔다. 북한의 핵 개발 역시 이러한 논리로 해석할 수 있다. 이러한 원인으로 인해 북한은 비핵화를 약속한 이후 한국의 F35 등 최신무기 도입에 불만을 표출했다. 남북의 동태적인 힘의 균형이 전반적인 한반도의 평화를 유지할 수 있을지라도 이러한 평화는 결국 "소극적인" 평화이고, 조금이라도 신중하지 않으면 언제든 마찰과 충돌이 발생할 수 있다. 글로벌화가 가속화되고 각국의 상호의존도가 나날이 증대되는 오늘날, 남북이 대치된 가운데 이러한 "소극적인" 평화를 유지하는 것은 매우 비정상적이며, 상당히 취약한 구조이다. 한국전쟁이 종식된 지 76년이 지났고, 냉전이 종식된 지 30년이 되었다. 이제는 한반도가 "소극적인" 평화에서 "적극적인" 평화로 전환될 시기이고, 그 핵심과 전제는 정전체제의 평화체제 전환이다. 정전체제의 평화체제 전환을 통해 남북 교류를 실현할 수 있는 외부환경을 재조성하고, 나아가 남북은 물론 외부세계와의 인력, 물자, 자금, 기술 교류를 점진적으로 증대함으로써 남북이 상호의존하는 "적극적인" 평화를 실현해야 한다.

2. 한국과 중국의 보다 적극적인 역할 수행을 통한 정전체제의 평화체제 전환 기회 소실 방지

1) 한국과 중국이 정전체제의 평화체제 전환의 가장 큰 수혜자라는 사실 인식

문재인 대통령은 수차례 평화경제 이념을 제시했고, 중국 역시 경제발전을 위한 평화로운 외부환경 조성을 강조했다. 양자의 인식이 일맥상통한다고 할 수 있다. 양국 모두 평화가 유지되어야만 지속가능한 발전을 실현할 수 있다고 인식한다. 평화가 없으면 경제발전은 언제든 위협을 받는다. 특히 심리적인 요인이 경제안정에 미치는 영향이 나날이 증대되는 상황에서 아주 사소한 변화로 인해 외자가 유출되는 상황이 초래되고, 이로 인해 경제가 급격하게 악화될 수 있다. 그러나 한중 간에는 이에 대한 강력한 공감대가 형성되지 않았다. 한중 양국은 한반도의 평화와 안정을 가장 소중히 인식해야 한다. 동북아시아 역내에서 평화에 가장 민감한 국가임에도 불구하고 한국 사회에는 어떠한 목적을 가지고 중국이 북한의 핵개발을 비호하고 심지어 용인한다고 인식하는 이들이 적지 않다.

2) 한중 간 "내외호응"은 한반도 정전체제의 평화체제 전환에 새로운 동력을 주입

한반도의 일부인 한국과 한반도와 가장 인접한 중국 모두, 한반도 문제에 발휘할 수 있는 역할이 상당히 제한적이다. 예를 들어, 중국은 한반도 문제에 긍정적인 역량을 발산하고 이를 남북이 기꺼이 받아주기를 원하지만 한국은 한미동맹의 구속력이나 자체적인 역량 부족으로 이를 그대로 받아들이지 못하는 어려움이 있다. 만약 한중 양국이 이러한 점을 명확하게 인식하고 정전체제의 평화체제 전환 등 한반도의 평화와 안정을 적극적으로 유지하기 위한 상호 지지를 촉진한다면 한반도의 "적극적인" 평화 실현은 그다지 요원한 일이 아니다. 한국과 중국이 전략적 협력을 강화할 수 있는 중요한 기회에 직면해 전략적 상호신뢰를 강화하고 상호의 핵심 이익을 고려하며 한반도와 동북아 평화에 더욱 과감한 발걸음을 내딛길 희망한다.

한반도 비핵화 협상의 쟁점과 과제

최용환(崔龍桓)*

I. 2019년 말, 한반도 상황

2019년 12월 현재 북핵협상에 어두운 그림자가 드리우고 있다. 북한은 스스로 설정한 연말시한이 다가오자 무더기 담화와 성명을 발표하면서 초조감을 감추지 않고 있다. 11월 중순부터 북한이 쏟아내는 메시지의 핵심 내용은 연말시한 이전에 미국이 새로운 계산법을 제시하라는 것과, 만약 연말까지 별다른 진전이 없다면 이른바 새로운 길을 가겠다는 것이다. 특히 북한은 12월 7일[1]과 13일[2] 서해위성발사장에서 자신들의 전략적 지위를 변화시킬 수 있는 중대한 시험을 실시했고, 새로운 길이 핵무력 고도화

---

* 국가안보전략연구원 연구위원

[1] "조선민주주의인민공화국 국방과학원 대변인 발표," 『조선중앙통신』(2019.12.8) 이 발표에서 북한은 12월 7일 서해위성발사장에서 대단히 중대한 시험이 진행되었으며, 이는 북한의 전략적 지위를 변화시키는 데 중요한 작용을 할 것이라고 주장하였다.

[2] "조선민주주의인민공화국 국방과학원 대변인 발표," 『조선중앙통신』(2019.12.14) 이 발표에서 북한은 12월 13일 22시 41분부터 48분까지 이루어졌으며, 이는 자신들의 전략적 핵억제력을 한층 더 강화하는 데 적용될 것이라고 주장하였다.

를 포함하는 길임을 위협하고 있다. 미국은 북한이 임의로 설정한 연말시한에 얽매이지 않겠다면서도 비건 대표가 한국까지 찾아와 북한에 만남을 제안하였지만 북한은 아무런 응답을 보내지 않았다. 이에 따라 세간의 관심은 북한이 공언한 새로운 길의 내용과 연말 크리스마스 선물이 무엇이 될 지에 모아지고 있다.

그렇다면 2018년 평창동계올림픽을 계기로 시작된 한반도 상황의 극적인 변화가 별다른 성과를 거두지 못하고 이대로 마무리되는 것일까? 북한이 공언하는 새로운 길의 내용이 무엇인지 아직 분명하지 않지만, 그것이 핵 강국의 길을 포함하는 것이라면 한반도 평화프로세스는 새로운 차원의 도전에 직면하게 될 것이다. 2019년 말과 2020년 초반 상황이 어떻게 진전되느냐에 따라 한반도 정세는 크게 달라질 것으로 보인다. 따라서 여기서는 북핵협상이 왜 이러한 난관에 봉착하게 되었는지, 그리고 현 정세를 고려한 쟁점과 과제는 무엇인지 살펴보고자 한다. 이미 새로운 차원에 도달해있는 북한의 핵능력을 고려할 때, 이 문제는 한반도와 그 주변 국제질서와 관련된 핵심과제일 것이다.

Ⅱ. 북핵협상 관련 쟁점

2018년 시작된 한반도 평화 분위기는 2019년 2월 하노이 북미 정상회담 결렬을 계기로 교착상태에 처했으며, 그 이후 별다른 반전의 계기를 마련하지 못하고 있다. 비록 성과를 내지 못하였지만 하노이 정상회담은 북미 정상이 직접 자신들이 원하는 바를 서로 확인하는 자리였다고 할 수 있다. 하노이 정상회담에서 먼저 돌아선 쪽은 미국이었으며, 북한은 회담 결렬을 예상하지 못한 듯 했다. 이후 북한은 기존의 경제 - 안보 교환 방식에서 벗어나 안보 - 안보 교환으로 의제를 전환하였다. 즉, 경제제재 완화와 비핵화 조치를 교환하는 대신에, 이른바 미국의 대북적대시정책 철회와 비핵화 조치의 교환을 주장하고 있다. 북핵협상의 의제 전환과 동시에 북한이 여러 종류의 중단거리 미사일 시험발사를 강행하면서, 한반도 상황은 긴장이 점차 높아지고 있다.

1. 북핵협상의 쟁점

현재로서는 북핵협상 자체가 위기 국면에 처한 것처럼 보인다. 지금까지 나타난 북미 간 이견을 고려할 때, 만약 북미 핵협상이 재개된다고 하더라도 성과 도출까지는 많은 시간과 노력이 필요할 것이다. 첫째, 북미 간에 어떤 합의가 가능할까? 비핵화 실무협상이 이루어지고, 북미정상회담까지 이어가기 위해서는 북미가 서로 만족할만한 합의를 도출해야 한다. 지금까지 북미협상의 핵심쟁점은 비핵화의 개념범위과 방법론 그리고 비핵화 초기조치 등이었다. 여기에 더하여 미국이 취해야 할 상응조치의 내용과 수준도 중요한 쟁점이다. 이 모든 쟁점이 다 중요하지만 짧은 시간에 모든 쟁점에 대해 합의하기는 어려울 것이다. 그렇다면 비핵화 초기단계 이행조치의 내용이 실무협상의 핵심쟁점이 될 가능성이 높다. 하노이에서 미국이 이른바 스몰딜이라고 하여 거부했던 방식이지만, 역설적으로 가장 합의에 근접했던 방식이기 때문이다. 물론 북미 양자의 입장 차이가 여전한 것이 현실이다. 결국 서로의 원하는 바를 담은 절충점을 마련할 수 있는지 여부가 쟁점이 될 것이다.

둘째, 초기단계 이행조치에 합의하게 된다면 그것은 이른바 "영변+α"

와 상응조치의 교환 방식이 될 가능성이 높다. 합의가 마련되더라도 가장 중요한 고비는 결국 검증·사찰의 문턱을 넘을 수 있는지 여부가 될 것이다. 과거 북핵위기 과정에서 많은 합의가 있었지만, 매번 검증 단계에서 좌절된 경험이 있기 때문이다. 북한이 외부의 검증과 사찰을 어느 정도 수준에서 허용할 것이며, 미국과 국제사회가 북한이 허용하는 수준에 얼마나 만족할 수 있는지가 중요하다. 이와 관련해서는 비핵화가 순수한 기술적 쟁점이라기보다는 정치적 쟁점에 가깝다는 점을 이해할 필요가 있다. 예컨대 북한이 주장하는 것처럼 미국의 핵 억제력을 한반도에서 완전히 제거하는 것은 사실상 불가능하다. 미국의 핵능력은 글로벌하기 때문에, 한반도와 그 주변에서 일부 전략자산을 철수시킨다고 하더라도 북한을 직접 공격할 수 있는 수단은 여전히 많다. 마찬가지로 북한의 핵능력은 사실상 아무것도 없는 상태에서 여기까지 왔는데, 현존 시설과 프로그램을 제거한다고 해서 북한이 다시 핵개발을 못한다고 확신할 수는 없다. 결국 북한과 미국, 그리고 국제사회가 서로를 얼마나 신뢰할 수 있는지, 어느 정도의 조치를 취하면 완전한 비핵화라고 합의할 수 있는지 여부가 중요할 것이다.

셋째, 초기단계 이행조치에 초점을 맞추어 논의가 진행된다고 하더라도 북한이 정말 비핵화를 할 것인지에 대한 외부의 의구심은 한동안 지속될 가능성이 높다. 특히 비핵화의 개념범위에 대한 명확한 합의가 없이, 혹은 불충분한 사전 신고 상황에서 비핵화 초기단계 이행조치가 진행된다면 그 의구심은 더욱 커질 것이다. 미국을 직접 위협하는 수단만 제거된 부분비핵화 상태에서 논의가 지지부진해질 가능성이 높기 때문이다. 논리적으로만 본다면 북한의 핵을 포기하기 위해서는 핵 없이도 외부의 위협에 대처할 수 있거나, 핵이 없는 것이 더 바람직한 상태가 되어야 한다. 즉, 북한의 핵폐기 의지에 대한 문제는 상응조치의 내용과 관련이 있다는 점을 기억할 필요가 있다.

넷째, 주변국의 모든 노력에도 불구하고, 한반도 비핵화 프로세스가 붕괴한다면 어떻게 할 것인지도 중요한 시점이 되었다. 미국의 대선이 본격화되면서 트럼프 대통령이 북한 문제에 관심을 가지기 어렵게 되거나, 재선 가능성이 현저하게 떨어지는 경우 북미협상은 어려워질 가능성이 있다. 혹은 연말시한이 지나도 상황의 변화가 없어서 북한이 대화의 문을 닫아버릴 수도 있다. 과거 북한은 문제가 해결되지 않을 경우 긴장을 최고조로 끌어올려서 다시 문제해결을 시도하는 방식을 사용해왔다. 김정은 위원장이 백두산 등정에서 밝힌 것은 자력갱생이었지만, 북한의 새로운 길이 자력갱생만을 의미하지는 않을 것이다.

2. 북핵협상 관련 외부변수[3]

2019년 말 현재 북핵협상과 관련된 가장 중요한 쟁점은 북한의 김정은 위원장이 설정한 연말시한이 어떻게 지나가는지 여부이다. 연말 이전 북미 실무협상이 이루어지고 2020년 초반 정상회담 일정 등이 잡힌다면 연말시한을 넘어 협상의 모멘텀이 이어질 수 있을 것으로 예상되었다. 하지만 연내 북미 실무협상 개최가능성은 크게 낮아졌으며, 이제 초점은 북한이 선택할 '새로운 길'의 내용이 무엇일지에 모아지고 있다.

북한이 선택할 새로운 길의 내용은 아직 불분명하다. 아마도 2019년 12월 하순으로 예고된 조선로동당 중앙위원회 전원회의를 통해서 새로운 길의 노선이 정해지고, 2020년 신년사를 통해 그 윤곽이 밝혀질 것이다. 새

---

3) 최용환, "'새로운 길'과 '새로운 해법'의 갈림길에 선 핵협상", 국가안보전략연구원 편, 『INSS 2020 정세전망 보고서』 (서울: 한국학술정보, 2019), pp. 68-80의 내용을 재정리한 것임.

로운 길의 내용을 미리 예단하기는 어렵지만 하나의 고정된 전략이라기보다는 대내외 전략을 조합한 종합적인 것이자 상대방의 대응에 따라 변화하는 융통성 있는 전략이 될 것으로 보인다.

좀 더 구체적으로 살펴보자면 대내적으로는 자력갱생의 길, 대외적으로는 중국·러시아와 연대의 길, 군사적으로는 핵강국의 길 등을 포괄하는 국가 전략노선이 될 가능성이 높다. 이미 북한에서 자력갱생에 대한 강조는 매우 두드러지고 있으며, 핵무력 고도화와 관련된 의지도 점차 강력하게 나타내고 있다. 또한 하노이 회담 이후 북중, 북러 연대 움직임도 뚜렷하다. 북한이 ICBM 시험발사 등을 통해 사실상 북미협상의 종료를 선언하더라도, 이후에 국면전환을 모색하며 상황관리에 나설지, 아니면 대북제재의 수위가 높아지는 것을 감수하고 핵무력 고도화에 속도를 낼지는 알수 없다. 아마도 그것은 국제사회의 대응과 이에 대한 북한의 판단에 따라 달라질 수 있을 것이다.

2020년 남북미의 국내정치 상황도 핵협상의 변수가 될 것이다. 특히 미국의 대통령 선거는 북핵협상 관련 가장 중요한 변수가 될 것이다. 트럼프 대통령으로서는 이미 탄핵 논란 등 국내정치 이슈가 매우 복잡한 상황이다. 지금까지 트럼프 대통령은 북핵문제와 관련된 자신의 업적을 대내외에 크게 과시하여 온 것이 사실이다. 이에 따라 북한도 트럼프 대통령의 국내정치 일정에 맞추어 연말시한을 설정한 것으로 보인다. 하지만 미국 대통령 선거에서 대외이슈는 중요한 변수가 되지 못하는 경우가 대부분이다. 특히 북한문제가 미국 대선에서 미치는 영향은 매우 미미할 것이다. 물론 북핵문제가 다시 위기 국면으로 접어들면 미국 민주당은 트럼프 대통령의 정책실패를 지적하며 정치적 공방을 벌일 것이다. 하지만 트럼프 대통령 핵심 지지층의 대외변수에 대한 관심은 극히 낮은 것이 현실이다. 오히려 선거국면에서 북핵위기가 심화되면 미국 대중은 트럼프 대통령을 탓하기보다는 북한의 배신을 비난하며 강경한 입장을 보일 수도 있다. 북핵협상이 한창 진행 중인 상황에서도 미국인들의 다수는 북한의 핵폐기 의지를 신뢰하지 않았다.

2020년 봄에는 한국에서도 국회의원 총선거가 실시된다. 한국의 총선 자체가 북미 핵협상에 미치는 영향은 제한적일 것이다. 하지만, 북핵협상을 포함한 한반도 상황이 총선에 영향을 주고 총선 결과가 다시 한국의 대북정책에 영향을 미칠 것이다. 특히 현 정부의 대북정책을 둘러싼 여야 정당들 간의 이견이 매우 크다는 점에 주목할 필요가 있다. 북핵협상이 좌절되면 한국 내에서는 자체핵무장과 전술핵무기 재배치를 주장하는 목소리가 높아질 것이다. 이러한 논란이 미국의 중거리 핵전력 추가배치 등과 연계될 경우, 한중관계는 크게 훼손될 것이며 한반도 상황은 새로운 국면을 맞게 될 가능성이 높다.

다른 국가와 달리 북한 체제에 있어 국내정치 변수는 대개의 경우 큰 문제가 되지 않았다. 하지만 김정은 위원장 스스로 연말시한을 설정하고, 새로운 길을 공언한 상황에서는 이야기가 다소 달라질 수 있다. 즉, 연말까지 미국이 별다른 태도 변화를 보여주지 않는다면 김정은 위원장으로서도 아무것도 하지 않고 넘어가기는 쉽지 않은 상황이 될 것이다. 2020년은 조선로동당 창건 75주년이자, 경제발전 5개년 전략이 마무리되는 해이기도 하다. 2018년 사회주의 경제건설 총력집중을 국가전략으로 채택한 북한으로서는 인민경제 부문에서 일정한 성과가 필요하다. 물론 북한 체제 특성상 실질 성과와 무관하게 5개년 전략의 성공적 마무리를 주장하거나,

경제발전 정체의 책임을 외부로 돌릴 가능성도 있다. 그럼에도 불구하고 북한 당국이 2018년 이후 한반도 상황 변화를 김정은 위원장이 이끌어왔다고 선전하여 왔기 때문에 급격한 정책 전환은 다양한 국내 설득 논리를 수반해야 할 것이다.

미중갈등 등 국제 변수도 북핵협상과 한반도 상황 변화에 지속적으로 영향을 미칠 것이다. 미국과 중국은 한반도 문제를 그 자체로 인식하기보다는 양자관계의 틀 속에서 접근해왔다. 특히 미중 갈등이 심화되면 이러한 경향은 더욱 강화될 가능성이 높다. 실제 미국은 북중관계 개선이 북미협상에 미치는 영향에 매우 민감하게 반응해왔다. 중국 역시 미국의 중거리 핵전력 조약INF 탈퇴 이후 미국 미사일 전력의 한반도 배치 여부에 선제적으로 우려를 쏟아내고 있다.

III. 향후 과제

현재 남북미 모두 한반도 평화프로세스의 붕괴를 바라지 않으며, 특별히 상황이 악화될 계기가 없음에도 불구하고 전체적인 협상 분위기는 점차 어려워지는 국면이다. 북한이 예고한 크리스마스 선물과 새로운 길의 내용이 무엇이 될지는 알 수 없다. 만약 그것이 핵무력 고도화를 우선하는 길이며 비타협적인 길이라면 한반도의 긴장 고조는 불가피할 것이다.

단기적으로 가장 중요한 것은 북핵협상의 모멘텀을 이어가는 것이 될 것이다. 현재 국면에서 그 가능성이 점차 낮아지고 있는 것이 사실이지만, 결국 북핵문제는 북미가 핵심당사자이기 때문에 우선은 북미협상에 관심을 가질 필요가 있다. 북핵문제는 본질적으로 북미 간의 문제였으며 하노이 회담 이후 상황은 이것을 분명하게 보여주고 있다. 주변국에서 북미 합의 도출을 지원하는 방안의 실효성은 매우 제한적인 것이 현실이다. 그럼에도 불구하고 북미 합의를 촉진할 수 있는 방안이 있다면 이를 적극 모색할 필요가 있다. 이른바 중재자 역할 등이 중요한 이유이다.

하지만 지금까지의 모든 합의가 지속성을 가지지 못하였다는 점을 기억할 필요가 있다. 즉 최우선 과제는 북미합의의 도출이겠지만, 동시에 합의의 지속가능성·합의 이행의 안정성 확보가 필요하다. 지속되지 않는 합의는 무의미하기 때문이다. 합의의 지속가능성은 동 합의의 성실한 이행으로 보장받을 수 있으며, 이행을 통해 더 나은 합의로 발전할 수 있어야 비핵화 프로세스 전체가 탄력을 받을 수 있을 것이다.

만약 북한이 북미 양자협상의 종료를 선언하고, 협의에서 이탈한다면 대안적 협의체로서 4자 혹은 6자 등 다자협상 틀을 진지하게 검토할 필요가 있다. 양자관계에서 해결이 어려운 상황을 극복하기 위해 이를 보완하거나 이행을 보증할 수 있는 협상틀 혹은 이행 기제들을 검토해야 할 것이다. 이란핵합의JCPOA의 사례에서 볼 수 있는 것처럼, 다자 합의라고 하더라도 특정 국가가 일방적으로 탈퇴를 선택할 가능성은 언제든지 존재한다. 하지만, 프랑스 등이 강력한 보증자로서 JCPOA를 지지함으로써 아직까지 일부 희망이 남아있는 것을 참고할 필요가 있다. 나아가 과거 제네바 합의 이후 실제 이행단계에서는 한반도에너지개발기구KEDO가 만들어져 여러 국가들이 참여하였던 사례도 있다. KEDO가 만들어진 것은, 미국이 핵 합의를 주도하였지만 비용 부담에서는 벗어나고 싶어 했기 때문이다.

한반도 비핵화는 그 자체로 매우 복잡하고 어려운 문제이지만, 동아시아와 한반도의 국제정치 등 외부변수에도 영향을 받기 때문에 그 해결이 더 어렵다. 예컨대 미중갈등이 극단적으로 심화되면 미국과 중국 모두 양자관계의 틀 속에서 한반도 문제를 해석하고 접근하게 된다. 이런 상황에서 북핵문제의 정책적 우선순위가 뒤로 밀릴 가능성도 있다. 이외에도 각국가의 국내정치적 변수가 북핵협상에 영향을 미치기도 한다. 과거 6자협상에서 일본이 납치문제를 집요하게 제기한 것이 대표적이다. 2020년 미국 대선 국면의 국제정치 이슈가 북핵협상에 영향을 미칠 가능성도 있다. 따라서 협상에 부정적 영향을 미칠 수 있는 제3의 변수 효과를 차단하거나 최소화할 수 있는지도 중요한 과제가 될 것이다.

북핵문제의 해결에는 앞으로도 많은 시간과 노력이 필요해 보인다. 핵문제의 해결에 얼마나 많은 시간이 필요할지는 모르지만, 한동안 북핵이 존재할 수밖에 없는 것이 현실이다. 그렇다면 북핵이 폐기되는 과도기, 혹은 협상이 진전되는 중간단계에서 북핵관리 방안에 대한 검토가 필요하다. 특히, 2019년 12월말 현재 핵협상의 전망은 결코 밝지만은 않은 것이 사실이다. 물론 한국으로서 북핵폐기는 포기할 수 없는 목표이지만, 과도기에 북핵문제를 어떻게 관리할 수 있는지에 대한 검토 역시 매우 중요한 과제가 되고 있다.

한반도 비핵화 문제 해결의 인식과 방법

류한우(刘汉武)*

"한반도 문제"라는 이슈에 관해 국제사회는 일반적으로 한반도의 핵문제 혹은 북한의 핵과 미사일 문제로 인식하는 경우가 많다. 장기간 형성된 이런 인식은 "한반도 문제"를 북한의 핵과 미사일 문제와 직결시켰고 일단 북핵문제가 해결되면 전체 한반도의 문제가 해결되는 것으로 이해했다. 그러나 "한반도 문제"를 단순하게 북한의 핵과 미사일 개발로 귀결시키는 것은 사실 정확하지 못하다. 만일 문제 해결의 초점을 북핵과 미사일에만 맞추고 있다면 그야말로 "나무 위에서 물고기를 찾는" 연목구어(緣木求魚)의 우를 범하게 될 것이다. 대신 역사적이고 변증법적인 시각으로 북핵과 미사일 문제 배후의 근본적인 원인을 관찰해야 할 것이고 장기적이고 전략적인 안목으로 한반도 문제의 전면적이고 철저한 해결 방안을 찾아야 한다. 의학 용어를 차용하자면 바로 병의 근원을 찾아내고 증상에 맞게 약을 사용해야 완치될 수 있다는 것이다. 이상의 논지를 바탕으로 세 가지 측면에서 본문의 주장을 전개하려고 한다.

---

* 중국국제우호연락회 상무이사, 평화와 발전연구센터 연구원

Ⅰ. 북핵과 미사일 문제의 발생 원인에 대한 변증법적 시각에서의 근본적인 분석이 필요

북한의 핵과 미사일 문제는 언제 발생했는가? 이에 대한 답은 사실 어렵지 않다. 하지만 문제가 발생한 역사적 배경, 굴곡진 발전 과정, 문제 해결의 근본 원인 등에 관해 일각에서는 전혀 고려하지 않거나 또는 정확한 인식을 하려고 하지 않는다. 비록 문제의 본질을 발견했다 하더라도 회피하거나 심지어 "본인의 귀를 막고 방울을 훔치는"掩耳盜鈴 행태를 보이고 있다.

먼저, 북핵과 미사일 문제가 발생한 중요한 원인 중 하나는 북한이 장기간 안보위협에 노출되어 왔기 때문이다. 북핵과 미사일 문제는 1990년대에 발생했지만 사실 한반도의 핵문제는 그보다 앞서 냉전의 시작과 함께 나타났다. 미국은 1957년부터 이미 한국에 대규모의 전술 핵무기를 배치했다. 당시 한국에는 핵 지뢰, 핵 포탄, 지대지 전술 핵무기, 공대지 전술 핵무기 등 각종 핵무기 1000기 이상이 배치되어 있었다. 이런 사실에 대해 미국 국방장관 슐레진저 역시 공개적으로 인정했다. 그는 1975년 진행한 기자 인터뷰에서 아래와 같이 밝혔다. "우리는 남한에 전술 핵무기를 배치했다. 이는 아마 널리 알려진 사실일 것이다." "만일 전술 핵무기를 사용해야 할 상황이 발생한다면 우리는 반드시 이 문제를 엄밀하게 고려할 것이다." 슐레진저의 발언은 미국이 처음으로 북한에 공개적인 핵위협을 가한 사례라고 볼 수 있다. 1989년 11월, 미국은 북한이 제기한 한반도 비핵 지대 건설이라는 제안을 거부했다. 그리고 미국과의 이런 마찰들은 북한이 핵개발이라는 전략을 선택하게 된 아주 중요한 배경이 되었고, 어떻게 보면 이는 북한의 핵개발 전략에 결정적인 영향을 미쳤다고 볼 수 있다. 이후 미국과 소련 사이에 전략무기 감축조약이 체결되면서 미국은 1991년 한국에서 전술 핵무기를 전부 철수시켰다. 하지만 일본에 배치된 자산을 통해 여전히 한국에 핵우산을 제공하고 있는 상황이다. 기나긴 냉전기 동안 미국은 한반도의 비핵화에 관심이 없었을 뿐만 아니라 오히려 "핵무기는 한반도의 평화를 수호하는 주춧돌"이라는 인식을 갖고 있었다. 한편 북한은 이 시기에 결코 적극적인 핵개발에 착수하지 않았다. 그러나 냉전이 종식되고 한국에서 핵무기를 철수시킨 이후 미국의 태도는 급변했다. 이전에는 핵무기가 한반도의 평화를 수호하는 주춧돌이라고 주장했지만 현재는 한반도의 평화를 위협하는 엄중한 위협으로 규정했다. 동시에 "만일 북한이 핵 프로그램을 포기하지 않는다면 정밀 타격surgical strike을 가할 것이다"라고 경고했다. 한미 양국은 또한 상륙작전을 포함한 연합군사훈련을 지속적으로 진행했다. 사실 북한과 같이 전략 자산이 협소한 약소국에 있어 수십만 명이 동원되는 한미 연합군사훈련이 야기하는 공포심은 전쟁 자체라고 해도 과언이 아니다. 하지만 냉전이 끝난 지 30년이 가까운 현재까지도 미국은 북한에 대해 여전히 적대정책, 군사위협, 경제제재를 가하고 있을 뿐만 아니라 그 정도가 점점 더 심각해지고 있었다. 자국의 안보가 위협받고 있는 상황에서 북한은 핵과 미사일 개발에 박차를 가할 수밖에 없는 처지가 되었다. 이것이 바로 북한의 핵과 미사일 문제가 해결되기 어려운 근본적 원인이다.

둘째, 북핵과 미사일 문제는 남북한의 힘의 균형이 깨진 결과이다. 1960, 70년대까지만 해도 북한은 당시 소련으로부터 대량의 기계 설비를 도입하여 대규모 일용품 생산이 가능했다. 농업 역시 소련으로부터 기자재와 화학비료를 제공받아 식량의 자급자족이 가능했고 인민들의 생활은 윤택했다. 당시 북한은 사회주의 국가 중에서도 공업화에 성공한 많지 않은 사례로 인정받을 만큼 모범을 보였다. 공업의 발전 수준은 당시 일본과 함께 아시아의 주요 공업국가로 발돋움했고 동아시아 지역에서 현대화 수준이 가장 높은 국가 중의 하나였다. 특히 일인당 GDP는 당시 중국이나 한국보다 더 높았다. 사실 이때 북한은 핵무기를 개발할 기회가 있었지만 결코 적극적인 행동은 보이지 않았다. 그러나 냉전이 종식된 이후 모든 상황이 변했다. 북한은 소련이라는 가장 큰 보호막을 상실했을 뿐만 아니라 장기간 의존하고 있던 사회주의권 국가들과의 호혜무역이라는 이점까지 잃어버리고 말았다. 외부의 지원과 단절된 북한 경제는 바로 자체적인 결함을 노출하며 급속하게 몰락해 갔다. 비료, 석유 등 가장 기본적인 전략 물자를 제공받지 못하게 되었고, 어렵게 생산한 경공업 상품이 갑자기 시장을 찾지 못하는 상황이 발생했다. 동시에 식량 생산량이 대폭 감소하고 에너지 부족과 함께 수출입 경쟁력이 바닥을 쳤다. 자연재해와 함께 서방 세계의 인위적인 경제제재 등 여러 요소가 겹치면서 북한 경제는 결국 파탄의 경지에 이르렀다. 1970, 80년대까지만 해도 그럭저럭 유지되던 경제가 1990년대에 들어서면서 매해 마이너스 성장을 기록하더니 결국, '고난의 행군'과 '강행군'의 시대에 들어섰다. 반면 한국은 미국의 군사보호를 받으면서 '한강의 기적'을 이루었고 경제가 비약적으로 발전했다. 따라서 남북한의 국력은 날이 갈수록 격차가 확대되었는데 이런 사실이 북한에게는 흡수통일이라는 실질적인 위협으로 다가왔던 것이다. 특히 김일성 사망 이후 한국을 비롯한 국제사회가 흡수통일의 적기를 맞이했다고 오판했던 점도 북한의 신경을 무척 자극했을 것이다. 또한 김정일 사망 이후에는 젊은 지도자의 능력을 과소평가하면서 북한의 붕괴라는 희망적 사고를 내비치기도 했다. 이처럼 내우외환의 위기 속에서 북한은 비대칭 전략으로 남북한의 균형을 회복해야 한다는 판단을 하게 되고 결국 핵과 미사일 개발에 박차를 가하게 된 것이다.

셋째, 북한은 핵과 미사일 문제를 이용해 고립된 상태에서 탈피해 국제 사회에 편입하려고 한다. 냉전이 종식된 이후 김일성은 국제체제의 변화를 민감하게 포착했다. 때문에 북한도 정상국가로서 국제사회에 편입하고 남북한 관계를 개선하기 위해 나름대로의 노력을 했다. 1990년대 초반 남북한 사이에는 고위급 대화가 활발하게 진행되었고 『남북 사이의 화해와 불가침 및 교류 협력에 관한 합의서』를 체결한다. 김일성은 지미 카터 미국 전 대통령을 평양에 초청해 북미관계의 개선을 시도하기도 했다. 뿐만 아니라 대외개방을 목표로 하는 경제특구 건설 등의 계획을 발표했고 더 나아가 서울 방문과 남북정상회담을 제안하기까지 했다. 그러나 김일성의 갑작스러운 사망과 함께 이상의 노력이 모두 수포로 돌아갔다. 유엔 가입 문제에 관해서 북한은 우선 남북이 하나의 국호로 가입할 것을 원했으나 한국으로부터 거절을 당했고 이후 교차승인이라는 카드를 제시했지만 역시 국제사회의 공감을 얻지 못했다. 결국 한국은 사회주의권 국가들과의 국교 정상화에 성공했지만 북한은 미국, 일본 등 서방 주요 국가들과의 관계 정상화에 실패하면서 국제사회의 미아가 되었다. 김정일 집권 이후 북한은 여전히 김일성의 유훈에 따라 국제사회와 남한과의 관계 개선에 노력하는 모습을 보였다. 주목할 만한 것은 올브라이트 미국 국무장관이 평양을 방문했고 조명철 인민군 총정치국장이 특사의 신분으로 미국을 방문해 클린턴 대통령을 만났으며 고이즈미 일본 수상이 북한을 찾았다는 사실이다. 또한 김대중, 노무현 대통령이 재임 시 평양을 방문해 김정일 위원장과 만나 남북정상회담이 이루어지기도 했다. 이런 화해의 분위기는 김정은 집권 이후에도 나타났다. 2014년 인천아시안게임을 계기로 최룡해, 황병서, 김양건 등 당시 북한의 '3대 거두'가 동시에 방한하면서 남북관계 개선에 강렬한 신호를 보내기도 했다. 2018년 평창 동계 올림픽 개막식에는 김여정과 김영남이 참가하면서 남북관계가 급속히 해빙기를 맞이했다. 김정은 위원장은 2019년 신년사를 통해 남북관계와 북미관계를 개선하고 싶다는 의사를 명확하게 전달했고, 언제든지 트럼프 미국 대통령과 회담을 할 수 있다는 등 일련의 적극적인 제스처를 취했다. 이상의 모든 행보는 북한이 정상국가로 국제사회에 편입하려는 기존의 전략이 실질적인 행동으로 나타난 결과라고 봐야 할 것이다.

그러나 국제사회, 특히 미국은 북한의 이러한 선의에 결코 우호적으로 화답하지 않았다. 때문에 북핵과 미사일 문제의 해결에 대한 미국의 진정한 의도가 과연 무엇인지 의심할 수밖에 없다. 사실 1994년 『제네바 기본합의서』이후에도 북미 양국은 비핵화 문제에 관해 세 차례 합의를 체결한 적이 있다. 그러나 이 합의들은 모두 미국 측의 일방적인 파기로 인해 유명무실해졌다. 첫 번째는 1994년 중간선거 이후 의회를 장악한 공화당이 클린턴 정부가 체결한 대 북한 합의서가 국가이익을 침해했다는 이유로 집행 불가 처분을 내렸기 때문이다. 그 조치로 인해 미국은 북한에 제공하기로 했던 중유 공급을 중단했다. 두 번째는 2001년 집권한 부시 대통령이 대테러전쟁의 이유로 북한을 '악의 축' 국가로 규정했기 때문이다. 세 번째는 오바마 대통령이 대 북한 경제제재를 유지하는 동시에 대규모 군사연습을 진행하면서 북미관계가 다시 교착상태에 빠졌다. 첨언하자면 2006년 6자회담이 일정한 성과를 거둔 상태에서 미국이 갑자기 북한의 해외 계좌를 동결하면서 양자관계에 또 다른 변수가 나타났다. 현재까지 김정은 위원장과 트럼프 대통령은 비록 세 차례의 회담을 가졌지만 북핵과 미사일 문제에 관해 여전히 평행선을 달리고 있는 상황이다. 따라서 2019년 북핵 문제 해결의 궤적을 살펴보면 역시 지난 세 차례 실패의 과정을 반복하는 것이 아닌지 걱정스러운 상황이다. 2019년 하노이 회담부터 6월 30일 판문점에서의 깜짝 만남, 그리고 현재 북한이 연말 이전까지 북미회담을 추진하고자 하는 열망을 보였지만 미국은 아직 요지부동이다. 물론 트럼프 역시 아주 독특한 방식으로 김정은 위원장과 '특수한 관계'를 유지하고 있다고 대외적 메시지를 보내고 있지만 북핵 문제 해결에는 아무런 실질적인 진전이 보이지 않고 있다. 비록 이런 전략은 북한에 사실상 양보하지 않으면서도 어느 정도 북한의 행동을 견제할 수 있다는 점에서 상황을 유지하는 데는 효과적일 수 있다. 그러나 시간이 흐를수록 북한의 인내심이 한계를 보이면서 미국에 대한 신뢰감이 회복 불가의 상황으로 악화할 수도 있다는 리스크를 안고 있다. 북한이 더 이상 미국에 기대를 하지 않는다면 비핵화는 또 다시 정체될 수 있다.

정리하자면 냉전 이후 한반도의 형세는 비록 기복이 심했지만 북한이 장기간의 고립 상태를 끝내고 국제사회에 편입하려고 하는 전략적 목표는 항상 변하지 않았다는 것을 알 수 있다. 북한은 핵을 통해 미국을 압박하고 안보위협에서 벗어나려고 했다. 동시에 핵개발을 국제사회로 나갈 수 있는 수단 혹은 카드로 사용하려고 했다. 하지만 미국을 비롯한 서방세계는 북한의 진정한 의도에 대해 무지하거나 또는 일부러 회피하고 있었다. 만일 더 숨겨진 의도가 있다면 현재 북한의 취약한 국력이 지탱하지 못할 만큼의 경제제재를 유지함으로써 정권의 붕괴를 바라고 있는 것일지도 모른다. 하지만 이는 분명히 북한 상황에 대한 오판이고 북한의 전략을 너무 과소평가하는 그릇된 판단이다. 클린턴 전 대통령은 재임 시에 북한을 방문하지 못했던 것을 가장 큰 유감이라고 밝힌 적이 있다. 미국의 대 북한 정책은 더 객관적 사실에 기초하여 희망적 사고에서 벗어날 필요가 있다. 주관적 사고에만 의존하는 대 북한 정책은 성공할 가능성이 낮을 뿐만 아니라 한반도의 진정한 민족이익을 전혀 고려하지 않은 정책이라는 비판에서 벗어나기 어렵다.

Ⅱ. 북핵문제 해결 방안

사물의 발전은 내인과 외인이 공동으로 작용한 결과이다. 그러나 내인이 더 결정적인 역할을 하기 때문에 먼저 고려해야 하며, 외인은 외부적 조건이기 때문에 그 다음으로 고려해야 한다. 또한 외인은 내인을 통해야만 작용할 수 있다. 이상의 변증법적 논리를 북핵과 미사일 문제에 적용하면 내인은 냉전 후 지역질서의 균형 타파에 따른 안보 딜레마이고 외인은 미국의 방해 전략이다. 한반도 문제가 현재까지 이어지며 반드시 해결해야 할 시점에 직면했다. 이에 한반도 문제는 상술한 내인과 외인의 방법으로 그 해결 방안을 찾아야 한다. 외인이라면 바로 북한과 미국 사이에 누적된 모순과 신뢰 부족의 문제를 해결하는 것이다. 북미 양국이 상호 신뢰하고 양해하는 관계를 형성하려면 미국이 더 중요한 역할을 해야 한다. 그러나 문제는 현재 미국이 북핵 문제에 대해 과연 어떤 입장을 취하고 있는지가 확실하지 않다는 점이다. 미국은 일방적으로 '완전하고 불가역적이며 검증 가능한' 비핵화 방침을 제기했는데 이런 요구 자체가 북한의 합리한 요구를 무시하는 것일 수밖에 없다. 한편 미국의 이런 태도는 패권의식과 한반도 문제를 진심으로 해결하려는 의지가 없다는 것을 보여준다. 이는 우리의 합리적인 의심일 뿐만 아니라 아마 한국 역시 비슷한 생각을 하고 있을 것이다. 왜냐면 2019년 하반기에 진행되고 있는 북미 양국의 비핵화 협상은 문제 해결보다는 일정한 타협의 선에서 끝날 조짐이 커 보였기 때문이다. 즉, 북한이 미국에 실질적인 핵위협을 가할 수 없는 정도에서 핵 프로그램을 동결하는 대신 미국이 한국의 이익을 배제한 채 북한과 일정한 타협안을 체결하는 형식이다. 현재 미국은 패권을 유지하기 위해 '인도-태평양 전략'을 추진 중에 있는데 그 중 한반도의 지정학적 위치가 아주 중요하다. 따라서 미국은 한반도에서의 전략적 존재감을 유지하려 하며 한반도를 이용해 한국과 일본을 통제하고 나아가 중국과 러시아를 견제하려고 한다. 이는 아마도 미국이 북핵문제 해결을 결코 진심으로 바라는 것이 아니라는 증거가 될 수 있다. 때문에 미국이라는 외인을 통해 북핵문제를 해결하려는 시도가 여태까지 실패한 원인이라고 할 수도 있다. 결론적으로 한반도 문제는 단순하게 미국의 대북정책이라는 외인의 측면에서 해결하려고 하면 절대 그 목표를 실현할 수 없을 것이고 심지어 현실적으로 불가능할 것이다.

때문에 내인의 측면에서 한반도 문제를 해결할 근본적인 방안을 찾아내야 한다. 내인의 가장 중요한 요소는 바로 남북관계이다. 그 어떤 지역 문제라 할지라도 사건의 당사자들이 주도적 역할을 해야 한다. 남북한이 바로 한반도 문제의 당사자인 것은 분명하다. 비록 분단 상태가 지속되고 있지만 남북한은 같은 민족이고 피는 물보다 진하다. 장기간의 남북 분열은 한반도에 살고 있는 한민족에게 오랫동안 고통을 안겨주었고 그런 아픔은 중국인들도 공감하고 있다. 중국은 한국이 한반도 문제를 해결하기 위해 보여줬던 노력을 높이 평가하며 지난 2년 반 동안 한반도에 나타난 화해 분위기를 긍정적으로 인식하고 있다.

한반도 분열 70년의 역사는 남북한 국민들에게 중대한 재난을 안겨주었을 뿐만 아니라 동아시아 역내 평화의 발전에도 방해가 되었다. 한반도 문제의 해결은 장기적 안목을 가지고 전략적으로 접근해야 한다. 우선 조급하지 말아야 한다. "얼음이 석자까지 언 것은 결코 하루의 추위 때문이 아니다"冰凍三尺非一日之寒. 서로 대립하는 체제로부터 장기간 적대관계가 지속되어 왔기 때문에 남북한은 이미 생활습관이나 심리적으로 격차가 많이 발생한 상태이다. 이런 상태에서 양자관계의 회복은 점진적인 방법을 취할 수밖에 없다. 우선 상호 신뢰관계를 형성하고 공동인식을 만들어가며 오랜 기간 동안 노력하면서 점차 융합해야 한다. 만일 햇볕정책이 지금까지 유지되어 왔다면 남북관계는 현재의 상태가 아닐 것이다. 두 번째는 절대 늦추지 말아야 한다. 북한의 전략이 변화하고 있다는 것을 정확하게 인식해야 하고 냉전의 사고방식이나 흡수통일, 무력통일과 같은 현실성이 떨어지는 생각은 포기해야 한다. '평양 선언'이나 '판문점 선언'과 같은 남북한 사이에 합의했던 사안들을 적극적으로 이행함으로써 민족과 역사에 책임지는 태도로 남북관계의 전면적이고 철저한 개선을 위해 노력해야 한다. 만일 남북한 관계가 실질적인 전환을 이룰 수 있다면 미국이 한반도를 조종할 수 있는 구실이 사라지게 된다. 미국의 간섭이 사라져야 북한의 안보가 보장될 수 있고 나아가 북핵과 미사일 문제를 근본적으로 해결할 수 있다. 세 번째는 고통스러운 결정을 해야 할 것이다. 현재 한국은 미국에 안보를 의지하고 있기 때문에 그 간섭에서 벗어나기 어려운 상황이다. 그러나 한반도의 평화 구축이라는 목표에 있어 미국이 과연 어떤 역할을 했는지는 스스로 생각해봐야 할 문제이다. 이는 또한 남북한 모두가 언젠가 결단해야 할 전략적 문제이기도 하다. 현재 세계의 형세는 "백년에 한 번 보기 어려운 대변혁"百年未有之大變局의 시기에 처해있다. 중국 청나라 시기의 학자 천잔란陳澹然은 그의 저서 『천도건번의』遷都建藩議에서 아래와 같이 주장했다. "만세를 도모하지 않는 자는 한시라도 도모할 수 없고, 전체의 국면을 도모하지 않는 자는 작은 영역조차 도모할 수 없다"不謀萬世者, 不足謀一時 ; 不謀全局者, 不足謀一域. 이처럼 남북한 역시 눈앞의 시시비비를 가리는 것도 중요하지만 더 절실한 민족이익에서 출발해 장기적이고 전략적인 시각으로 한반도 문제를 인식해야 한다. 중국에는 "성곽은 항상 내부에서부터 파괴된다"堡壘往往是從內部被攻破的라는 고어가 있다. 그 의미는 외부의 적보다 내부의 모순과 갈등이 오히려 더 치명적이라는 뜻이다. 역사적으로 수많은 국가가 내부 분열로 인해 망국의 길을 걸었다는 것을 명심해야 한다. 남북한이 현재 마주하고 있는 딜레마를 극복하고 민족의 화해를 실현하려면 자주성을 발휘하는 방법밖에 없다. 외세의 모든 간섭을 배제하고 남북한이 공동으로 협력하여 민족화해와 한반도의 장기 평화를 위한 새로운 길을 찾아야 한다.

Ⅲ. 중국은 한반도 문제의 평화적 해결을 지속적으로 지지

한중 양국은 서로 떨어질 수 없는 가까운 이웃이고 자연스러운 협력 파트너이다. 1992년 수교 이후 27년 동안 한중 양국은 우호적인 교류와 상호 협력, 윈윈의 관계를 유지해 왔다. 또한 상호 경제사회 발전과 동아시아 역내 평화발전 의제 등에 대해 광범위한 이익을 공유하고 있다.

역사적으로 한중 양국은 동고동락하면서 영광과 오욕을 함께 했던 친구이다. 2017년 중국을 방문한 문재인 대통령은 "중국이 번영할 때 한국도 번영했고, 중국이 좌절했을 때 한국도 함께 좌절했다"고 밝혔다. 이처럼 한중관계는 역으로도 성립되는 상호 보완의 관계이다. 통일되고 안정적인 한반도는 중국에 백 가지 이익을 가져오지 전혀 해를 끼치지 않는다. 반면 분열되고 혼란한 한반도는 중국에 백 가지 해를 가져올 뿐 아무런 도움이 되지 않는다. 역사적으로 중국과 한반도는 제국주의의 침략을 함께 이겨냈고 항일민족투쟁과 식민지 통치에 맞서 싸웠다. 2019년은 한국의 '3.1 운동'과 중국의 '5.4 운동'이 100주년을 맞는 해이다. 백 년 전에 발생한 두 차례의 민중 운동은 한반도와 중국 인민이 제국주의 침략과 압박에 맞서 싸운 위대한 사건으로 기록되고 있으며 한반도와 중국 인민의 끈끈한 유대 관계를 증명하는 중요한 증거이기도 하다. 사실 한반도 문제는 서방 열강들이 강제적으로 만들어 낸 결과이다. 만일 외세의 간섭이 없었다면 동북아시아의 내부 문제는 이처럼 복잡하지 않았을 것이고 훨씬 쉽게 해결될 수 있었을 것이다. 중국의 대 한반도 정책은 시종일관 변함이 없다. 바로 한반도의 평화와 안정을 수호하고 평화롭고 자주적인 통일을 지지하는 것이다.

한중 양국은 동아시아 문화 공동체에 속해 있다. 동아시아의 문화는 유교 사상을 핵심으로 하며 "선의로 사람을 대하고 평화를 근본으로 한다"與人為善, 以和為貴는 이념을 기초로 한다. 이는 중국의 "이웃과 친하게 지내고 이웃을 동반자로 생각하는"與鄰為善, 以鄰為伴 "친, 성, 혜, 용"親誠惠容의 주변외교정책 이념과 일치한다. 2019년 12월 4일, 중국 국무위원 왕이王毅 외교부장이 한국을 방문해 아래와 같이 밝혔다. "한중 양국은 교류와 협력을 더 강화하고 상호 이해와 지지를 증대해야 한다. 양국의 정당한 권리를 함께 수호하는 동시에 동아시아의 평화와 안정을 위해 힘을 모아 건설적인 역할을 해야 할 것이다". 이번 방문에서 한중 양국은 고위층 상호 방문과 전략 소통강화에 합의했다. 또한 중국의 '일대일로 전략'과 한국의 신남방정책, 신북방정책의 상호협력을 다짐했고 그 과정에 제3국과의 다자협력 방안에 대해서도 인식을 같이 했다. 특히 무역 영역에서 양국 공통으로 『한중 경제무역 협력발전 요강2021-2025』을 기획했고 자유무역협정 제2단계 협상도 빠른 시일 내에 추진할 것에 동의했다. 그리고 이번 회담을 통해 '한중 해양사무 대화협력 회의'가 새롭게 출범하면서 양국이 다자주의를 견지하는 동시에 자유무역과 개방형의 세계경제를 건설하기 위한 공통의사를 다시 한 번 확인했다. 역내포괄적경제동반자협정RCEP에 관한 최종 협상이 원만하게 타결된 데 대해 한중 양국은 환영의 입장을 밝혔고 2020년 회원국들과 함께 협정서에 공식 사인할 수 있기를 바랐다. 그 외에도 최근 양국관계를 곤혹스럽게 만들었던 사드THAAD 문제를 원만히 해결할 것에 동의했고 상호 이익과 정당한 관심사항을 서로 존중할 것을 약속했다. 이런 공통 인식은 한중 양국 사이에 광범한 공통이익이 존재한다는 것을 다시 증명했다. 중국은 2019년 발표한 『국방백서』를 통해 시종일관하게 방어적인 국방정책을 견지할 것이며 패권을 추구하지 않고 외부확장과 세력범위를 고려하지 않는다는 점을 명확히 밝혔다. 중국은 한반도 문제에 있어 사사로운 이익을 따지지 않는다. 다만 한반도의 평화와 안정을 수호하고 국제사회의 '핵확산금지조약'이 정상적으로 작동할 수 있기를 원할 뿐이다. 동시에 중국의 전략적 안보이익에 근거해 사안의 시비곡직是非曲直을 따지고 객관적이고 공정한 태도로 국제사회의 규칙을 준수하며 한반도의 핵문제에 관해 건설적인 역할을 하려고 한다. 중국의 대한반도 정책은 시종일관하고 지속적이며 변하지 않을 것이다. 중국은 남북한이 모두 발전하고 남북한 모든 국민의 행복한 삶을 기원한다.

　가까운 이웃 사이에 갈등도 존재하고 외세의 이간질로 인해 오해와 의심, 걱정이 나타나는 것은 아주 자연스러운 현상이다. 이런 문제는 한중 양국이 공통으로 인민들의 이익, 동북아시아의 평화와 번영이라는 거시적 인 차원에서 역사의 장기적인 안목과 전략적인 시각을 가지고 슬기롭게 대처해나가야 한다. 한중 양국은 정치, 경제, 사회, 문화, 과학기술 등 광 범한 영역에서 소통과 협력을 강화하고 의심을 덜고 신뢰를 증진해야 한 다. 구동존이求同存異의 사상으로 상대방의 장점을 취하여 본인의 단점을 극복하며 협력을 강화하고 공동발전을 실현해야 한다.

북미 비핵화 협상과 한중협력 방향

이영학(李榮學)*

I. 한반도 비핵화를 위한 북미 간 협상

1. 북미 간 비핵화 협상 과정

2018년 6월 12일 미국 트럼프 대통령과 북한 김정은 위원장 간 최초의 역사적인 북미 정상회담이 싱가포르에서 개최되어 4개항의 공동성명이 발표되었다. 첫째, 북미는 평화와 번영을 위한 양국민의 열망에 따라 새로운 북미관계를 건설하기로 했다. 둘째, 북미는 한반도의 지속적이고 안정적인 평화체제 구축을 위한 노력에 동참할 것이다. 셋째, 2018년 4월 27일 판문점 선언을 재확인하면서, 북한은 한반도의 완전한 비핵화를 위해 노력할 것을 약속한다. 넷째, 북미는 전쟁 포로와 행방불명자 유해의 발굴 및 이미 식별된 유해의 즉각적인 미국 송환을 약속한다.

그러나 싱가포르 정상회담 이후 폼페이오 미 국무장관의 방북, 북미 간

---

* 한국국방연구원 연구위원

장관급 및 실무급 협상에도 불구하고 비핵화 협상은 별다른 진전을 이루지 못한 채 교착상태에 빠졌다. 2019년 초 김 위원장이 비핵화 의지를 재천명한 신년사를 발표하고, 한국 및 중국의 중재 노력 등에 힘입어 북미는 제2차 정상회담을 개최하기로 합의했다. 그러나 2019년 2월 28일 베트남 하노이에서 개최된 북미 정상회담은 비핵화 관련 합의를 이루지 못한 채 결렬되었다. 원인은 북미 간 북한의 비핵화 범위와 그에 대한 상응조치로서 대북제재 해제의 교환 조건에 대한 이견이었다. 미국은 북한이 핵무기 프로그램의 부분적 해체에 대한 대가로 대북제재의 전면적 해제를 요구한 것이 합의의 주요 장애요인이라고 주장했으나, 북측은 자신들이 제안한 것은 모든 제재의 해제가 아니라, 부분적 해제(2016년~2017년 유엔 안보리 결의에 따른 5개의 제재 중 민수 경제 및 인민 생활과 관련된 제재의 해제)였으며, 그 대가로 영변 핵시설의 모든 핵물질 생산 시설을 영구적으로 완전히 해체할 것을 제안하였다고 주장했다.

하노이 노딜 이후, 북미 간 비핵화 협상은 다시 교착상태에 빠졌으나, 2019년 6월 일본에서 개최되는 G20 정상회의를 계기로 6월 20일 북중 정상회담, 27일 한중 정상회담 및 29일 미중 정상회담이 연이어 개최되면서 비핵화 관련 논의가 이루어진 후, 30일 트럼프 대통령의 방한 계기 판문점에서 북미 및 남북미 정상 회동이 전격적으로 성사되었다. 북미 양 정상은 판문점 회동에서 지난 하노이 정상회담 결렬에 대한 서로의 인식과 의견을 교환하고, 비핵화 협상에 대한 목표와 접근법 등 이견을 확인했을 것으로 추정되었다. 양 정상은 향후 2~3주 내 북미 간 비핵화 실무협상을 재개하기로 합의했다.

북미 간 비핵화 실무협상은 2019년 10월 5일 스웨덴 스톡홀름에서 개최되었으나 아무런 합의를 이루지 못하고 다시 결렬되었다. 북측 협상 대표인 김명길 외무성 순회대사는 미국이 구태의연한 입장과 태도를 버리지 못했다면서 협상 결렬의 원인을 미국 측에 돌렸다. 김 대사는 "우리가 요구한 계산법은 미국이 우리의 안전을 위협하고 우리의 발전을 저해하는 모든 제도적 장치들을 완전무결하게 제거하려는 조치를 실천으로 증명해야 한다는 것"이라고 주장했다. 이를 통해 볼 때, 북한은 비핵화의 조건으로 미국에 대해 북한의 안전 보장 및 대북제재 해제를 요구하고 있는 것으로 관측된다. 이후 12월 현재까지 북미는 각자의 기본 입장을 제시하고 상대방의 전향적 입장 전환을 요구하면서 기싸움을 벌이고 있는 형국이 지속되고 있다.

2. 비핵화 협상 진전의 난관

북미 정상 간 세 차례의 회담 및 회동에도 불구하고 비핵화 협상의 진전이 더딘 원인은 양국 간 비핵화 정의, 방법론 및 협상 방식에 대한 견해 차이가 크기 때문이며, 동시에 이러한 이견의 근저에는 오랜 기간 형성되어 온 북미 간 상호 불신이 자리하고 있다.

우선, 비핵화 정의에 대해서, 싱가포르 공동성명 및 판문점 선언에는 '한반도 비핵화'를 공식적으로 표명하고 있지만, 미국과 한국은 한국에는 핵무기가 없기 때문에, 한반도 비핵화는 실질적으로 '북한의 비핵화'를 의미한다고 생각한다. 그러나 북한은 자국이 핵무기를 개발한 원인은 미국의 대북한 적대시 정책 및 안보 위협 때문이라고 주장하면서, 한반도 비핵화는 미국의 대한국 핵우산확장억제 제거를 포함해야 한다고 주장하는 것으로 알려져 있다.

둘째, 방법론에 대해서, 미국은 일괄타결식 빅딜을 주장했는데, 이는 통상적으로 북한의 先 비핵화, 미국의 後 보상을 의미하는 것으로 이해되었다. 이에 반해, 북한은 단계적·동시적 방법론을 주장했는데, 이는 북한의 비핵화 조치와 미국의 상응 조치를 동시에 이행하되, 일괄적으로 하지 않고 단계적으로 이행하면서 신뢰를 구축해 나가자는 것으로 이해되었다. 이후 미 국무부 비건 대북 특별대표는 동시적·병행적 방법론을 제시하였으나, 북측과의 이견은 여전히 좁혀지지 않고 있다.

셋째, 협상 방식에 대해서, 미국은 실무급에서 주요 이슈에 대해 충분히 논의가 이루어진 후 정상회담을 개최하여 협상을 타결짓는, 소위 바텀업 bottom-up을 선호한다. 그러나 북한은 최고지도자의 결단을 통한 협상 타결, 즉 탑다운top-down을 선호한다. 하노이 정상회담이 '노딜'로 결렬된 원인 중 하나가 정상회담 이전 실무급에서 주요 이슈에 대해 협의가 제대로 이루어지지 않은 채 정상회담이 개최된 데 있다는 분석도 제기된 바 있다.

마지막으로, 이러한 모든 이견의 근저에는 70여 년간 지속되어 온 북미 간 뿌리 깊은 상호 불신이 자리하고 있다. 북미 간 비핵화 협상의 핵심 쟁점이라고 할 수 있는 북한의 전체 핵 리스트영변+α 신고 및 검증에 있어서, 미국은 북한이 우선적으로 영변을 포함한 전 지역 및 시설의 핵 리스트를 제출하고 그에 대해 검증해야 한다는 입장이지만, 북한은 미국의 대북 적대시 정책이 유지되고 있는 상황에서 북한의 전체 핵 리스트를 제출하게 되면 미국에게 공격 목표를 그대로 노출하게 된다는 우려를 갖고 있다. 또한, 미국은 북한이 설령 핵 리스트를 제출한다고 해도 리스트의 신뢰성에 대해 의구심을 가질 수 있다. 미국이 갖고 있는 북한의 핵 관련 정보와 북한이 제출한 핵 리스트가 서로 불일치 할 수 있고, 미국은 북한의 비핵화 의지를 의심하면서 더 이상 북한의 기만전술에 속아서는 안 된다는 강경론이 부상할 수도 있다. 이와 같은 북미 간 비핵화 협상의 난관은 한국과 중국의 적극적 역할로 일정 정도 해소될 수 있다.

Ⅱ. 한국과 중국의 입장 및 역할

북한의 비핵화 실현의 목표와 방법론에 있어서 한국과 중국의 인식 및 입장은 유사하다. 한중 모두 북핵 문제를 대화와 협상을 통해 평화적으로 해결할 것과 유엔 안보리 차원의 대북제재를 유지하되, 북한의 비핵화 조치에 따른(또는, 북한의 비핵화를 촉진하기 위한) 일부 제재 완화의 필요성을 주장하고 있다. 또한, 북미 양국이 북핵 문제 해결의 핵심 당사국으로서 북미 간 대화와 협상을 통해 문제를 해결해야 하지만, 한국과 중국도 관련 당사국으로서 비핵화 협상을 중재·촉진하거나, 또는 건설적 역할을 발휘할 것임을 강조하고 있다.

한국은 2018년 초부터 시작된 한반도 비핵·평화 프로세스에서 남북관계 개선, 북미 간 비핵화 협상 중재 및 촉진 등의 역할을 일관되고 적극적으로 수행하고 있다. 특히 정의용 청와대 안보실장이 김 위원장을 만나고 온 직후인 3월 8일 트럼프 대통령에게 김 위원장의 비핵화 및 북미관계 개선 의지를 전달함으로써, 트럼프 대통령이 북미 정상회담 개최 제안을 전격적으로 수용했고, 결국 역사적인 최초의 북미 싱가포르 정상회담 개최로 이어졌다. 이후 북미 간 비핵화 협상이 교착상태에 빠질 때마다 대통령을 포함하여 청와대, 외교부 등 외교안보 정책 결정 라인의 주요 인사들이 미국과 북한을 오가며 협상 재개를 위해 노력했다.

중국은 북핵 문제 해결을 위해 건설적 역할을 할 것임을 주장했으나, 실질적으로는 미중 간 전략적 경쟁 심화를 배경으로 트럼프 행정부의 무역 분쟁과 북핵 문제 간 연계 및 압박 전략에 대해 수용 및 거부 등을 통해 수동적으로 대응함으로써 북핵 문제 해결을 위한 적극적 역할을 수행하지는 못했다.

첫째, 2017년 초반부터 2017년 후반까지, 미국은 북핵 문제 해결을 위해 중국에 대해 대만 및 경제·무역 이슈 등과 연계하여 압박했고, 중국은 대외적으로 분리 대응을 천명한 것과는 달리 일정 부분 수용했다. 미중은 북한의 계속된 도발에 대해 대북제재를 강화하면서 협력했고, 이에 따라 2018년 초 김 위원장의 신년사와 평창 동계올림픽을 계기로 북한의 비핵화 및 한반도 평화 프로세스가 시작되었다. 미중의 강력한 대북제재에 대한 협력이 북한의 비핵화 방침을 견인한 중요한 동력으로 작용했다고 볼 수 있다.

둘째, 2018년 초반 북미 정상회담 개최 합의 시부터 2018년 6월 싱가포르 정상회담 전후까지, 미국은 변화된 한반도 정세 하에서 북한과 직접 협상을 통한 문제 해결을 추구했다. 미국은 북핵 문제에 대해 중국과 협력할 필요성이 감소하자 북핵 문제와 경제·무역 이슈를 분리하여 경제·무역 이슈에 대해 중국을 압박하기 시작했다. 중국은 한반도 정세의 급격한 변화 속에서 미국의 대중국 경제·무역 압박이 강화되자 북중 정상회담을 통해 북핵 및 북한 문제에 대한 영향력을 보여줌으로써, '차이나 패싱' 불수용 입장과 미중 간 북핵 협력 필요성을 어필했다. 트럼프 대통령은 중국이 미중 간 무역 마찰 때문에 북한을 협상 레버리지로 활용하면서 북미 정상회담을 방해하고 있다고 주장했다. 중국 정부는 이를 일축하면서 북미 정상회담에 대한 지지 입장을 재차 표명했으나, 양국 간 이견은 지속되었다.

셋째, 2018년 6월 싱가포르 정상회담 이후 10월 폼페이오 장관의 방중 이전까지, 미국은 대중국 무역 전쟁을 시작한 상황에서 북미 간 비핵화 협상이 돌파구를 찾지 못하자, 북핵 문제를 무역 분쟁과 다시 연계하여 대중국 경제적 압박을 통해 중국이 북미 간 비핵화 협상에서 미국을 도와 북한을 설득해주기를 기대했다. 그러나 중국은 미국의 행태에 대해 배신감을 느끼고 이를 거부했으며, 미중 간 무역 분쟁 대응에 집중하면서 양국 간 북핵 문제에 대한 협력은 약화되었다.

넷째, 2018년 10월 폼페이오 장관의 방중 이후 현재까지, 트럼프 행정부는 북미 간 비핵화 협상의 교착상태 타개를 위해 중국과의 협력 필요성을 인식하면서 북핵 문제와 무역 분쟁을 분리하여 접근했고, 중국은 이를 수용하면서 북핵 문제에 대한 협력을 재확인했다. 이에 따라, 교착상태에 빠졌던 북미 간 비핵화 협상은 2019년 2월 하노이 제2차 북미 정상회담 개최와 6월 30일 판문점 북미 정상회동을 통한 비핵화 실무협상 재개 합의로 이어졌다.

Ⅲ. 한중 간 협력 방향 및 제언

북미 간 비핵화 협상의 중재 및 촉진을 통해 북핵 문제를 평화적으로 해결하기 위해서는 다음과 같은 정책적 노력이 필요하다. 첫째, 한중 간 전략적 소통과 협력을 강화할 필요가 있다. 앞에서 분석한 것처럼, 북미 간 비핵화 협상 진전의 난관인 비핵화 정의, 방법론 및 협상 방식에 대한 이견의 근저에는 북미 간 뿌리 깊은 상호 불신이 자리하고 있다. 북미 간 상호 불신을 불식 내지는 완화시키기 위해서는 한국과 중국의 공동 노력이 필요하다. 2018년부터 본격화된 한반도 비핵·평화 프로세스에서 한국은 북미 간 정상회담을 포함한 비핵화 협상을 중재 및 촉진하는 데 있어서 주도적 역할을 하였으나 협상이 교착상태에 빠질 경우, 이를 실질적으로 타개하는 데 있어서는 일정 정도 한계를 노정하였다. 이에 반해, 중국은 미중 간 전략적 경쟁의 심화에 따라 북미 간 협상을 중재 및 촉진하는 데 적극적인 역할을 수행하지 못하였으나, 비핵화 협상이 교착상태에 빠질 때마다 미국 및 북한과 정상 간 소통 등을 통해 협상 재개에 기여하였다. 따라서 북미 간 상호불신을 완화시키고 비핵화 정의, 로드맵 및 방법론 등에 대해 합의를 이루어낼 수 있도록 한중 간 긴밀한 소통과 협력을 강화함으로써 북미 간 비핵화 협상을 중재하고 촉진해야 한다.

둘째, 한국은 북한의 비핵화에 긍정적 영향을 미칠 수 있는 미중 간 협력을 촉진해야 한다. 미국이 북핵 문제를 미중 간 무역 분쟁 등 경쟁 이슈와 분리하여 협력을 추구하고 중국이 이를 수용할 때, 북한의 비핵화에 긍정적 영향을 미쳤다. 미중 간 전략적 경쟁이 심화되는 상황에서 한국 정부가 양국으로 하여금 북핵 문제를 다른 경쟁 이슈와 분리하여 다루도록 직접 관여하기란 쉬운 일이 아니지만, 북핵 문제는 미중 간 전략적 경쟁의 심화와는 별개로 양국 간 협력의 이슈가 될 수 있음에 착안할 필요가 있다. 한국은 북한의 비핵화와 한반도 평화체제 구축이 미중 모두에게 커다란 이익이 되고, 미중의 협력이 무엇보다 중요하다는 점을 지속적으로 강조할 필요가 있다. 이를 위해 한국은 미중 양국과의 전략적 소통을 강화하여 미중 간 북핵 문제에 대한 협력을 통한 긍정적 역할을 견인하고, 양국 간 전략적 경쟁이 북핵 문제와 연계되어 비핵화 협상 과정에 부정적 영향을 미치지 않도록 해야 한다.

　셋째, 중국은 북핵 문제가 미중 간 협력의 이슈이고, 이를 통해 미중관계를 안정적으로 관리해 나가기 위한 동력을 확보할 수 있음을 인식하고 북핵 문제 해결을 위해 더욱 적극적인 역할을 수행할 필요가 있다. 중국이 북한에 대해 전향적인 비핵화 조치를 설득하고, 한국 및 미국 등과 협의를 통해 북한의 안보 우려 해소와 경제적 수요를 보장한다면 북한의 비핵화는 빠르게 진행될 수 있을 것이다. 실제로 시진핑 주석은 2019년 6월 일본 G20 정상회의를 계기로 개최될 한중 및 미중 정상회담을 일주일 앞두고, 6월 20일부터 21일까지 중국 최고지도자로서 14년 만에 방북하여 김 위원장과 제5차 북중 정상회담을 개최했다. 시 주석은 "한반도 문제에 있어서 중국은 북한의 안보 및 발전의 합리적 우려를 해결하기 위한 도움을 힘 닿는 대로 제공하고, 북한 및 관련 각 측과 협력하여 한반도 비핵화 및 지역의 항구적 평화 실현을 위해서 적극적으로 건설적 역할을 발휘하기를 희망한다"고 언급한 바 있다. 중국은 현재 미중 간 무역 분쟁의 협상 타결과 미중관계의 안정적 관리에 집중하면서 북한의 비핵화 문제에 대해서는 다소 신중한 모습을 보이고 있고, 중국 전문가들은 북핵 문제 해결 과정에서 주도권을 놓치지 않으려는 트럼프 대통령이 중국의 적극적 개입을 원치 않는 것으로 인식하고 있다. 한국은 북한의 전향적인 비핵화 촉진을 위한 중국의 적극적인 역할이 안정적인 미중관계 발전과 한반도의 평화 및 안정에 기여함으로써 중국의 이익에도 부합하는 것임을 강조할 필요가 있다. 한편, 중국 내 일부 전문가들이 제기하는 유엔사, 주한미군, 한미동맹의 향방 등 민감한 이슈들은 한반도 비핵화가 되돌릴 수 없는 상태에 이른 후 본격적으로 논의하는 것이 바람직하다고 판단된다.

북한의 정상국가 추진전략

홍석훈(洪碩焄)*

Ⅰ. 북한체제 강화를 위한 사회주의 정상국가화 표방

1. 북한의 비핵화 의지 표방

김정은 위원장 집권 이후 북한 핵개발 전략은 2018년 이전까지 대외정책 기조와 맞물려 있었다. 2013년 4월 최고인민회의 제12기 7차 회의에서 '자위적 핵보유국 지위' 관련 법령을 최고인민회의 법령으로 채택했는데, 제1조에는 "미국의 적대시 정책과 핵위협에 대처"하기 위해 부득이하게 핵개발을 추진했다는 점과 함께 그 정당성을 주장하고 있다.[1] 즉, 2018년 이전 북한은 핵개발 고도화 전략을 앞세운 '병진노선'을 추진하면서 경제발전도 병행하고자 했다. 하지만 국제사회의 대북제재 하에서 경제발전을 동시에 추진하는 것은 사실상 힘들었기 때문에, 결국 이는 핵개발 우선의

---

* 통일연구원 연구위원

[1] 홍석훈, "문재인 정부의 평화·통일정책:북핵 문제와 미·중관계를 중심으로", 『평화학연구』 제19집 1호 (2018), pp. 45–68.

국가전략이라고 말할 수 있을 것이다.

그러나 지난 2017년 12월 북한은 '핵무력 완성'을 선언하고, 2018년 1월 김정은 위원장의 신년사를 통해 '경제집중 및 남북관계 전면개선' 정책 방향을 제시한 후 북한 대내외 전략과 정치변화는 역동적으로 움직이기 시작했다. 2018년 4월 북한은 핵병진 노선에서 '북한 경제건설'로의 전환을 공표하였다. 북한 노동신문은 "당의 병진노선 승리로 결속된 것처럼 경제건설에 총력을 집중하여 새로운 전략적 노선도 반드시 승리하리라는 것을 확신"한다고 공표했는데, 이는 북한은 '경제·핵무력 건설 병진 노선의 승리'를 선포하고 '경제건설'에 집중할 것을 발표한 것이다.[2] 이는 '핵·미사일' 고도화 전략에서 경제발전 우선 정책을 발표한 것으로, 이후 김정은 위원장은 남북정상회담, 북미정상회담, 북중정상회담에 나섰다. 이 과정에서 북한은 5월 24일 풍계리 핵실험 갱도를 폭파하고 "완전한 비핵화"를 선언하면서 외부 환경 변화에 주력하는 모습을 보였다.

김정은 위원장은 2019년 신년사에서 '완전한 비핵화' 의사를 재천명하고 북미관계 개선, 남북한 평화번영과 군비통제 확대·심화를 제언하는 한편, 지난 2018년 9월 '평양공동선언'을 통해 '사실상의 불가침선언'을 재확인하고 정전협정에서 평화체제로의 전환을 위한 남북미 다자협상 틀을 수용하는 태도를 보였다. 즉, 지난 평양 남북정상회담에서 북한은 한국 정부가 북미 간 비핵화협상에 참여하는 것을 인정함으로써 남북미 3자 구도가 한반도 비핵화의 당사자이며, 종전선언과 평화협정의 실질적 협상국임을 확인하는 계기가 되었다.

---

2) 『노동신문』, 2018.4.21.

2. 사회주의 정상국가 표방

2018년 3월말(25일 - 28일) 북한 김정은 위원장의 깜작 중국 방문은 경색된 북중 간의 우호관계를 회복하고 예정된 남북, 북미회담에서 북한의 핵 대화 주도권을 강화하려는 의도를 가진 것으로 볼 수 있다. 김 위원장의 방중에 부인과 북한 최룡해 노동당 중앙부위원장 등 정치 주요 인사들을 동행하면서 김 위원장은 자신의 첫 국제무대 데뷔에 합리적이며 정상국가의 지도자 이미지 면모를 보여 주었다. 김 위원장이 2018 북한 신년사에서 젊은 사회주의 강국, 전략국가 면모를 갖추겠다고 선언한 바와 같이 북중 정상회담을 통해 북한은 정상국가 이미지를 제고하고 있음을 다시 보여주었다.

또한, 김정일 시대의 북한과 달리 김정은 시대의 북한은 2018년 이후 남북, 북미정상회담을 거듭 수용·제의하고 있으며, 지난 2018년 9월 19일 문재인 대통령의 '평양 능라도 5월 1일 경기장 연설' 등은 북한이 '정상국가'임을 거듭 주장하는 것으로 보인다. 북한의 이러한 행보는 김정은 위원장의 개인적 선언이 아니라 당을 중심으로 한 정책적 결정이라는 것에 주목할 필요가 있다. 북한은 당의 시스템을 통한 국가전략을 수립하고 실행한다는 '정상국가' 체제와 외교적 협상을 통해 한반도 평화체제를 추구하고 있음을 암시하고 있다.

김정은 집권 이후 국가행정기관에도 변화가 있었다. 우선 이전의 국방위원회가 국무위원회로 변경되었으며 산하 기구의 명칭도 각각 인민무력부, 국가안전보위부, 인민보안부에서 인민무력성, 국가보위성, 인민보안성 등으로 변경되었다는 점을 들 수 있다. 그동안 이들 기관들은 '부'에서 '성'으로 바뀌었다가 다시 '부'로 변경되기도 해서 명칭 변경 자체는 큰 의의가 없다 하겠으나, 국방위원회가 국무위원회로의 변경된 데에는 병영국가의 이미지를 탈피해서 정상국가로 변신하겠다는 북한의 의도가 있었던 것으로 판단된다.

한편 내각에도 일부 조직이 신설되고 해체되는 등 변화가 있었다. 북한 내각의 각 성 또는 위원회의 신설과 해체는 이전에도 자주 있었기 때문에 김정은 집권 이후에 있었던 일부 부서의 신설과 해체 또는 명칭 변경은 그리 의미 있는 사실은 아니라고 판단된다. 다만 눈에 띠는 사실은 내각에 '조국평화통일위원회'를 신설한 것인데, 원래 이 조직이 당의 외곽기구로 있었기 때문이다. 북한이 앞으로 있을 남북대화와 교류를 대비하기 위하여 정부기구에 이 조직을 신설한 것으로 풀이된다. 한국이 청와대의 국가안보실과 통일부 양 기관을 통해 대북·통일정책을 추진하고 있는 것에 대해 북한도 당의 통일전선부와 내각의 조국통일위원회를 통해 대응하겠다는 의도가 있는 것으로 판단된다.

2019년 북한은 과거 비상정치체제에서 당·국가 정상 사회주의체제로의 전환을 추진하는 모습을 보이고 있다. 과거 '선군'에서 '선당'으로 당·군·정 체제에서 당·국가 체제로 전환하고 있다. 김정은 체제의 북한은 노동당을 중심으로 이전 정권 안정화에 집중하고 있는데 올해 개정헌법2019 서문에서 '사회주의 조국'을 '사회주의 국가'로 변경하고 사회주의 정상국가를 강조하고 있다. 이는 김정일의 "우리민족제일주의"를 넘어서려는 김정은 위원장의 "우리국가제일주의"식 국가중심적 의식이 반영되었다고 볼 수 있다.[3] 또한, 김정은 위원장국무위원장을 국가수반으로 헌법에 명시하여 대내적 최고지도자를 넘어서 국제사회를 향한 대외적 최고지도자로서

3) "북한사회주의 헌법 개정 내용" 참조, 『연합뉴스』, 2019.7.11.
https://www.yna.co.kr/view/AKR20190711134500504 (검색일 2019.11.10.)

의 위상과 역할을 강화하고 있다.

북한 정치체제 변화의 핵심인 당중심 체제 변화는 2019년 당중앙위 제7기 4차 전원회의2019년 4월의 인적 개편을 보면 그 면모를 파악할 수 있다. 정치국을 중심으로 한 당고위직과 국무위원회를 중심으로 한 국가고위직 간부들이 겸직하는 중첩성을 고도화하고, 당과 국가의 주요 권력기구 운영 핵심엘리트를 증대시켜 정책 집행과 관리, 성과에 대한 책임을 강화한 것으로 추정된다. 또한, 내각 전문가들이 당으로 이동하였는데, 먼저 박봉주가 내각총리에서 당부위원장으로 자리를 옮겼음에도 당 정치국 상무위원 직위를 유지하고, 당 정치국 위원과 후보위원에도 국가정책과 경제행정기구 관리 경험이 많은 내각 부총리 출신들이 다수 포진하고 있다.

이러한 당 중심 체제의 강화와 함께 군수공업과 북핵 외교 그룹의 약진은 성과주의적 특징을 보이는 것으로도 분석할 수 있다. 먼저 핵·미사일 개발 등 군수공업 분야 중심 지역 인사들의 약진이다. 북한 군수산업 밀집지역인 자강도와 평안북도 당위원장 출신인 김재룡 신임 내각총리 및 리만건 당 부위원장 등의 약진이 주목할 만하다. 다음으로 리용호 외무상과 최선희 외무성 제1부상이 국무위원회 위원으로 발탁되는 등 북핵외교 외무성 그룹이 부상하고 있다는 점도 주목할 만하다.

북한의 외교적 행태에서도 정상국가화 추진이 엿보인다. 북한은 대남·대외관계 개선을 통한 대북제재 완화 및 개발국가로 성장하기 위해 노력하고 있다. 그 실례로 대외 정상회담의 추진이 있는데, 북한은 남북정상회담, 북중정상회담, 북미정상회담, 북러정상회담을 통해 자국의 외교적 위상을 높이려는 의도를 보였다. 그러나 2019년 2월말 하노이 북미정상회담 결렬 이후 이러한 외교적 행보는 퇴색하는 양상을 나타내고 있다. 그 이유로 2차 하노이 북미정상회담이 결렬과 함께 대북경제제재도 지속되고 있는 상황이어서 북미 간 비핵화 협상 진척 정도에 따라 북한은 남북관계의 진전을 위해 노력하는 한편, 외교적 수단 또한 활용할 것으로 예상되기 때문이다. 또한 2019년 4월 시정연설에서 김정은 위원장은 올해 연말까지 시간을 두고 미국이 전향적 자세로 북미회담에 나올 것을 전제로 하여 제3차 북미정상회담에 나설 용의가 있음을 밝혔고, 더 이상 제재완화에 매달리지 않을 것임을 선언4)했다. 이는 북한이 미국과의 비핵화 협상이 진전되지 않을 경우 다시금 군사적 해법으로 한반도 정세를 긴장시킬 개연성을 내포하고 있으며 자력경제 발전을 도모할 가능성도 표현한 것으로도 분석할 수 있다.

〈표-1〉 완전한 비핵화 합의 후 북한 최고인민회의 주요 결정: 2018-2019. 4월

회의	일시	주요 안건과 결정	비고
최고인민회의 제13기 6차회의	2018.4.11	- 경제집중전략에 따른 정책 과제 배치(전년도 국가사업 평가와 올해 과업, 전년도 예산 결산과 올해 국가예산, 조직문제)	- 국무위원회에서 해임: 황병서, 김기남, 리만건, 김원홍 - 신임 국무위원: 김정각, 박광호, 태종수, 정경택 - 최고인민회의 상임위원회 인사개편: 신임 서기장 정영국
최고인민회의 제14기 1차회의	2019.4.11.-12	- 자력갱생 정책 기조로 인적 진용 재구축(국가기구 개편, 고위직 조직인사 외) - 전날(4.10) 개최된 당중앙위 제7기 제4차 전원회의 결과를 국가기구 개편과 인사, 정책에 반영	- 국무위원회 제1부위원장(최룡해) 직제 신설 - 당-국가기구 인사 이동과 겸직 고도화 - 대의원 구성 변화 및 고위직 세대교체

출처 : 이무철 외, 『북한 분야별 실태 평가 및 변호 가능성 전망』 경제인문사회연구회 협동연구총서 19-15-01 (경제인문사회연구회, 2019), p. 22.

---

4) 『조선중앙통신』, 2019.4.13.

이와 함께, 2019년 2차 하노이 북미정상회담 결렬 이후 4월 개최된 북한 최고인민회의 제14기 제1차 회의는 김정은 정권 2기를 구축한 것으로 분석된다. 이 회의에서 북한은 대내적으로 '자력갱생' 강조와 대외적으로 핵개발을 통한 강한 안보전략을 회피하면서 연성 협상전략을 구사하고 있는 것으로 판단된다.[5]

II. 경제개혁과 대외경제개방 정책 추진

먼저, 김정은 시대 북한은 제한적이지만 경제분야의 개혁과 대외경제개방 정책을 추진하고 있는 것으로 파악된다. 김정은 위원장 집권 이후 북한이 추진하고 있는 주요 경제정책은 '우리식경제관리방법'과 '사회주의기업책임관리제'를 중심으로 경제관리개선조치를 발전시켜 나가는 것으로 보인다. '우리식경제관리방법'은 북한 경제의 생산성 확대를 위한 제도적 개선이다. 제도의 개선을 통해 기업, 농장 등 경제주체들의 인센티브 장려와 자율성을 부여하는 것으로, 시장을 활용하여 경영성과를 높이는 데 그 목적이 있다. '6.28방침'2018과 5.30담화'2014 등에서 언급된 '우리식경제관리방법'은 국가 경제정책에 있어 중앙정부의 권한과 역할을 하부단위인 지방(기업소, 협동농장, 지방 인민위원회(도, 직할시) 등)에게 분담하고, 자율성과 인센티브를 확대하는 제도적 의미를 말한다. 특히, 2019년 북한 개정헌법은 당 우위의 '대안의 사업체계'를 삭제하고 '사회주의기업책임관리'로

---

5) 제14기 1차 최고인민회의는 19년 만에 개최되었으며, 이틀 간 연속 개최되었고 김일성 시대 이후 29년 만에 최고지도자의 시정연설이 이루어진 회의로 당중앙위 정치국회의 및 전원회의를 거쳐 의제를 정당화하는 과정을 거침.

변경하여 '우리식경제관리방법'과 '사회주의기업책임관리제'를 중심으로 경제관리개선조치를 확대발전시키고 있는 것으로 판단된다.

북한의 대외개방 정책은 2016년 5월 노동당 제7차 당대회 경제강국 건설을 위한 '국가경제발전 5개년 전략2016-2020'에서 찾아볼 수 있다. 최고인민회의 제13기 4차 회의에서 국가경제발전 5개년 전략을 위한 최고인민회의 법령을 채택했다.6) 여기서 북한은 경제부문 간 균형발전과 경제개발구 활성화에 유리한 투자환경조성 등을 통해 인민경제 활성화에 주력하겠다고 밝혔다.

둘째, 북한은 경제특구 및 경제개발구 확대를 통해서 민생경제 활성화와 대외경제 개방정책을 추구하는 것으로 파악된다. 2018년 6월 기준으로 중앙급 경제특구 5개, 중앙급 경제개발구 4개, 지방급 경제개발구 18개 등 총 27개에 이르며, 기존에 발표한 5개의 경제특구(나선, 황금평·위화도 경제특구, 개성공업지구, 원산·금강산관광지구, 신의주 국제무역지대)를 제외하고, 나머지 22개의 경제특구·경제개발구는 김정은 위원장 집권 시기에 새롭게 지정되었다.

셋째, 북한의 지방분권화 확대에 주목할 필요가 있다.7) 김정은 시대의 경제개혁은 중앙정부의 기업에 대한 일방형 계획화와 원자재 할당배분제가 축소, 폐지되고 있다.8) 중앙은 거시경제 운영에 대한 포괄적 지침만

---

6) 양문수, "김정은 시대 북한의 경제개혁 조치: 중국과 비교의 관점", 『아세아연구』 제59집 3호 (2016), pp. 131-132.

7) 2018년 신년사에서 김정은 위원장은 "경공업공장들이 설비와 생산공정을 노력절약형, 전기절약형으로 개조하고 국내 원료와 자재로 다양하고 질 좋은 소비품들을 더 많이 생산 공급하며 도, 시, 군들에서 자체의 원료 원천에 의거하여 지방경제를 특색 있게 발전"시킬 것을 요구하고 있다 (『노동신문』, 2018.1.1.).

8) 양문수, "김정은 집권 이후 개정 법령을 통해 본 '우리식경제관리방법'" 『통일정책연구』 제26집 2호 (2017), pp. 81-115. 참조.

내리고 기업의 생산성 향상을 위한 인센티브제와 이윤의 자율적 처분권을 부여하고 있다. 이는 중앙정부의 이윤이 줄어들 수밖에 없는 한편 기업의 책임성은 증가하게 되는 모델이다. 물론, 북한의 우리식경제관리방법에 대한 보다 구체적이고 실증적 자료가 부족한 상황이어서 향후 추적 연구가 필요하다. 결국 북한의 우리식경제관리방법은 시장화에 용이한 환경을 조성하고 있다. 2019년 북한 신년사에서 김정은 위원장은 기업의 경영활동 위해 경제제도와 체계를 정비할 것을 약속하고 있다. 과거 김정일 시대 7.1조치가 북한의 시장을 일부 합법화했다는 것을 상기해보면 이는 북한의 시장화에 순기능을 담당할 것으로 예측된다.

물론, 중앙정부의 기업에 대한 일방형 계획화와 사회주의적 분배제도의 축소는 중앙의 의도에 의해서가 아니라, 계획경제의 와해와 사후적 조치를 위한 방편적 개혁조치라는 것에 주목할 필요가 있다. 이는 북한 김정은 시대 경제개혁과 시장화 방침이 제시되고 있지만 이러한 경제개혁 조치가 선도적으로 이루어지는 것도 아니며, 그 제도화 수준도 낮은 편이기 때문이다.

또한 북한경제 발전을 위해서는 현재의 비핵화 문제의 해결을 통해 원자재, 에너지, 자금 등을 확보해야만 한다. 제도개편에서도 시장화 방침이 극히 제한적이며, 개방정책이 가시적이지 않은 상황에서 시장경제의 핵심사안인 소유권과 특권경제에 대한 논의는 전혀 없다는 것에 그 한계성이 존재한다. 2019년 신년사에서도 언급되었듯이 경제적 자력갱생이 북한에게 불리한 국내외 환경에서 가능할 것인가에 대한 근본적 질문이 제기된다. 또한 과거 북한의 핵·장거리미사일 고도화 정책 추구로 인해 경제개발구 정책이 가시화되고 있지 못한 실정이다. 여기에 남북관계 악화로 인한 개성공단의 폐쇄와 전력·원자재 부족 등 북한의 내부 실정으로 인해 북한 경제발전 전략은 한계에 부딪히고 있다.

하지만 과거 김정일 시대에 비해 김정은 위원장 집권 이후 북한의 대외 개방정책은 확대되고 있으며, 경제개발구 정책의 제도적 보완을 통해 중 앙과 지방의 이원적 구도가 형성되었다. 그리고 이로부터 북한의 경제발 전 전략이 경제개발구 발전 전략을 중심으로 대외경제 발전을 추구하고 있다는 것을 알 수 있다. 2020년 김정은 위원장은 신년사를 통해 개성공단 의 조건 없는 재개를 공표하였는데, 향후 개성공단의 경험과 경제개발구 정책을 연계하여 발전해나갈 가능성이 크다. 향후에도 이러한 경제개발구 전략은 계속 추진될 것으로 예상되며 이 과정에서 외국자본의 연계 또한 필요한 상황이다.

Ⅲ. 대북제재와 북미 관계 정상화와의 연계성

북한은 북미 간 협상과 동시에 중국과 러시아의 지원을 얻어 UN 대북 제재 완화에 대한 국제사회의 설득을 요청하고 있으며, 미국의 대북 강압 정책을 견제하려는 행태를 보이고 있다. 미국에게 일괄타결식의 '빅딜' 논 의를 완화한 단계별 비핵화·보상 방안으로 진행할 것을 주장하면서, 자국 의 우호국인 중국, 러시아로부터 협조를 받아 내기 위한 외교적 노력 또한 함께 하고 있는 것으로 추정된다.

이러한 시점에서 북한은 북미 간 협상 결과에 따라 군사적 행보의 추이 에도 유의해야 할 것이다. 2019년 5월 4일 이후 북한은 수차례의 미사일 발사체 훈련을 지속적으로 감행하면서 신형잠수함을 공개하였고, 2019년 연말까지 시한을 두고 미국을 압박하고 있다. 즉, 앞서 기술한 바와 같이 북한은 2차 하노이 북미정상회담 결렬 이후 '선미후남先美後南'의 접근방식을 고수하고 있다. 하지만 지난 북한의 무력시위성 행보와 대남 비난은 한국 사회의 우호적 대북정책 여론형성에 악영향을 미칠 수 있으며, 남북관계 진전에 걸림돌이 될 수 있음을 주지해야 한다.

향후 한반도 정세는 북미 실무협상의 추이가 중요한 변수로 작용할 것으로 보인다. 북한의 대외정책은 우선적으로 북미 비핵화 협상의 추진 경과에 따라 변화될 가능성이 크고, 한반도 평화체제 추진에도 큰 영향을 미칠 것으로 예상되기 때문이다. 북미 간 비핵화 협상이 본격화될 경우, 한반도 비핵화가 가속화 되면서 대북제재의 완화, 유예가 이루어지고 한반도 안보 지형이 변화할 가능성이 있다. 반대로 북미 간 실무협상이 제대로 진행되지 않거나 양국 간 이견이 좁혀지지 않을 경우 한반도 평화체제 구축 논의가 지체되어 한반도 정세가 보다 경색될 가능성에도 유의해야 할 것이다.

2018년 이후 북한은 한층 강화된 대북제재를 풀고 민생 경제발전을 위해 핵을 넘어선 전략적 '경제발전' 정책을 선포하고 경제개발구 정책 추진 등 민생경제를 중심으로 하는 '새로운 길'을 가려하고 있다. 즉, 2018년 4월 20일 노동당 전원회의에서 '경제발전' 전략으로의 전환을 선포한 것은 북한이 경제발전을 통해 새로운 단계로의 진입을 추진하고 있음을 보여준다. 그러나 북한의 핵·미사일 개발로 인한 대북제재는 유엔, 미국 등을 중심으로 한층 강화되고 있다. 이러한 대북제재는 북한이 비핵화에 대한 의지를 실행하지 않는 한 풀기 힘든 숙제로 남아 있다.

남북경제협력 구도도 이러한 대북제재 프레임에서 벗어나기 힘들다.

2019년 북한 신년사에서 김정은 위원장은 조건 없는 개성공단, 금강산관광 재개를 제시하였지만 북미 간 비핵화 협상 진전 없이는 남북경협의 추진은 한계가 있어 보인다. 하노이 북미정상회담 결렬 이후 북미 간 비핵화 협상은 난항을 겪고 있으며, 북미 간 합의점을 찾지 못한다면 대북제재는 지속될 수밖에 없다. 나아가 이와 함께 북한의 정치적·경제적 고립은 두터워지고 북한 민생경제도 어려워질 것이 명약관화明若觀火하다.

또한, 미중 간 경제갈등의 심화와 북한 비핵화 문제로 인해 한반도를 둘러싼 국가 간 협조와 갈등의 양면적 성격이 공존할 가능성이 커지고 있다. 따라서 한국 정부의 적극적 역할이 요구되고 있다. 2018년 평창동계올림픽 이후 한국 정부의 노력으로 남북정상회담, 북미정상회담이 성사되었고, 이는 남북정상회담을 통한 역사적 '판문점선언', '9월 평양공동선언'으로 이어져 한반도 군사적 긴장 완화와 남북협력이 합의되었다는 것을 잊지 말아야 할 것이다. 한국 정부는 북한의 국가전략 전환을 잘 파악하여 남북관계 진전 및 복잡한 해외변수 방정식을 잘 풀어나가야 한다. 또한 북한과의 관계개선과 미국과의 협력을 병행해야 할 것이다. 미국의 협조 없이는 북한의 비핵화 문제와 한반도 평화체제 논의를 추진해 나가기 힘들다. 즉, 한국 정부가 북한의 의중을 확실히 파악하고 이에 대한 대북전략을 만들어 미국과 의견을 교환하는 등, 향후 북미 간 비핵화 협상 이전에 충분한 조율이 필요하다.

동북아 평화 이념과 실천

후링위안(胡令遠)*

2019년 한일 간 갑작스러운 무역전쟁은 동북아와 전 세계의 지정학적으로 민감한 신경을 건드리며 국제사회의 이목을 집중시켰다. 또한 한일 간의 무역전쟁은 비전통 혹은 고전적 의미의 무역전이 아니라 매우 뚜렷한 특징을 가지고 있다. 예를 들어 과거사 문제를 매개로 촉발된 무역전쟁이 양국 안보는 물론 동북아 지정학 등에 영향을 미쳤다는 점에서 상당히 독특한 특징을 가진다.

그러나 이번 무역전쟁의 진짜 이유와 향후 결말, 특히 그것이 보여주는 여러 함의에 대한 견해가 다양하다. 이 글에서는 이번 무역전쟁 이면의 인식 오류, 해결 경로 등 '방법론'과 관련된 문제들에 대해 살펴보고자 한다.

* 푸단대학 국제문제연구원 교수, 일본연구센터 주임

Ⅰ. 한일, 중일 관계의 특징 '취약성' 과 '트럼프 효과'

한중일 삼국의 특수한 역사, 문화적 인연, 특수한 지정학적 관계에 더해 근대 이후 반세기 이상 발생한 한일, 중일 간 불행과 같은 원한으로 동아시아 국제관계는 복잡한 성격을 보인다. 전후 60년이라는 세월이 지났음에도 불구하고, 한중일 삼국은 70년 전 발생한 전쟁의 성격, 일본의 인식과 태도에 대해 진정한 공감대를 이루지 못했다. 또한 일본이 초래한 깊은 역사적 원한에서 비롯된 정신적, 감정적 상처는 하루아침에 사라질 수 없기 때문에 일본과 동아시아 이웃 나라들은 진정한 민족 화해를 이루지 못했다. 따라서 '역사 문제'는 여러 가지 방식으로 표출되며 동아시아 국제관계에 큰 악영향을 미쳐왔다.

전후 동아시아 국제관계의 역사를 돌아보면 일본과 한국, 중국 사이에는 역사 문제 외에도 영토와 해양 권익 분쟁이 있다. 이 두 개의 구조적 갈등이 형성한 '병소病巢'는 촉발 요소가 있을 때마다 간헐적으로 발작을 일으켜 동아시아 삼국 관계의 '취약성'이라는 특징을 드러냈다.

전후 한일 관계는 마음의 응어리가 있었지만, 하나의 프레임과 두 가지 요소의 복합적 작용으로 인해 비틀거리면서도 파국에 이르지는 않았다. 이 틀은 주지한 바와 같이 미일, 한미동맹관계이다. 미국은 동아시아의 지정학적 전략적 이익을 지키기 위해 이 동맹의 틀을 충분히 활용하는 것이 유일한 선택이다. 따라서 한일 관계의 균형을 유지하는 것은 두말할 필요 없이 당연한 일이다. 때문에 한일 양국 간에 중대한 갈등과 충돌이 발생할 경우 미국은 항상 피스메이커중재자 역할을 해야 한다. 한일 양국 또한 맏형의 체면을 세워주지 않을 수 없어 갈등과 충돌은 일시적으로 보류되거나 미국이 희망하는 한도 내에서 대체로 해소된다. 그밖에 한일 관계를 지탱하는 요소로 다음의 두 가지가 있다. 첫째, 북한 문제는 많은 경우 공동 대응이 필요하다. 둘째, 경제무역 관계의 호혜와 협력이다. 왜냐하면 양국은 섬나라와 반도 국가이기 때문에 대외경제무역이 무엇보다 중요하다. 수직 분업을 거쳐 수평 분업에 이르기까지 해외무역 시장 등에서도 경쟁과 마찰이 있었으나, 대체로 비교적 평온한 상태를 유지했다.

그러나 현재 상황은 '트럼프 효과'라고 부를 만큼 크게 달라졌다. 2019년 7월 1일 일본 정부는 반도체 핵심 소재의 한국 수출 제한을 발표하고 수출 우대를 받는 '화이트 리스트'에서 한국을 제외했다. 7월 4일 이러한 조치가 정식으로 시행된 뒤 양국관계는 갑자기 긴장이 고조되며 국제 사회의 관심을 끌었다. 트럼프는 미일, 한미동맹 틀을 미국의 제도파처럼 극진히 보호하는 것이 아니라 '돈 냄새'를 가중시켰다. 예를 들어 오사카 G20을 전후해 미일동맹의 상태에 대해 불만을 토로했다. 이전에도 미국은 여러 차례 미일안보조약의 '일방성'을 언급했다. 즉 미국이 일방적으로 일본 국방을 책임지고 있다는 의미이자 일본이 경비 등 더 많은 의무를 부담하길 바란다는 의미였다. 미국 군사 최고 통수권자로서 미국이 공격당했을 때 일본인은 소니 텔레비전을 통해 지켜볼 뿐이라고 거리낌 없이 직설적 지적해 세계를 놀라게 했다. 일본을 향한 미일안보조약 폐지 위협은 한미동맹을 포함한 미일동맹의 미래와 신뢰에 의구심을 갖게 했다.

북핵 문제에서 트럼프는 취임 후 우선 북한에 대한 공격과 욕설을 퍼붓다가 후에 180도 태도를 바꾸었다. 싱가포르와 베트남에서 북한 최고지도자와의 직접 회동을 성사시켰고 오사카 G20에 참석한 뒤 곧바로 판문점으로 가서 북한 최고지도자를 만났다. 이런 '깜짝 방문'은 세계에 커다란 시각적 충격을 주었으나, 손바닥 뒤집는 듯한 변덕으로 한일 양국은 오히려 대응할 겨를이 없었다. 특히 일본은 수동적 모습을 보였다. 아베 총리는 북핵 문제에서 일본이 줄곧 주변화되었다고 생각해 왔다. 트럼프의 기복이 심한 대북 조치에 일본 정부는 허둥지둥 대응할 수밖에 없었으며, 이 과정에서 문재인 정부에 대한 일본의 불만이 격화됐다. 주변화된 일본은 문재인 정부와 북한의 관계 개선 속도가 너무 빠르고, 과열되었으며 이 과정에서 한일 간 협조가 부족하다고 생각한다. 왜냐하면 일본은 대북정책으로 제재를 주로 취하고 있기 때문이다. 그 때문에 이번 일본 정부의 반도체 핵심 소재에 대한 한국 수출 규제와 '화이트 리스트'에서 한국 배제 조치는 소위 '안보 보장' 측면에서의 고려에 따른 것으로 민감한 재료의 한국 유입에 대한 우려라고 할 수 있다. 이와 관련해 일본은 한국 정부가 유엔 대북 제재 결의를 이행하지 않고 있다고 공개적으로 비난했다. 외부 여론은 일본이 안보를 문제 삼은 것에 대해 한국이 WTO에 일본을 제소하는 것을 피하기 위한 것으로 인식하지만, 일본이 이런 식으로 북핵 문제에서 한국에 대한 불만을 표시한다는 것은 논쟁의 여지가 없는 사실이다. 이에 앞서 북핵 문제에서 미국의 역할은 한일 보조를 맞추는 데 협조하는 것이지만 트럼프의 종잡을 수 없는 대북 조치는 북핵 문제에서 한일 의견 차이를 심화하는 중요한 원인임이 틀림없다. 뿐만 아니라 일본 정부의 한국에 대한 무역 제재는 안보를 이유로 경제무역 측면에서 경쟁자를 압박하는 트럼프 스타일을 답습한다는 여론의 눈총을 받고 있다. 한일 양국 간의 무역전쟁은 들여다보면 '트럼프 효과'의 책임이 크다.

Ⅱ. '오랜 원한' 과 '새로운 상처' 의 이면

일본 정부가 이번 한국에 대한 수출 제한의 이유를 '안보 보장'과 '한일 간 신뢰관계의 심각한 훼손'으로 돌리고 있지만, 여론은 이것이 지난 10월 한국 최고법원이 일본 기업에 2차 대전 동안 한국 강제징용 피해자에 대한 배상과 일본 기업의 한국 내 자산 동결을 판결한 데 따른 보복이라고 생각한다. 또한 일본 정부는 문재인 대통령이 취임 후 택한 많은 조치에 동의하지 않는다. 예를 들어 북핵 문제에 대한 이견 외에도 일본과 박근혜 정부가 체결한 위안부 문제에 관한 합의를 계속하지 못했으며 한국과 관련된 조직을 일본과 협의 없이 일방적으로 해산시켜 자금 방면에서 문제가 발생되게 했다. 예를 들어 강제징용 배상 요구, 위안부 문제와 같은 역사적으로 '오랜 원한'을 풀기 어려운 이유는 한일 양국 간 인식 차이 때문이다. 일본은 강제징용 문제는 1965년 양국 수교 시 체결한 〈한일 청구권 협정〉으로 이미 해결됐으며 위안부 문제는 박근혜 정부와 체결한 〈한일 위안부 합의〉로 해결했다고 생각한다.

물론 정부는 약속을 이행해야 하지만 현실적으로 과거사 문제는 자체의 복잡성 때문에 정부 간 체결한 협정문 한 장으로 완전히 해결하기 어렵다. 진정성 있는 태도와 적합한 절차는 역사를 초월하고 민족화해를 실현하기 위한 전제이다. 정보화 시대에는 더욱 그렇다. 오사카 G20 개최 전날 주최 측은 오사카성을 각국 지도자의 기념촬영 장소로 결정했다. 하지만 한국 국민은 이에 즉각 반대했다. 왜냐하면 오사카성은 일본 식민지 시대의 상징이기 때문이다. 이로 인해 문재인 대통령의 오사카 행과 아베 총리와의 만남에도 먹구름이 드리웠다. 한편 현실적인 측면에서 오사카

G20의 폐막과 함께 자유, 공정, 비차별성, 투명하고 예측 가능한 안정적 무역과 투자 환경에 대한 〈오사카 선언〉을 발표했다. 그러나 얼마 지나지 않아 주최국으로서 이 선언을 추진한 일본이 뜻밖에 한국에 '무역 제재'라는 방망이를 휘두른 이유는 무엇일까? 그동안의 말 못 할 고충은 언론이 지적한 바 있다. 7월 4일 한국에 대한 제재가 정식으로 실시되는 날 일본의 제25회 참의원 선거가 막이 오른 것은 '우연'이 아니다. 아베 총리는 2012년 12월 재집권한 뒤 현재 6년 반이 되었다. 한편으로 아베 총리는 계속 집권하기 위해 자민당과 총재 임기를 연장하는 것으로 당장堂章 규정을 수정했다. 일본 정계에 따르면 아베 총리는 한 번 더 총재 임기를 연장해 계속 집권할 계획이라고 한다. 그렇다면 이번 참의원 선거는 아베 총리의 정치 생명에 각별한 의미를 지닌다. 또 더욱 중요한 사실은 '개헌'이 줄곧 아베 총리의 소원이었다는 것이다. 첫 집권이던 2007년에는 개헌을 성급하게 추진하면서 그해 참의원 선거에서 참패해 암울하게 물러날 수밖에 없었다. 그 후 교훈을 받아들여 권토중래해 지금까지 치러진 5차례 국정 선거에서 개헌을 표방하지 않고 전략을 조정했다. 헌법과 평화헌법 9조를 바꾸지 않는다는 전제하에 '헌법 추가' 형식으로 자위대를 헌법에 명문화했다. 그렇다 해도 문턱을 넘기 위해서는 일본 법률에 따라 중의원과 참의원 각각 2/3 이상이 찬성해야 한다. 그러므로 이번 참의원 선거에서 헌법 개정에 찬성하는 의원이 2/3에 이를 수 있을지가 관건이다. 이를 위해 아베 총리는 기존 방침을 바꿔 장기 집권의 강점과 '헌법 추가' 전략을 이용해 '헌법 추가' 여부를 자민당의 선거 캐치프레이즈로 삼았다. 현재 자민당, 유신당 외에 연립 여당인 공명당, 입헌민주당, 국민민주당 등 주요 정당은 '일정 조건 하에서 고려해야 한다'는 신중한 태도를 보이고 있

으며, 일본 공산당, 사회민주당 등은 단호하게 반대하고 있다. 당시 선거 상황에 의하면 헌법 개정에 찬성하는 즉 '추가'에 찬성하는 의원이 2/3가 될지는 예측하기 어려운 '미묘한' 상태이기 때문에 불을 붙일 필요가 있었 다. 중국과의 관계는 막 정상 궤도로 재진입했기 때문에 정확히 얘기하기 어려웠고 문재인 대통령 취임 후 갈등이 빈번하게 발생하고, 국민들의 원 한이 깊어진 한일 관계는 표를 얻기에 충분했다. 이 밖에도 자위대 명문 화 또한 '적' 또는 '잠재적 적'이 필요했다. 북미 관계가 달라짐에 따라 아 베 정부도 거듭 북일 관계 정상화를 표명했지만, 오랫동안 형성된 일본 정 부와 민간의 북한에 대한 뿌리 깊은 적개심을 짧은 시간에 바꾸기는 어려 웠다. 더구나 납치 문제도 해결되지 않았다. 따라서 일본의 반도체 핵심 원료 한국 수출 제한의 공개적 이유는 '안보 보장' 즉, 군사용으로 전용될 수 있는 반도체 원료가 북한과의 관계 개선에 주력하는 문재인 정부를 통 해 북한으로 유입될 수 있다는 것이다. 이 대목에서 적시에 한국에 대한 제재와 함께 북한에 몽둥이를 휘두르는 것은 선거 전략상 일석이조이다. 실제로 아베는 재집권 후 거의 매번 선거전에서 북한 위협을 들먹였다. 이번에도 더 나은 선거 효과를 기대하며 같은 수법을 다르게 운용한 것에 불과하다. 이것이 이번 일본 참의원 선거에서 도대체 얼마나 큰 효과를 발휘할 수 있을지는 계량하기 어려우나, 일본 외교에 초래할 부담은 매우 분명하다. 한일 양국 경제무역, 글로벌 산업체인, 한중일 FTA와 RCEP 등 직접적으로 경제에 가져올 손실과 악영향은 물론이고 한일 국민감정의 악 화를 가중하고 북한의 불만을 초래할 것이다. 이는 북핵 문제 해결과 지 역 안보 정세 완화에 부정적 영향을 끼칠 수밖에 없다. 한일 양국이 상대 를 '화이트 리스트'에서 배제하고, 〈한일 군사정보보호협정〉을 연장하지 않겠다고 협박하면서 한일 관계는 전후 이래 최악의 상황에 빠졌다. 어떻게 대한국 외교 곤경에서 벗어날 것인지는 선거 승리 후 아베가 직면해야 할 골치 아픈 외교 과제가 되었다.

Ⅲ. 한일 관계의 '원점原點'

상술한 바와 같이 이번 한일 무역전쟁의 원인과 배경에는 오래 묵은 과거사와 더불어 현실정치의 그림자가 짙게 드리워 있다. 일본 정부가 무역전쟁과 과거사 문제의 관계를 인정하지 않고 있지만, 일본이 말을 얼버무리는 사이 한국 대법원이 일본 기업에 2차 대전 강제 징용 피해보상 판결을 내린 것이 원인임을 부인하기 어렵다. 이 가운데 인지 측면에서 이념과 입장 차이는 주목할 만하다.

먼저 일본은 박근혜 정부와 체결한 위안부 문제 관련 합의는 문제 해결의 '최종적이고 돌이킬 수 없는' 것으로 생각한다. 그러나 문재인 정부가 이 합의를 중도 포기하며 한국 정부는 신뢰를 잃었다. 또한 한국 대법원의 일본기업에 대한 판결은 1956년 한일 양국이 체결한 〈한일기본조약〉의 청구권 규정에 위배되는 것으로 국가의 신뢰를 저해하는 행동이다. 사실 문제의 핵심은 일본이 실재하는 한일 간 법률, 협정 외의 중요한 관련 요소인 도의와 민족 감정 문제를 홀시하는 데 있다.

한일, 중일은 1972년 국교를 정상화했다. 〈중화인민공화국과 일본국 정부의 공동성명〉은 전쟁 배상 문제와 관련해 다음과 같이 기술하고 있다. "중화인민공화국 정부는 중일 양국 국민의 우호를 위해 대일본국 전쟁 배상 청구를 포기할 것을 선언한다." 서구 조약체계의 전쟁 배상 법칙과 다르게 중국은 전쟁 배상 권리를 포기했다. 이는 '양국 국민의 우호'에 기반한 것으로 서구의 계량화한 전쟁 배상과 액수가 중요한 것이 아니라는 중국 문명의 '관용恕道'을 보여준 것이다. 이에 대해 일본 정치인 오히라 마사요시大平正芳는 깊이 깨달은 바 있다. 그가 이끄는 정부는 ODA를 통해 중국의 인프라 건설을 돕고 중국의 교육사업을 포함해 개혁개방 초기 중국에 중요한 역할을 했다. 오히라 정부가 제공한 ODA 자금보다 이 같은 방식을 통한 중국 국민의 호의에 대한 보답은 전후 양국 국민에게 더 가치 있는 것이었으며 중일 관계 발전에 더 중요하고 장기적인 특수한 역할을 했다. 물론 다른 한편으로 포기한 전쟁 배상 권리가 민간의 전쟁 배상 권리를 포함하는지에 대해서는 논쟁이 있다. 이 때문에 중일 양국 법률에 제소된 중국 민간의 대일 배상 청구 사례도 많다. 따라서 한편으로는 관련 법률 조문에 대해 서로 다른 이해와 해석이 있을 수 있다.[1] 또한 법률 조문 외의 문화, 가치 이념, 민족 감정 등의 요소도 반드시 고려해야 한다. 한중일은 역사 관련 양자관계를 다룰 때 한 쪽 편만 들기 어렵다. 때문에 위안부 문제와 관련된 합의서 한 장이 소위 '최종적이고 불가역적'이라고 정의하는 것은 한 번의 수고로 문제를 해결하고자 하는 것으로, 연목구어 緣木求魚다.

사실 한일 간 위안부 문제든 이번 한국 대법원의 2차 대전이 남긴 문제에 대한 판결이든 역사와 관련된 분쟁은 본질적으로 일종의 '이익 추구'나 외교적 '카드'가 아니라 '도덕적 요구'이다. 이런 도덕적 요구는 현대 국제관계의 법리를 바탕으로 하기보다 본질적으로 유교 문화의 '도덕적 요구'

---

1) 한국 총리 이낙연은 나루히토 일오아 즉위식에 참석해 다음과 같이 말했다. "(한국) 최고법원의 발견은 청구권 합의를 부정한 것이 아니라 해석의 차이일 뿐이다." 다음 참조: 廉德瑰, "盟國和鄰國 : 日本德仁天皇即位大典和 "祝賀外交"的門道", 『澎湃新聞』, 2019.10.28.

에 뿌리를 둔 것으로 이해해야 한다. 또한 이는 유교의 '관용'에도 어긋나지 않는다. 한국이 추구하는 것은 일종의 도의다. 일본은 진정성 있게 역사를 마주해야 하며 피해자들에게 진정성 있는 사과를 해야 한다. 이것이 문제의 본질이다. 일본의 보수적 이념으로부터 역사인식이 결여된 아베와 한국·중국 등을 포함한 피해국과 그 국민의 의견충돌을 피할 수 없다. 심지어 한일 간 경제무역, 안보 등으로 확대된 데서 보듯이 일본 우익의 역사관이 정부 행동으로 확대되면 피해가 막대하다.

단적으로 말해서 이번 한일 양국 무역 전쟁의 원점으로 돌아가면 일본은 2차 대전의 역사를 진정성 있게 반성하고 대응해야 한다. 역사 관련 문제를 소위 법률과 같은 단순한 방법으로 해결하려는 인식과 대책을 버려야 한다. 일본이 역사 문제에서 올바른 태도를 가져야 구체적인 문제를 순조롭게 해결할 수 있다. 그렇지 않고 도리에 반하는 행동을 하고 합의, 법률 조문 등으로 갈등을 자의적으로 확대한다면 양측 모두에 중대한 경제적 손실을 가져올 뿐만 아니라 한국의 민족 감정을 해쳐 한일 간 역사 문제는 더욱 해결하기 어려울 것이다.

한일 관계뿐만 아니라 중일 관계도 마찬가지다. 고이즈미 준이치로 총리는 5년여 동안 6차례 야스쿠니 신사를 참배해 중일 관계를 크게 훼손시켰다. 최근 몇 년 동안 역사 문제와 관련해 댜오위다오鳥魚島 주권 분쟁을 둘러싸고 양국관계는 한차례 전후 이래 최악으로 곤두박질쳤다. 2018년 정상 궤도를 회복한 뒤 계속 개선 추세를 보이고 있지만, 한편으로 중일 간의 구조적 갈등은 여전히 남아 있다. 그 중 하나가 역사 문제다. 중대한 문제에서뿐만 아니라 일상적인 중일 교류에서도 이견이 있을 때면 종종 역사 문제와 '연결'된다. 때문에 이 문제는 여전히 중일 관계의 중대한 시험이다. 2019년 8월 10일 중일 관계가 개선되면서 7년간 중단됐던 중일 전략대화가 일본에서 재개되었다. 이는 중일 관계 정상화를 의미한다. 나아가 전략적 측면에서 더 많은 공감대를 모색하고 심화하기 위해서 중국 대표는 '기저를 강화하고 단점을 보완해' 신시대에 상호 부합하는 중일 관계 건설을 위해 노력할 것을 강조했다.[2] 여기서 말하는 '단점' 중 하나가 역사 문제이다. 중일 관계의 진정한 개선과 안정에 역사 문제가 중요한 전제조건이다.

Ⅳ. 결론

국제관계에서 사람들은 일반적으로 정치, 경제, 문화 순으로 우선순위를 결정한다. 문화결정론에 동의하지는 않지만, 정치, 경제의 가변성에 비해 문화가 항상성과 초월성을 가진 것 또한 사실이다. 특히 문화적으로 깊은 역사적 연원을 가진 국가들 사이에서 문화의 요소는 더욱 특별한 효능이 있다.

실제로 문화교류를 통해 한일, 중일 간 역사 문제의 해법을 모색하는 것은 동북아 여러 인사들의 공감대로, 이미 차례로 전개되어 어느 정도 성과를 거두었다. 예를 들어 한중일 공동 편찬·출판 교과서, 한일 양국의 역사 공동 연구 프로젝트 등이다. 그 외에 민간 차원에서 일본 '국제우호협회(IFA)'는 중일 및 한일 간 다년간 지속적으로 '역사교육 교류'를 주제로 한 협력 사업을 진행해 동북아 삼국 학자의 역사 인식 문제 교류에 훌륭한

---

2) "中日重啓戰略對話釋放積極信號",『解放日報』, 2019.8.12.

플랫폼을 제공했다. 이 같은 사업 실행 과정에서 일본의 저명한 역사가인 도쿄대 명예교수 도리우미 야스시鳥海靖는 '국제 역사 상호이해 촉진을 위한 건의' 4조를 제안했다. 그 중 제2조는 '정치, 외교, 전쟁 등 분야 외에 문화, 생활 등 역사적 인성 측면을 함께 고려'하는 것으로 '도덕적 요구, 도의적 책임' 등이 여기서 파생되었다. 제3조에서 도리우미 교수는 '민간 교류의 필요성'을 특히 강조한다. 한중일 문화교류 실천 측면에서 이는 의심할 여지없이 매우 타당한 의견이다.

전후 한일, 중일 간의 정치, 외교 관계에서 역사 문제가 투사되며 동아시아 국제관계에 특수한 색채를 만들었다. 매우 보기 드문 거대한 변화에 당면한 지금 역사 문제라는 부정적 요소를 어떻게 역사적 교훈으로 바꾸고 평화로운 관계 형성, 협력, 원원, 공감대 형성 나아가 실천을 통해 긍정적인 에너지로 바꿀 것인가는 한중일 삼국의 중대한 역사적 과제이자 도전이다. 특히 일본이 어떻게 정신적 짐을 벗느냐가 진정한 '전후로 나아가는' 상징이 될 것이며 사람들은 이를 손꼽아 기다리고 있다.

동북아 평화와 주변국의 공동 책임

양젠(楊健)*

동북아는 2차 대전이 끝난 이래 줄곧 대국 게임의 중요한 무대였다. 동북아 국민들은 성실함과 근면성을 기반으로 경제발전의 기적을 이루었다. 동북아의 위상은 동아시아, 아시아 나아가 세계적으로도 중요하다. 현재 세계 정치경제의 불확실성이 높은 상황에서 동북아 각국은 함께 책임지고 동북아의 평화와 안전, 번영을 위해 주도적 역할을 해야 한다.

I. 동북아 정세가 복잡한 까닭

이 지역의 각국 국민은 수천 년 동안 인접해 이웃하며 살았다. 역사적 원한은 끊이지 않았고 여전히 어지럽게 얽혀 있다. 과거사에 대해 각국 국민은 서로 다른 기억을 갖고 있다. 은혜는 남기 어려우나 원한은 잊기 어렵다. 물론 세계 다른 지역 또한 이와 같으니 이는 인류의 약점일 수도

---

* 푸단대학 국제문제연구원 연구원, 중국과 주변국관계연구센터 주임

있다. 아직 해결되지 않은 영토 분쟁은 관련 국가 간의 관계와 대중의 신경을 건드린다.

근대 일본의 한반도 식민지배와 중국 침략이 초래한 상처는 여전히 회복되지 않았다. 2차 대전 후 유럽은 프랑스와 독일이 화해했을 뿐만 아니라 손을 잡고 유럽연합의 설립과 발전을 이끌었다. 냉전 등으로 인해 일본과 중국, 한국은 여전히 완전한 화해를 이루지 못했다. 일본 우익세력의 영향으로 일본은 자주 오래된 상처를 헤집었다. 일본이 2차 대전 당시 중국에 남긴 화학무기는 지금까지 중국 국민에게 위험을 끼친다. 과거사 문제는 항상 중일 및 한일 관계를 방해했다.

2차 세계대전이 끝났을 때 미국과 소련의 결정은 한반도 분열과 남북 대립을 초래했다. 한국전쟁은 한반도 남북 국민에게 큰 상처를 남겼다. 한반도의 남북 관계는 때로 긴장되고 때로 수월했다. 문재인 대통령 취임 후 남북관계에 적극적으로 나서면서 관계가 개선됐다. 한반도의 항구적 평화와 번영을 실현하려면 남북 간에 더 많은 관용과 화해, 신뢰가 필요할지도 모른다. 남북관계의 미래는 남북 양측뿐만 아니라 한반도 평화 프로세스의 확립과 관련 국가의 이해와 협력에 달려 있다.

미국은 2차 세계대전 이후 한국, 일본과 동맹관계를 맺고 이 지역에 강력한 군사적 존재감을 구축했을 뿐만 아니라 한국과 일본의 대외 정책에 막강한 영향력을 행사했다. 냉전 기간 동북아는 동서 양대 진영이 대립하는 최전방이었다. 지금도 한미일 및 미일동맹은 여전히 지역 안보 영역에서 중요하다. 한국과 일본의 대외관계 발전에 있어 미국은 항상 고려 요소이며 미국 또한 여러 문제에서 한국과 일본에 압력을 행사한다.

핵 문제의 등장은 동북아 정세를 줄곧 긴장시키며 동북아 평화를 위협했다. 북한은 6차례 핵실험으로 각국과 관계가 악화되고 국제사회의 제재를 받았다. 북핵 문제를 둘러싼 회담이 거듭되었으나 지금까지 실질적인 돌파구는 마련되지 않았다.

동북아 각국 간의 관계 교류도 관련 국가의 국내정치에 영향을 받는다. 특히 미국, 일본, 한국은 정권 교체로 정책 연속성이 부족해 안심하기 어렵다. 매번 선거철이 되면 정치인의 관심이 옮겨 간다. 선거 경쟁이 치열할 때 외국과의 외교정책은 종종 희생품이나 희생양이 된다.

Ⅱ. 북핵 문제가 동북아 정세 전반에 미치는 영향

1990년대 초 북핵 문제가 불거진 이래 북한은 늘 위기를 조장하는 국가로 인식되었다. 옛말에 이르기를 '자신이 그 처지에 있다고 가정하고 마음을 살피라設以身處其地而察其心也.'고 했다. 상대방의 입장에서 생각하면 북한의 행동 논리도 이해할 수 있다.

북한이 핵을 보유하는 가장 중요한 이유는 말 그대로 안전 보장이다. 국가 생존과 경제발전을 위한 안전을 보장받고자 하는 것이다. 북한의 불안감은 상상 가능한 것으로 냉전 후 비교적 고립된 북한의 위상과 무관하지 않다. 다른 나라와 다르게 북한은 냉전 후 국제 정세 완화의 이점을 누리지 못했고 북한의 관심사는 거의 무시됐다. 한국은 중국 및 러시아와의 관계 개선 및 발전으로 정치·경제적 이익을 보았으나, 북한은 미국, 일본과의 관계에 대해 돌파구를 찾지 못하고 악화되면서 생존에 대한 위기감이 증가했다. 약한 나라로서 북한은 자신의 안보가 중시되고 해결되길 바라며 좋은 대우를 바라고 있다.

특수체제로 인해 북한의 정책연구자와 결정자들은 상당한 연속성을 가지고 있다. 다른 나라에 대한 북한의 연구와 관찰은 다른 나라의 북한 연구와 관찰에 비해 더 심도 있고 세밀할 것이다. 북한을 제쳐두더라도 동북아 역내 국가 간 관계 또한 복잡하게 얽혀 있다. 중일, 한중, 한일 및 기타 양자관계 모두 기복이 있으며, 미국은 모든 양자관계에 영향을 미친다. 어떤 국가관계가 긴장되면 북핵문제는 외교 안건 목록에서 후순위로 밀릴 수밖에 없다. 다른 국가의 행위는 북한을 겨냥한 것이든 아니든 북한의 사상과 행위에 직접적인 영향을 미친다.

북한은 냉전 후 상대적인 고립으로 외부 세계와 교류가 적었기 때문에 지난 30년 간 국제 정세가 크게 달라진 점을 충분히 인식하지 못했다는 한계가 있다. 북핵협상의 실패로 인해 북한은 다른 분야에서도 신뢰를 잃었지만, 협상에 참여한 국가들 사이의 갈등과 유사한 패턴으로 인해 자신의 생각에 더욱 자신감을 가지게 되었다. 북한의 사고 논리는 때로 과거에 머물러 있고, 자기 자신과 기타 방면 및 세계에 관한 인식이 실제와 다른 경우가 있다. 이는 북한의 전략적 판단과 정책결정에 영향을 미친다.

일부 국가는 북한과 교류가 적고, 이해 부족과 선입견 때문에 북한에 대해 오판하고 문제 해결에 도움이 되지 않는 결정을 내린다.

현재 북미 대화는 전망이 불투명하다. 미국 선거철이 다가오면 미국은 물론 북한의 속도조절과 정책결정에도 영향을 미칠 수밖에 없다.

Ⅲ. 동북아 정세 완화는 각국 공동 이익에 부합

2년 동안 한반도의 남북 관계가 개선되고 북한과 미국이 대화의 물꼬를 트면서 동북아 평화에 긍정적 요소가 더해졌다. 북미 대화는 북한과 미국의 정책 전환을 반영한다. 북미 대화는 남북관계 완화에서 비롯됐고 문재인 대통령의 공이 컸다. 한반도 남북의 양호한 상호작용은 동북아 정세 개선에 중요한 역할을 한다.

한국 입장에서 남북 화해와 협력 없이는 국가의 항구적 안정과 번영도 없다. 역대 한국 정부의 대북 정책은 각각 달랐다. 지금까지의 정책 노선을 통해 일방적인 압력 행사로는 문제를 해결할 수 없다는 사실이 증명되었다. 북한의 완강함은 많은 이의 상상을 초월한다. 대립은 좋지 못한 결과를 낳을 뿐이다. 문재인 대통령은 적극적으로 남북관계 개선을 추진하면서 한국 국민의 환영을 받고 북한의 호응을 얻었다.

북한의 핵 보유는 자신의 안보를 지키기 위한 것이지 스스로 전쟁을 일으키고자 하는 것이 아니다. 북한은 미국 군사력과 한미동맹의 성격에 대해 분명한 인식을 갖고 있다. 북한도 경제발전, 민족강성, 국민 생활수준 향상을 위해 노력하고 있다. 마음 깊은 곳에서 북한은 여러 나라와 우호적 관계 수립을 기대하고 있다.

일본은 북한 핵 보유가 자국에 초래할 위협이 가장 크다고 생각하여 대북 압박을 강화하고 미국과 함께 다른 측면에서의 대북 압박을 호소하고 있다. 자신의 이익 관철 측면에서 일본은 납치문제의 중요성을 극대화할 것이다. 일본은 북핵문제에서 핵심적인 역할을 할 수 없을 것이다. 북핵문제의 평화적 해결과 동북아 정세 완화는 일본의 안보에 유익하다.

 미국은 군사적으로 절대적 우위에 있다. 동북아 지정학과 군사안보 등을 다층적으로 고려하고 있지만, 동북아에서 갈등을 만들거나 충돌에 휘말리는 것을 원치 않는다. 현재 미국은 전 세계적으로 위축된 모습을 보이고 있으며 트럼프 대통령은 북핵문제를 일거에 해결해 역사적으로 이름을 남기고 싶어 한다.

 러시아는 동북아 이슈에서 안보 이익을 더 많이 고려하며 자신이 위협받는 것을 원치 않는다. 러시아는 대화를 통해 북핵문제를 해결하고 동북아의 미래 구도에서 한 자리를 차지하고자 한다. 동북아의 화해와 협력은 러시아 극동지역 발전에 도움이 될 것이다.

 중국은 한국과 마찬가지로 한반도 정세에 가장 많은 영향을 받는다. 중국 동북지역의 평화와 안정은 한반도 정세와 밀접한 관련이 있다. 중국의 민족 부흥은 안정적인 국제 환경, 특히 안정적인 주변 환경이 필요하다. 중국은 늘 한반도 평화와 안전을 추진하고 대화를 통한 북핵 문제의 평화적 해결을 위해 노력해 왔다. 한반도 남북관계 개선, 북미 대화는 중국이 바라는 것이다. 중국은 동북아 미래 협력 구도에서 적극적인 역할을 할 책임이 있다.

 북핵문제는 동북아 정세에 영향을 미치는 중요한 요소지만, 유일한 요소는 아니다. 중일관계 개선은 반가운 일이다. 중일 간의 신뢰와 협력 증진은 역내 안정에 유익하다. 중한 양국은 폭넓은 공동 이익을 가지고 있고 한 배를 탄 사이로 심도 있는 소통이 필요하다. 한일 무역 갈등은 양국의 전반적 관계에 심각한 악영향을 끼치므로 관련 장애물이 가능한 빨리 제거되길 바란다.

Ⅳ. 동북아 국가는 역내 안정과 번영을 위해 주도적인 역할 필요

냉전 종식 후 동북아 국가 관계는 크게 개선됐고 교류가 긴밀해졌으며 협력은 더욱 광범위해졌다. 이익도 더욱 밀접해지면서 한쪽의 번영이 모두의 번영이고 한쪽의 손실이 모두의 손실로 이어지는 국면이 조성됐다. 불행히도 역사 문제, 영토분쟁, 북핵 문제 등으로 지역 정세가 때로 긴장되고, 관련 국가 간 경제무역 등 협력에 장애가 되면서 역내 각국 국민의 행복에 영향을 미치고 있다. 동북아 안보 확보가 절실하다.

관련국 간에 너무 많은 사건이 발생하고 이 사건들의 시비곡직은 나라마다 나름의 견해가 있어 영원히 공감대를 이룰 수 없다. 한 쪽의 행동은 다른 쪽에 영향을 미친다. 과거의 짐을 언제까지나 짊어지고 있다면 우리는 앞으로 나아가기 어렵다.

평화 유지는 동북아 국가가 공통으로 필요로 하는 것이지만, 나라마다 관심사가 서로 다르고 역외 국가들도 나름의 관심과 이익이 있다. 자기 관심과 이익만 쫓고 다른 나라의 관심과 이익을 무시한다면 문제 해결 방안은 찾을 수 없다.

세계 정치·경제 정세는 현재 매우 불안정하며 미래에 대한 불확실성이 크다. 평화는 공기와 같다. 동북아 국가는 평화라는 '공기'에 상당히 민감하다. 평화를 유지하려면 역내 국가들은 행동해야 한다. 협력을 위해 손잡고, 더 적극적이고 주도적인 역할을 하며 사상과 행동에서 진전을 이루어야 한다.

사상 측면에서는 정치가의 통찰력이 필요하다. 정치인이 가장 신경 써야 하는 것은 국가와 민족의 장기적 이익이지 일회성 이벤트가 아니다. 한 국가의 단기 이익과 장기 이익은 때로 일치하고 때로 일치하지 않는다. 정치인은 개인의 이익, 당파적 이익이 있을 수 있다. 오늘날과 같은 정보화 시대에 정치인의 스트레스는 더욱 커지고 있다. 역사와 미래를 책임지기 위해 정치인의 통찰력과 포부는 매우 중요하며 때로는 올바른 선택을 위해서 엄청난 스트레스를 감수해야 한다. 인생은 하나의 선택이다. 정치인의 선택은 국가, 민족의 미래와 관련 있다.

사상적으로 우리는 역사를 초월할 필요가 있다. 우리는 역사를 잊을 수 없으며 잊어서도 안 된다. 과거는 미래의 스승이다. 중국 옛사람들은 역사를 거울삼으면 흥망성쇠를 알 수 있다고 했다. 역사적 경험과 교훈은 필수다. 그러나 역사에 얽매여서는 안 되며 미래를 향해 나아가려면 역사를 초월해야 한다. 가해자는 역사적 짐을 내려놓아야 하며 피해자는 미래를 향해 나아가야 한다. 쌍방이 서로 마주 보고 행동할 때 비로소 원한을 풀고 마음의 응어리를 풀 수 있다.

사상적으로 우리는 서로 이해하고 존중해야 한다. 동북아 국가는 수천 년 동안 이웃해 살아왔다. 인생철학, 가치관, 생활 습관 등에서 공통점이 많다. 그러나 우리는 종종 서로의 차이에 더 관심을 두고 상대방의 단점에 초점을 맞춘다. 이기적이고 배타적인 행동은 일종의 충동이다. 상대방을 해치는 정책은 효과를 기대하기 어렵다. 단기적으로 시행하더라도 다른 국가의 반발을 초래해 결과적으로 자기를 해치는 악순환을 초래할 수 있다. 자기 이익을 지키면서 다른 국가의 관심사를 충분히 배려하고 원원을 도모해야 장기적인 관계 안정을 실현할 수 있다.

생각은 행동을 촉진하고 행동은 생각을 바꿀 수 있다. 앞서서 도를 논하는 것은 일어나 행동하는 것만 못하다. 실무 협력을 통해 국민에게 확실한 행복을 가져다주는 것은 상호 신뢰 증진에 유리하다.

첫째, 양자 교류와 협력을 촉진해 운명공동체를 건설해야 한다. 동북아 국가는 이미 서로 연결되어 번영과 손실을 함께 하고 있다. 홀로 꽃을 피우는 것은 불가능하다. 천 년을 함께 한 이웃 사이에 일부 분쟁이 있는 것은 정상적이다. 이웃은 옮겨갈 수 없고, 옛 상처 위에 새로운 상처를 더해서는 안 된다. 이성적으로 전체 국면을 고려하는 것이 타인과 자신에게 이롭다. 일본이 무역 방면에서 한국에 취한 행동은 근시안적 행동이다. 한국의 이익을 해칠 뿐만 아니라 일본에도 유익할 것 없으며 명성이 크게 훼손될 것이다. 어떤 경우에도 우리는 각 영역의 양자 교류와 협력을 확대·심화하고 상호 호혜, 상호 배려함으로써 더 많은 긍정적 에너지를 얻기 위해 노력해야 한다.

둘째, 한중일 삼자협력을 촉진해야 한다. 한중일 삼자협력은 탄탄한 경제 기반을 갖추고 있으며 삼국의 산업은 긴밀하게 연계되어 있다. 삼국은 서로 보완할 수 있는 각자의 장점이 있다. 한중일 자유무역구 건설은 삼국 경제발전에 더 많은 기회와 새로운 성장 공간을 제공할 것이다. 한중일이 함께 추진하는 RCEP은 전 지역의 항구적 발전과 번영을 촉진하고 세계 경제 성장에 이바지할 것이다.

셋째, '한중일+α' 협력을 촉진해야 한다. 한중일 삼국은 업무방식과 생활방식에 있어 많은 부분이 유사하며 많은 공통분모가 있다. 현재 아세안과의 협력에서 한중일은 주로 서로 경쟁하고 있다. 사실 한중일은 아세안과 손잡고 협력할 수 있으며 다른 협력 파트너를 함께 찾을 수도 있다. 즉 제4자 협력을 펼 수 있다. 어느 두 나라든지 지역 내외의 제3자와 협력을 개척할 수 있다. 중국의 일대일로 이니셔티브는 협력과 관련된 기회를 창출했다.

넷째, 북핵 문제 해결이다. 이 문제를 해결하는 데 가장 중요한 것은 북미 양국이다. 이와 함께 특히 한국과 중국의 역할을 빼놓을 수 없다. 북미만으로 모든 문제를 해결할 수 없다. 북미 간 대화가 지속되도록 함께 격려하고 긍정적 에너지를 제공해야 한다. 핵 문제는 종합적인 해결방안이 필요하다. 양자와 다자의 결합, 북한의 안보 우려 해결, 북한 경제발전에 협조 등 종합적 해법이 필요하다. 한중, 중일, 한일 및 기타 양자관계의 격상, 협력 강화, 지역 정세의 호전은 북핵 문제 해결에 도움이 될 것이다. 관련 국가는 모두 북한과의 관계를 정상화하고 북한을 존중해야 한다. 북한이 동북아의 번영과 안정에 적극적으로 기여할 수 있도록 하는 것이 우리의 공동 목표이다.

다섯째, 미국이 역내에서 건설적 역할을 발휘하도록 독려해야 한다. 아태지역에서 미국의 존재는 역사적으로 형성됐으며 미국은 이 지역에 나름의 이익이 있다. 미국은 아태지역에서 배척될 리 없을 것이다. 동북아 각국은 미국과 대립하는 것을 원치 않고 사이좋게 지내며 협력을 확대하길 원한다. 우리는 미국이 역내 국가 간 관계를 해치지 않고 지역에서 건설적인 역할을 하도록 장려해야 한다.

여섯째, 젊은이들 간의 상호 이해를 촉진해야 한다. 젊은이들은 역사적 부담이 그렇게 크지 않고 그들 사이에 공통점은 더욱 많다. 어쩌면 기성세대를 괴롭히는 각종 문제를 해결할 수 있는 길을 찾을 수 있을지도 모른다. 우리는 그들이 역사를 잊지 않고 미래를 전망하도록 가르쳐야 한다. 후손의 평화와 안녕을 위해 각국 젊은이들이 서로 많이 접할 기회를 만들고 젊은이들 간에 상호 교류와 이해를 촉진하며 화해와 공존의 길을 찾아야 한다.

일곱째, 언론은 더 큰 책임감을 가져야 한다. 언론이 나쁜 소식을 보도하는 경향이 있는 것은 대중 심리와 관련이 있다. 미디어는 쉽게 과장하고 심지어는 왜곡된 수단을 써 개별 사건을 확대 전파해 분위기를 해하기 쉽다. 소셜 미디어의 범람은 더 큰 도전을 가져왔다. 소셜 미디어는 더 많은 정보를 제공하지만 보다 나은 포괄적인 정보를 제공하지 않는다. 일부 집단은 자신이 선호하거나 인정하는 정보만 받아들인다. 인터넷 시대 뉴미디어의 운용은 정보의 파편화를 초래한다. 파편화된 정보는 불충분하고 포괄적이지 않다. 사람들의 신경을 자극하고 인지 수준을 저하한다. 정보화 시대는 각국 정부의 내정과 외교에 더 큰 압박을 준다. 이런 상황에서 정부는 수동적으로만 대응할 게 아니라 언론인의 사회적 책임감을 높이고 객관적이고 전면적인 보도를 하도록 유도해야 한다. 또한 각국 언론인의 대외 견학과 교류를 통해 보도 대상에 대한 이해를 증진해야 한다.

결론적으로 동북아의 장기적 안녕은 갈 길이 멀다. 각국이 서로 행동하고 함께 건설적으로 노력해야 한다. 비건 미 대북정책 특별대표는 다음과 같이 말했다. "북한과의 외교적 접촉을 통해 우리의 정책 궤도 변화가 북한의 정책 변화를 가져올 수 있는지 알아봐야 한다.[1]"필자는 이 말이 매우 일리 있다고 생각한다. 자기가 하기 싫은 것을 남에게 강요해선 안 된다. 다른 사람의 행동을 바꾸려면 먼저 스스로 달라져야 한다. 동북아의 공동 번영을 위해 우리는 함께 책임지고 나아가야 한다.

---

1) Stephen Biegun, the US Special Representative for North Korea, "engage diplomatically with North Korea to see if it can change the trajectory of their policies by changing the trajectory of our own".

[성균중국연구총서 29]
전환기 동북아 질서와 한중관계의 재구성
: 한·중 학계의 시각

기   획   성균중국연구소
책임편집   이희옥·강수정

초판인쇄   2020년 2월 20일
초판발행   2020년 2월 28일

발 행 인   윤관백
발 행 처   도서출판 선인
등   록   제5-77호
주   소   서울시 마포구 마포대로4다길 4 곳마루B/D 1층
전   화   02-718-6252
팩   스   02-718-6253
이 메 일   sunin72@chol.com

정 가   19,000원
ISBN   979-11-6068-341-7   93340

ⓒ성균중국연구소 2020